高等学校应用型人才培养"十四五"规划旅游管理类系列教材

客房数字化运营与管理

Housekeeping：Digital Operation and Management

刘 伟 杨 结 ◎ 编著

华中科技大学出版社
http://press.hust.edu.cn
中国·武汉

内 容 提 要

数字化建设是未来经济社会的发展趋势,也是我国确定的国家发展战略。本教材以国内领先并广泛应用于包括广州白天鹅宾馆在内的众多高星级酒店的"蓝豆云酒店管理系统"为蓝本,讲述了客房数字化运营与管理的理念和方法,充分体现了客房数字化管理的特点。

本教材配套教学资源丰富。通过二维码等形式,在教材中插入案例、视频等教学内容,配合"刘伟酒店网"配套学习网站,努力打造新时期、新形态、一体化教材。除了数字化,教材在内容、体例、理念等方面,进行了创新性探索,特色明显。本教材以《习近平新时代中国特色社会主义思想进课程教材指南》为指导,充分体现和融入了课程思政元素。本教材使用了大量以广州碧水湾温泉度假村、广州南沙大酒店等为代表的国内优秀企业的服务和管理案例,以体现中国酒店服务和管理理论和实践,弘扬中国文化。

图书在版编目(CIP)数据

客房数字化运营与管理/刘伟,杨结编著. —武汉:华中科技大学出版社,2023.9
ISBN 978-7-5680-9632-4

Ⅰ.①客… Ⅱ.①刘… ②杨… Ⅲ.①数字技术-应用-客房-运营管理 Ⅳ.①F719.2-39

中国国家版本馆 CIP 数据核字(2023)第 169505 号

客房数字化运营与管理 刘 伟 杨 结 编著
Kefang Shuzihua Yunying yu Guanli

策划编辑:	李家乐 胡弘扬
责任编辑:	王梦嫣
封面设计:	原色设计
责任校对:	阮 敏
责任监印:	周治超
出版发行:	华中科技大学出版社(中国·武汉) 电话:(027)81321913
	武汉市东湖新技术开发区华工科技园 邮编:430223
录 排:	华中科技大学惠友文印中心
印 刷:	武汉市籍缘印刷厂
开 本:	787mm×1092mm 1/16
印 张:	14.5
字 数:	343 千字
版 次:	2023 年 9 月第 1 版第 1 次印刷
定 价:	49.90 元

本书若有印装质量问题,请向出版社营销中心调换
全国免费服务热线:400-6679-118 竭诚为您服务
版权所有 侵权必究

前言

数字化建设是未来经济社会的发展趋势,也是我国确定的国家发展战略。教育部已将职业院校的酒店管理专业改为"酒店管理与数字化运营专业",无疑,数字化运营将成为酒店业发展的方向,酒店数字化运营课程的建设也就迫在眉睫。

客房是酒店的主体,客房服务的数字化运营与管理将成为酒店专业课程建设的核心内容之一,本教材力争在这方面做一些有益的探索。

一、教材编著的指导思想

1. 以《习近平新时代中国特色社会主义思想进课程教材指南》为指导

为推进习近平新时代中国特色社会主义思想进课程教材,落实立德树人根本任务,培养德智体美劳全面发展的社会主义建设者和接班人,本教材的编著以《习近平新时代中国特色社会主义思想进课程教材指南》为指导,在酒店管理方式、方法、理念以及案例的选用方面,力求体现中国文化和中国特色。

本教材使用了大量以广州从化碧水湾温泉度假村、广州南沙大酒店等为代表的国内优秀企业的服务和管理案例,以体现中国服务、管理理论和实践,弘扬中国文化。广州从化碧水湾温泉度假村的服务和管理模式是基于中国文化的"中国服务"和"中国式管理模式"的代表(在人民大会堂荣获"中国服务十佳品牌企业"的称号),本教材作者面向国内业界和旅游院校已连续成功举办20余期"碧水湾现象研讨会",在旅游业界和旅游院校引起强烈反响和广泛好评,并已举办一期基于中国文化的"碧水湾现象国际研讨会"。本教材采用了大量基于中国文化、国内优秀企业的服务和管理案例,以及经营管理理念和方法。

2. 体现酒店数字化运营与管理理念和方法

"数字中国"已成为我国的国家战略。2018年习近平总书记在全国网络安全和信息化工作会议上的讲话特别强调,"要推动互联网、大数据、人工智能和实体经济深度融合,加快制造业、农业、服务业数字化、网络化、智能化"。因此,企业管理也要体现数字化运营与管理的趋势和时代要求。

3. 遵照《国家中长期教育改革和发展规划纲要(2010—2020年)》要求

按照《国家中长期教育改革和发展规划纲要(2010—2020年)》要求,根据职业教育的培养目标,按照应用导向设计教材内容和结构,将"做中学""用中学""产学结合"等现代性、实用性观念融入教材,探索易于为应用型本科院校和职业院校学生所接受的编写模式和内容体系。

4. 打造新形态一体化教材

通过二维码等形式,在教材中插入案例、视频等多媒体教学内容,配合"刘伟酒店网"等配套学习网站建设,努力打造新时期新形态一体化教材。

二、教材编著的原则

本教材的编著坚持以下原则:

(1) 思政性原则:要体现习近平新时代中国特色社会主义思想,坚定"四个自信"。

(2) 先进性原则:坚持理念的先进性,是教材编写的灵魂。

(3) 实用性原则:不仅符合应用型本科院校及旅游职业院校的教学需要,还可以直接用于酒店行业,指导酒店管理实践。

三、本教材的特点

1. 应用导向

编写体现应用导向的精品教材,从而更好地适应经济社会发展对技能型人才培养的要求。

2. 反映国内外酒店业最新发展动态和客房管理的新理念、新方法、新趋势

力求教材能够与时俱进,内容更加先进,结构更为严谨,论述更加科学,形式更加新颖,更能满足新时期旅游院校的教学需要。

3. 突出数字化管理的内容

运用现代信息技术,创新教材呈现形式,进一步加强数字化、立体化教学资源建设,使教材更加生活化、动态化、形象化。

4. 课程内容与评价标准有机结合

教学重点、课程内容、能力结构、评价标准实现有机衔接和贯通。

5. 创新教材体例

在每一教学模块下,设置"学习目标""经理的困惑""酒店经理人的答复""课堂讨论""复习思考题""案例聚焦""补充与提高""知识链接""经典案例"等栏目和板块。

先进性和创新性一直是本教材追求的目标。本教材在每章的开头增加了"经理的困惑"栏目,作为每章的开章引言,并就此向全国高星级酒店的总经理和房务总监、客房部经理等征集问题的答复,同时将答复附上,以增强教材的鲜活性、可读性和实用性。读者会从这些国内外高星级酒店及酒店集团的职业经理人对"经理的困惑"的答复中得到很多有益的启发。在此,要特别感谢这些来自洲际、香格里拉、华美达、粤海等酒店及酒店集团的房务总监、客房部经理和总经理们,他们将自己的知识和经验无私地奉献给各位读者。

6. 突出案例教学

各章都有教学案例,章后设计实践项目或案例分析题,旨在提高学生分析问题、解决问题的能力。

7. 突出新形态一体化教材特色

本教材增加了二维码的内容,将视频等鲜活的教学资源做成二维码,学生使用手机扫描二维码就可观看酒店客房服务管理的视频等教学内容。

四、本教材配套教学资源

本教材着力开发数字化教学资源库。为了提高教学效果,我们开发了在国内旅游院校和酒店行业已经产生较大影响的专业教学资源,欢迎使用本教材的院校师生使用。

(1)刘伟酒店网(www.liuweihotel.com)(可下载教学课件)。

(2)微信公众号:伟业文旅(tourism-hotel)。

(3)酒店管理案例分析视频资源(全套40个)。

酒店管理案例分析视频一直是广大旅游院校师生们所期待的,但之前国内还没有这方面的教学资源。在国家开放大学旅游学院的支持下,本教材作者组织广州花园酒店(国内仅有的3家"白金五星级酒店"之一)、广州白天鹅宾馆、上海佘山世茂洲际酒店、台湾莫奈花园精品民宿、肇庆星语湖居酒店(广东省首批"金鼎级"文化主题旅游饭店)等海内外众多高端酒店、民宿度假村总经理、董事长等高管和职业经理人,用一年多的时间合作研究并拍摄了一套酒店管理案例分析视频,可供大家教学使用。内容涉及六大模块:模块一 酒店投资与建设;模块二 酒店品牌与安全管理;模块三 酒店经营理念与企业文化建设;模块四 酒店人力资源(HR)管理;模块五 酒店运营管理;模块六 酒店市场营销与收益管理。需要这套教学资源的院校,可电话或微信联系:18520651250。

五、鸣谢

本教材是产学研结合和融合发展的探索,采用了在国内业界领先的蓝豆云酒店客房管理系统以及深圳市捷信达电子有限公司的酒店管理软件。在此,对开发了上述软件的公司表示感谢,对客房及酒店数字化管理系统有教学实验需要的院校,也可与作者直接联系(weiliuw@163.com)。另外,广州南沙大酒店助理总经理朱靓、客房部经理区雪娇参与了本教材数字化部分内容初稿的编写工作,在此表示感谢。还要感谢广东金融学院酒店管理系杨欣烨同学为本教材制作了课件,供大家使用。

最后,期望本教材的出版能够对旅游院校教学质量的提高,以及对国内旅游院校酒店管理专业数字化课程建设做出贡献。

刘伟

西北大学博士生导师
浙江大学文旅产业管理 MBA 专家导师
广东金融学院国际旅游与休闲管理研究院院长

目录

第一章　客房部概述　001

第一节　客房部的地位作用及主要任务　003
第二节　客房类型与客房设备　004
第三节　客房数字化管理　011

第二章　客房组织管理　018

第一节　客房部组织机构　020
第二节　客房部经理　023
第三节　楼层主管　026
第四节　楼层领班　029

第三章　数字化技术与客房人力资源管理　034

第一节　数字化技术在客房人力资源管理中的应用　036
第二节　客房定员与人力资源计划　038
第三节　客房部员工的素质要求与行为规范　042
第四节　客房部员工服务意识的培养　044
第五节　客房部员工培训的意义与培训计划的制订　046
第六节　客房部员工的数字化培训　051

第七节　客房部员工激励　057
第八节　基于数字化运营的客房部员工考核与评估　063

第四章　数字化技术与客房卫生管理　072

第一节　客房清扫作业概述　074
第二节　客房清扫工作的数字化管理　080
第三节　客房计划卫生　086
第四节　公共区域的清洁卫生　090
第五节　客房设施设备的清洁保养　094
第六节　数字化管理在客房设施设备保养中的应用　098
第七节　客房清洁质量的控制　104
第八节　客房清洁质量检查的数字化管理　110

第五章　客房服务质量管理　116

第一节　房务中心的管理　118
第二节　客房服务项目及其服务规程　125
第三节　对客服务的数字化管理　134
第四节　提高客房服务质量的途径　139

第六章　棉织品与洗衣房管理　159

第一节　棉织品管理　161
第二节　洗衣房管理　164

第七章　客房部预算与成本控制　174

第一节　客房部预算　176
第二节　客房部成本控制　181

第八章　客房部安全管理　187

第一节　客房部主要安全问题及其防范　189
第二节　火灾的预防、通报及扑救　193

第九章　客房服务与经营管理的发展趋势　202

第一节　客房服务的发展趋势　204
第二节　客房经营管理的发展趋势　206

附录 A　酒店各部门、各岗位名称汉英对照　212

附录 B　客房部常用术语　215

参考文献　221

二维码资源目录

二维码对应视频/案例	章	页码
酒店经理人的答复：酒店有必要进行数字化改造吗？	一	2
视频：新加坡金海湾金沙酒店	一	16
酒店经理人的答复：让员工轮休错了吗？	二	19
知识链接：怎样当好客房部领班？	二	31
酒店经理人的答复：总经理要求客房部裁员怎么办？	三	35
知识链接：丽思卡尔顿从招聘开始，确保员工的素质	三	44
知识链接：客房部员工的过失行为与纪律处分	三	63
酒店经理人的答复：客房服务员不按操作规程工作怎么办？	四	73
视频：蒙眼铺床	四	76
知识链接：做PA，说PA	四	94
视频：客房消毒机器人	四	115
酒店经理人的答复：客人的要求合理吗？	五	117
视频：员工仪表仪容与礼貌礼节培训	五	146
知识链接：上海清水湾大酒店客房部员工的待客行为规范	五	151
酒店经理人的答复：酒店洗衣服务对客人的赔偿是无底洞吗？	六	160
酒店经理人的答复：如何控制客房运营成本？	七	175
视频：成本管理不是简单的数学题	七	186
酒店经理人的答复：有人冒充房客盗窃怎么办？	八	188
酒店经理人的答复：手机移动端的使用对酒店客房管理会产生哪些影响？	九	203
视频：未来酒店的数字化客房	九	211

第一章
客房部概述

广州香格里拉大酒店：豪华套房
（感谢广州香格里拉大酒店提供图片）

本章重点介绍客房部的地位作用及主要任务、客房类型与客房设备，并对客房数字化管理做简要介绍。

学习目标

了解客房部在酒店经营中的地位、作用及客房部的主要任务。
了解客房的类型和客房的主要设备。
了解客房数字化管理概念。

关键词

客房类型 room type　客房设备 room equipment
数字化 digitalization

经理的困惑

酒店有必要进行数字化改造吗？

现在大家都在谈论数字化，我是一个做了多年客房部经理的酒店管理者，我们酒店应该进行数字化改造吗？数字化能给酒店和客房管理工作带来哪些好处呢？我可不想人云亦云，何况，进行数字化改造还需要花钱，总经理也不一定会同意。

酒店经理人的答复
▼

酒店有必要进行数字化改造吗？

第一节 客房部的地位作用及主要任务

一、客房部的地位与作用

客房部是酒店为客人提供服务的主要部门。酒店是以建筑物为凭借,通过为客人提供住宿和饮食等服务而取得经营收入的旅游企业,其中客房部所提供的住宿服务是酒店服务的一个重要组成部分。由于客人在酒店的大部分时间是在客房度过的,客房服务质量的高低(设施是否完善,房间是否清洁,服务是否热情、周到、快捷)在很大程度上就反映了整个酒店的服务质量。客人对酒店的投诉与表扬也大多集中在这一部门。

此外,客房部还是酒店取得营业收入的主要部门。从世界范围来讲,客房租金收入通常占酒店营业收入的一半以上,反映了客房部在整个酒店经营中的重要地位。

二、客房部的主要任务

简单地说,客房部的主要任务就是"生产"干净、整洁的客房,为客人提供热情周到的服务。具体而言,有以下几点。

(一) 保持房间干净、整洁、舒适

客房是客人休息的地方,也是客人在酒店停留时间最长的场所,因此,必须保持干净、整洁的状态。这就要求客房部员工每天检查、清扫和整理客房,为客人创造良好的住宿环境。

客房部员工具有清洁卫生的专业知识和技能,因此,客房部除了保持客房的清洁,通常还要负责酒店公共场所的清洁卫生工作。

(二) 提供热情、周到而有礼貌的服务

除了保持客房及酒店公共区域的清洁卫生,客房部还要为客人提供洗衣、房餐、迎送、用品租借等服务。在提供这些服务时,客房部员工必须要有礼貌、迅速、情愿、真心诚意。

(三) 确保客房设施设备时刻处于良好的工作状态

为确保客房设施设备时刻处于良好的工作状态,客房部员工必须做好客房设施设备的日常保养工作,一旦设施设备出现故障,应立即通知酒店工程部维修,尽快恢复其使用价值,以便提高客房出租率,同时确保客人的权益。

(四) 保障酒店及客人生命和财产的安全

安全需要是客人的基本需求之一,也是客人入住酒店的前提条件。酒店的不安全

事故大都发生在客房。因此,客房部员工必须具有强烈的安全意识,平常应保管好客房钥匙,做好钥匙的交接记录。一旦发现走廊或客房有可疑的人或事,或有异样的声音,应立即向上级报告,及时处理,消除安全隐患。

(五) 负责酒店所有布草及员工制服的保管和洗涤工作

除了负责客房床单、各类毛巾等的洗涤工作,客房部通常还要负责客衣以及餐厅台布、餐巾等的洗涤工作,此外,酒店所有员工制服的保管和洗涤工作也由客房部统一负责。

(六) 做好成本控制

客房是酒店利润的主要贡献者,为了给住店客人提供干净、舒适的客房,客房部需要足够的员工为客人提供服务,同时,客房部还需要配置床单、浴巾等各类布草,购置洗发液、沐浴液等客用品,这些都会造成大量的费用支出,如控制不当,就会造成酒店运营成本上升。因此,做好成本控制是客房部管理人员的主要任务之一。

第二节 客房类型与客房设备

一、客房类型与客房状态

(一) 客房类型

酒店客房一般有三种类型,即单人房(single room)、双人房(double room)和套房(suite)。此外,有些酒店还设有三人房(triple room)和可以灵活使用的多功能房间(multi-function room),等等。

1. 单人房(single room)

(1) 单人房,单人床(single room, single bed)。

(2) 单人房,大床(single room, double bed)。

2. 双人房(double room)

(1) 双人房,大床(double room, double bed)(见图1-1)。

(2) 双人房,单人床两张(double room, twin beds)。这种在双人房里设两张单人床的房型适合会议型和接待旅行社团队客人的旅游酒店,通常被称为酒店的"标准间"(standard room)(见图1-2)。

3. 套房(suite)

(1) 普通套房(normal suite):将同一楼层相邻的2~3间客房串通,分别用作卧室、会客室(见图1-3)。

(2) 豪华套房(deluxe suite):与普通套房相似,只是面积比普通套房大,房内设施

图1-1 双人房,大床(又称"鸳鸯房")(刘伟 摄)

图1-2 标准间(刘伟 摄)

设备较普通套房先进。

(3) 复式套房(duplex suite):一种两层楼套房,由楼上、楼下两层组成。一般楼上为卧室,楼下为会客厅。

4. 连通房(connected rooms)

连通房是一种可根据需要变换用途的房间。将相邻房间通过连接门转换为单人房、双人房、套房等,以满足客人的不同需要,提高客房利用率(见图1-4)。

图1-3 普通套房

图1-4 连通房(在两个相邻房间之间以房门连通的多功能房间)(刘伟 摄)

5. 总统套房(presidential suite)

总统套房通常由5个以上的房间组成,设有两间卧室,卧室的卫生间分用。卧室内分别设有帝王床(king-size bed)和皇后床(queen-size bed)。除此之外,总统套房内还设有客厅、书房、会议室、随员室、警卫室、餐厅、厨房等。一些高端旅游酒店通常设有这类总统套房,其主要用意在于提高酒店的档次和知名度,便于推销。这类房间除了用于接待国内外的政要人士,平时也对普通客人开放。位于阿联酋迪拜的 Burj Al Arab 酒店(又称阿拉伯塔酒店),被誉为世界上唯一一家"七星级"酒店,其总统套房面积达780平方米,房价为18000美元/晚,家具是镀金的,套房内设有一个电影院、两间卧室、两间起居室、一个餐厅,出入有专用电梯(见图1-5)。

除了上述几种房间类型,很多酒店还根据客房的朝向将房间分为向内房(inside room)和向外房(outside room)两种。前者一般位于阴面,光线不好,视野不开阔;后者则位于阳面,采光良好,视野开阔,是一种较为理想的客房。划分向内房和向外房的意义在于可以使酒店对这两种房间制定不同的房价,尤其是在旺季,当客房供给比较紧张时,可适当提高向外房的价格。

酒店的客房还可以按其是否带浴缸或淋浴划分为只带淋浴的房间(room only with shower)和淋浴与浴缸都带的房间(room with shower and bath)(见图1-6)。

图1-5　阿拉伯塔酒店总统套房(资料图片)　　图1-6　卧室带浴缸的豪华客房(刘伟　摄)

此外,依据客房的接待对象和功能,酒店客房还可划分为女性客房、健康客房、无烟客房、残障客房、主题客房等。

(二) 客房状态

客房状态(简称"房态")通常有以下类型(见表1-1)。

表1-1　酒店常见房态

房态(英文)	中文	备注
occupied	住客房	住店客人正在使用的客房
vacant	空房	暂时未出租的房间
OC(occupied & clean)	已清洁住客房	—
OD(occupied & dirty)	未清洁住客房	—
VC(vacant & clean)	已清洁空房	已完成清扫整理工作,尚未检查的空房
VD(vacant & dirty)	未清洁空房	—
VI(vacant & inspected)	已检查空房	已清洁,并经过督导人员检查,随时可出租的房间
C/O(check out)	走客房	客人刚离店,房间尚未清洁
OOO(out of order)	待修房	硬件出现故障,正在或等待维修
OOS(out of service)	停用房	因各种原因,已被暂时停用的房间
BL(blocked room)	保留房	为团体客人、预订客人以及重要客人等预留的房间
SK(skip)	走单房	一种差异房态。前厅房态为占用房,而管家房态为空房

续表

房态(英文)	中文	备注
SL(sleep)	睡眠房	前厅房态为空房，而管家房态为占用房
S/O(sleep out)	外宿房	住店客人外宿未归
LL(light luggage)	携少量行李的住客房	—
NB(no baggage)	无行李房	—
DND(do not disturb)	请勿打扰房	客房的请勿打扰灯亮着，或门把手上挂有"请勿打扰"牌

二、客房设备及用品

（一）客房设备

酒店客房通常分为五大功能区域：睡眠空间、盥洗空间、起居空间、书写空间和贮存空间，每个空间由不同的设施设备组成（见图1-7及表1-2）。

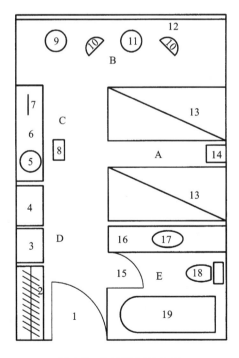

图1-7 客房设备及布局

1.房门 2.衣柜 3.小酒吧与小冰箱 4.行李架 5.台灯 6.写字台
7.电视机 8.软座椅 9.落地灯 10.扶手椅 11.小圆桌 12.窗帘 13.单人床
14.床头柜 15.卫生间门 16.云石台 17.洗脸盆 18.马桶 19.浴缸

表 1-2 客房五大功能区域

功能区域	设备
睡眠空间	床（bed） 床头柜（night table） 床头灯（bedside lamp）
盥洗空间	浴缸（bath tub） 淋浴器（shower） 毛巾架（towel rack） 马桶（toilet） 电话（telephone） 洗脸盆（sink） 镜子（mirror） 电源插座（socket）
起居空间	茶几（tea table） 座椅（chair） 落地灯（standard lamp）
书写空间	写字台（writing desk） 椅子（chair） 台灯（desk lamp） 电视机（TV set） 电冰箱（fridge） 梳妆镜（mirror） 电话（telephone）
贮存空间	壁橱（closet） 行李架（luggage rack）

1. 睡眠空间

睡眠空间是客房最基本的空间（见图 1-8）。这一空间主要有下列家具和设备：

图 1-8 睡眠空间（刘伟 摄）

(1) 床(bed)。

床是睡眠空间也是客房最主要、最基本的设备。酒店使用的床通常为西式床，分为单人床(twin-size bed)、双人床(double-size bed)、大号双人床(queen-size bed)、特大号双人床(king-size bed)、加床(rollaway bed)等不同类型，其尺寸见表1-3。

表1-3 床的类型及尺寸

类　　型	长度/米	宽度/米
单人床(twin-size bed)	2.0	1.1～1.35
双人床(double-size bed)	2.0	1.4～1.6
大号双人床(皇后床，queen-size bed)	2.0	1.8～2.0
特大号双人床(帝王床，king-size bed)	2.0	2.0～2.2
加床(rollaway bed)	2.0	1.0～1.35

考虑到美观、方便等因素，床的高度一般应在40～60厘米。

(2) 床头柜(night table)。

酒店使用的床头柜是一种多功能床头柜，通常配有多种控制开关，如电视机、音响设备、床头灯、夜灯、走廊灯、房门外请勿打扰灯等的开关以及时钟和呼唤服务员的按钮等，这样，客人不用下床，便可以完成他所要做的许多事情，从而极大地方便了客人。但面对如此多的控制开关，一些客人反映在夜间识别起来比较困难，常常影响客人休息。

除了装有音响设备和各种控制开关，床头柜上通常还放有一部电话，以及便笺纸和一支削好的铅笔，为客人记录信息提供方便，有的酒店还在床头柜上放置晚安卡。

(3) 床头灯(bedside lamp)。

床头灯可根据需要调节亮度。

2. 盥洗空间

盥洗空间指客房卫生间(见图1-9)，主要包括浴缸(bath tub)、淋浴器(shower)、毛巾架(towel rack)、马桶(toilet)、电话机(telephone)、洗脸盆(sink)、梳妆镜(mirror)和电源插座(socket，供客人在卫生间使用电动剃须刀或电吹风)等。

图1-9 盥洗空间(刘伟　摄)

3. 起居空间

除了套房，标准客房的起居空间基本上都位于窗前区，供客人休息、会客、饮食时使用（见图1-10）。主要包括茶几（tea table）、座椅（chair）、落地灯（standard lamp）。

4. 书写空间

标准房的书写空间大多安排在床的对面（见图1-11），主要包括写字台（writing desk）、椅子（chair）、台灯（desk lamp）、电视机（TV set）、电冰箱（fridge）、梳妆镜（mirror）、电话（telephone）等。

图1-10 起居空间（刘伟 摄）

图1-11 书写空间

5. 贮存空间

（1）壁橱（closet）。

壁橱是贮存空间的主要设备，通常位于客房的某一侧，供客人存放衣物使用，里面配有衣架（每床不少于2个西服衣架、2个裙架、2个裤架，即双人间需配备至少12个衣架）。此外，壁橱还可供酒店存放客房备用的被子、毛毯、枕头等。壁橱内应有照明灯，以便客人存取物品（见图1-12）。

（2）行李架（luggage rack）。

行李架位于壁橱附近，通常在写字台靠近房门口的一端（见图1-13）。

图1-12 壁橱（刘伟 摄）

图1-13 客房行李架和高级衣架（刘伟 摄）

除了以上设施设备，客房通常还包括以下设施设备：

(1) 窗帘(window curtain)。

酒店客房的窗帘通常有两层：一层为厚窗帘，另一层为纱窗帘。厚窗帘主要起遮蔽、隔音、挡光、装饰和调温作用。选用厚窗帘时，必须注意要经久耐用，不褪色，可以洗涤。纱窗帘的作用是在挡景的同时，使室内保持一定的光线，因此，它必须具有较高的透明度，能使光线最大限度地通过。

(2) 地毯(carpet)。

地毯的作用是减少噪声，美化环境。色彩丰富、弹性好的地毯可以使客房显得更加华贵。地毯的质地有很多种，如羊毛的、合成纤维的等。一般情况下，地毯的颜色应该深一些，这样能使室内色彩表现上轻下重，给人以稳定感，并使地毯更加有效地衬托人物和设施。

(3) 空调(air conditioner)。

空调不仅有调温功能，还能通风换气，保持空气的新鲜、清洁，起到净化室内空气的作用。

(4) 烟感报警器(smoke detector)。

当房内烟雾达到一定程度时，烟感报警器会自动报警。

(5) 自动喷淋器(auto-spray head)。

烟感报警器报警时，酒店防灾中心的指示灯自动闪烁，机器驱动客房内的自动喷淋器喷水灭火。

(二) 客房用品

客房用品主要指为客人配置的各类低值易耗品、客房服务员使用的客房清洁用品，以及客人临时租用的各类日常用品。

(1) 为客人配置的各类低值易耗品，包括香皂、淋浴液、洗发液、护发素、梳子、护肤品、牙刷、牙膏、拖鞋、环保袋等。

(2) 客房服务员使用的客房清洁用品，包括各类清洁剂、抹布以及清洁工具等。

(3) 客人临时租用的各类日常用品，如充电器、文具等。

第三节　客房数字化管理

一、酒店数字化管理转型

传统的酒店管理注重大规模的生产范式，主要表现为管理者与操作者之间分工的标准化，任务驱动型的管理过程以及权力分管的细化和具体化。在实施和管理的过程中，任务通过人工进行口头传达，并且产生大量的纸质报表和人工数据。传统的酒店管理强调重复性的职能活动的任务目标，依赖管理人员的全面监控来克服运营过程中的不确定性和复杂性。

　　基于传统模式存在的短板,酒店行业勇于创新,不断推进数字化的应用。从早期的PMS(property management system,物业管理系统)到现在的CRS(central reservation system,中央预订系统)和OTA(online travel agency,在线旅游经营商),酒店逐渐实现了运营在线化、数据体系化、管理数字化,强调利用数字化技术,对酒店的业务模式、运营方式进行系统化、整体性变革,更关注数字技术对组织整体的赋能。在运营方面,酒店从产品驱动转向客户需求驱动,越来越注重客人的需求,比如CRM(customer relationship management,客户关系管理)会员系统这类管理客户全生命周期价值的应用,也成为各大酒店集团的标配。

　　通俗地讲,酒店数字化管理就是要将生产经营管理的各种要素进行数字化处理,生成管理所需的形式,帮助经营管理决策,建立一个有活力的数字化商业模式。

　　酒店数字化管理涉及几个基本的概念:数字化转型(digital transformation)、数字化转换(digitization)、数字化升级(digitalization)。其中,数字化转型是建立在数字化转换和数字化升级的基础之上的。

　　酒店的数字化是一项系统工程。酒店本身是一个系统,各个子系统既是相对独立的,又与酒店整个大系统密切相关。相互之间的数据要能互通,这不但涉及接口和各种数据的可比性、关联性,而且涉及每个子系统的要素对象。各要素对象可能又是不同的,包括前厅、客房、餐饮、厨房、工程、保安、人力资源、财务等,因此很难用一个完整的定义来确定各个子系统的数据。从目前酒店业的发展状况来看,酒店的数字化还有一个非常长的探索过程。

二、客房管理的数字化发展

　　传统的酒店客房大多依靠对讲机、电话、大量的纸质表单和人工统计来进行基础的运营管理工作。随着科学技术的进步,数字化流程在客房管理中得到应用。20世纪80年代,PMS这类主要管理客房产品的应用成为客房数字化的起点。由于PMS将核心流程信息化,它迅速成为酒店行业的标配,并逐步衍生出CRS、OTA等系统和平台。

　　目前,客房的数字化管理和运营体系越来越成熟。酒店借助数字化手段打造自身服务品质,主要围绕客人体验展开工作,根据系统风险提示,有针对性地分析服务超时、客人报修、催促服务、客人换房等问题,提高了客房服务和管理效率,使得客房管理更加信息化、数据化。员工对于数字化的接受能力也在不断增强,正在适应数字化酒店管理模式的发展趋势。

三、客房数字化管理:从PMS到OMS

　　在20世纪80年代,PMS作为酒店信息化的起点,其作用相当于酒店的电子收银机,管理酒店的客房销售和结算,也因其主要操作者是酒店前台员工,而被称为前台系统。

　　规模化经营的酒店组织庞大、服务项目多、信息量大,员工每天都需要花费大量的时间进行用房查询、收银、总账、收纳和银行对账等重复、琐碎的工作。PMS基于计算机系统,将入住登记、收银、查询、结账和客人信息录入的流程信息化,大大提高了酒店管理效率,于是迅速在酒店行业普及,由此也逐步产生了如CRS、OTA等帮助客户进一步提升销售效率的系统和平台。

随着社会生产能力的逐步提高,经济驱动开始转向客户需求驱动,酒店经营的思路也逐步从出售客房产品转变为经营客户的全生命周期价值,CRM会员系统成为酒店集团的标配。随着技术进步以及服务模式的革新,当前每一个单体酒店都可以拥有自己的CRM,帮助酒店降低获客成本,管理宾客忠诚度,获取宾客的长期价值。CRM也从营销逐步渗透到客户的触点管理。

近年来,客房销售和客户运营的数字化程度越来越高,而与之形成鲜明对比的是,以员工为中心的后台服务运营,几十年来并没有太多变化,还是依赖对讲机、电话、大量的纸质表单和人工统计来进行基础的运营工作。对比外卖行业,你很难想象现在还会有餐厅主要依靠电话来接受外卖订单,靠纸质表单来管理餐品配送。

在人工成本越来越贵的今天,通过系统赋能员工,提高员工的效率,充分发挥员工的价值,是大势所趋,OMS应运而生。

酒店OMS(operation management system),即酒店运营管理系统,其诞生是对酒店传统运营方式的一次变革。它通过移动端APP和PC端平台,完全取代传统的对讲机、电话协作和纸质表单管理模式,实现后台运营的全面数字化管理,做到员工在线、客人在线、单店管理在线和集团管理在线,实现酒店运营从经验主义向数据驱动转型(见图1-14)。

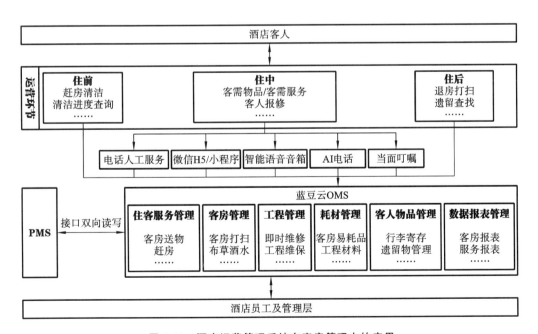

图1-14 酒店运营管理系统在客房管理中的应用

四、客房数字化管理的意义

（一）可以全面提升酒店运营效率与服务效率

OMS 支持与 PMS 无缝对接，实现酒店后台运营全面在线化，前厅、客房、工程等部门的信息实时同步，无须再通过对讲机、电话做跟催，实现办公无纸化，显著提升运营协作的效率。过去，酒店各运营部门之间靠电话沟通。以送物为例，客人有服务需求时一般先给前台或总机打电话，再由房务中心用电话通知楼层服务员，完成 1 项服务至少需要 2～3 次电话中转。蓝豆云 OMS 减少了电话中转环节，前台或总机收到客人需求后，可直接在 OMS 上向楼层服务员下达任务，话务量减少一半以上，员工服务用时也由原来的 10 分钟缩短为 5 分钟。

（二）全面了解并提升住店客人的体验感和满意度

当前，酒店关于客人满意度评价的来源主要是主流 OTA 平台，但根据不完全统计，通过 OTA 预订后写点评的人数占总预订数的比例不到 10%，总体上可能只代表了不到 2% 的客人的感受，更多影响客人体验的因素藏在日常运营过程中。

如果把客人满意度数据这座"冰山"分为三层（见图 1-15），最顶层是酒店最容易获取的 OTA 数据；中间层是酒店利用飞行检查、暗访等形式主动采集的运营数据；最底层的是酒店在运营过程中自然积累下来的数据，如客人高频需求物品、服务高峰时段、客房清洁检查率、高频维修内容、赶房耗时等。虽然这些数据在现有模式下是很难获取和利用的，但是 OMS 可以将这些反映客人体验最敏感的、深入运营"毛细血管"的数据呈现出来，为运营管理优化提供有力的数据支持。

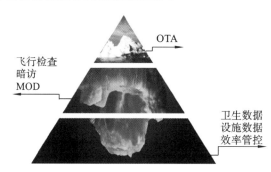

图 1-15 客人满意度数据来源

以广州白天鹅宾馆为例，该宾馆在 2017 年引入 OMS 进行运营端的数据化管理，在系统数据基础上构建了对客服务指标体系。该宾馆在分析服务耗时数据时发现：酒店运送儿童物品的时间是其他物品的 2～3 倍。经分析，儿童物品的成本普遍高于普通物品，集中存储在仓库里，运送路程较远使得客人等待时间较长。后来该宾馆通过蓝豆云 OMS 数据进行需求预测，在每个楼层都配备一定量的儿童用品，以缩短运送路程。白天鹅宾馆基于 OMS 数据做出的改变，优化了送物流程，提升了亲子游客人的满意度。

(三)支持工作量化管理,助力酒店建立更加科学的员工绩效管理体系

在客房部工作任务的实施过程中,清扫时间、对客服务时间和员工的工作量都可以使用数字化平台进行定量统计。通过制定参考指标,与实际的工作效率进行比较,以此评估员工的工作绩效。数字化系统支持工作量化管理,助力酒店建立更加科学的员工绩效管理体系。

(四)可以提高员工的工作积极性

数字化管理能够科学计量员工的工作绩效,从而使员工多劳多得,提高员工的工作积极性。员工也更愿意跨部门学习,提升个人技能,完成更多的跨部门任务。酒店可据此对表现优秀的员工进行激励。

(五)为员工提供更快捷的晋升通道

数字化管理系统的应用,可以使员工用更短的时间掌握以前需要3~5年沉淀的基层管理知识,有更快速的晋升通道,从而进一步激发员工的工作热情。

(六)便于对员工工作实施监督管理

在客房员工的工作过程中,所有的系统性操作都能通过房务工作平台直接上传。管理人员通过监督后台数据,排查异常情况,由此开展员工的工作质量考核。在进行后台数据监督的过程中,所有的物品消耗都有一定的参考指标。如若碰到布草、设施设备等用品的异常超标情况,管理人员要及时进行处理,将相关责任落实到个人。在这样的监督体系中,管理人员可以通过系统数据,直观明了地反映客房物品的消耗情况和员工的工作情况,从而极大地方便人力资源管理。

(七)有利于实施客房标准化管理

对后台记录的数据(包括清扫时间、检查一次性通过率、维修时间等)进行有效的运用,可以查看个别员工的工作情况,也可以综合考虑所有员工的工作情况和工作性质,制定标准化的工作时间和效率。这样的标准化管理有利于对员工的奖惩考核进行有效分析,从而开展下一步有针对性的培训计划,也可以考虑到员工成本等相关要素来进行人力资源的调配。

(八)有助于客房部实施精细化管理,有效降低客房用工成本

在运营流程在线化和流程数据系统化的基础上,酒店管理人员可以通过OMS积累的后台运营数据报表,如客人偏好数据、客房清洁数据、服务高峰期数据等,优化服务运营流程和排班,实现精细化运营和管理。

在酒店运营过程中,管理人员会在每月、每季、每年进行人力成本的统计和分析。传统的模式多采用人工的方式,使用纸质的报表,并根据约定俗成的用工制度和成本制度加以分析和计算。随着数字化平台的运用,员工在工作过程中,其工作情况会在系统后台进行量化记录,这一过程大大简化了数据收集的成本。管理人员可以通过数字化

平台对员工的工作效率、工作状态进行充分考核,结合淡旺季等外部因素进行人员的调配,提前做好预算管理,最大限度地降低人力成本。以云南丽江和府洲际度假酒店为例,酒店接入蓝豆云 OMS 后,将服务业务流程完全在线化,员工直接从 OMS 系统中接收服务任务,服务响应更迅速,酒店根据 OMS 数据调整人员排班,房务中心将原来的两个班次调整为一个班次,节省两个编制。

本章小结

- 客房是酒店的"心脏",是酒店为客人提供服务的核心部门,也是酒店收入的主要来源。
- 客房部的主要任务包括:保持房间干净、整洁、舒适;为客人提供热情、周到而有礼貌的服务;确保客房设施设备时刻处于良好状态;保障酒店及客人生命财产的安全;负责酒店所有布草及员工制服的保管和洗涤工作;做好成本控制等。
- 酒店客房通常分为单人房、双人房和套房,还可还根据客房的朝向将房间分为向内房和向外房;按照其是否带浴缸或淋浴划分为只带淋浴的房间和淋浴与浴缸都带的房间。此外,依据客房的接待对象和功能,酒店客房还可划分为女性客房、健康客房、无烟客房、残障客房、主题客房等。
- 客房空间分为睡眠空间、盥洗空间、起居空间、书写空间、贮存空间等。
- 客房管理数字化就是要从 PMS 走向 OMS。酒店客房实施数字化管理对于提高客人满意度、员工的积极性和工作效率、客房运营效率,以及节约管理费用等都具有重要意义。

课堂讨论

如何看待数字化在客房运营与管理中的应用前景?

复习思考题

1. 试述客房部的地位作用。
2. 客房部的主要任务有哪些?
3. 数字化如何提高客人满意度和客房部运营效率?

案例聚焦

扫描二维码,了解世界"最美丽、最豪华"的酒店——新加坡金海湾金沙酒店。

视频

新加坡
金海湾
金沙酒店

补充与提高

客房数字化管理的应用

依据某家酒店某个月的主管客房检查情况的数据,酒店管理者可以非常清楚地发现客房检查中高频返工的问题,可以择取排在前五的高频问题进行深入分析。例如浴缸扇形托盘下有水、浴缸有头发等问题,从而分析是员工培训不到位还是其他原因,并及时采取措施,来提高客房清扫质量(见图1-16)。

房号	清洁类型	创建时间	开始清洁时间	完成清洁时间	不通过原因	检查时间
4006	退房清洁	2022-06-01 07:42:25	2022-06-01 13:53:32	2022-06-01 13:53:34	少巾类	2022-06-01 14:26:57
4077	退房清洁	2022-06-01 07:48:06	2022-06-01 14:53:19	2022-06-01 14:53:26	地板有油迹	2022-06-01 14:58:03
4089	退房清洁	2022-06-01 07:48:06	2022-06-01 12:32:26	2022-06-01 12:32:40	洗手间门口有毛发,窗台脏	2022-06-01 12:45:11
4116	退房清洁	2022-06-01 07:49:22	2022-06-01 12:29:31	2022-06-01 12:29:31	少面巾	2022-06-01 13:29:28
5005	退房清洁	2022-06-01 08:02:26	2022-06-01 11:21:52	2022-06-01 11:23:11	马桶间垃圾桶有烟灰	2022-06-01 11:24:02
5033	退房清洁	2022-06-01 08:02:59	2022-06-01 16:14:33	2022-06-01 16:22:07	沐浴露底下都是水渍	2022-06-01 16:26:53
5050	退房清洁	2022-06-01 08:03:37	2022-06-01 10:58:32	2022-06-01 10:58:35	窗台处地板有烟头印,两个摆鞋角不一致	2022-06-01 11:24:16
5069	退房清洁	2022-06-01 08:04:09	2022-06-01 12:28:23	2022-06-01 12:28:25	面盆活塞发黄,床底有电池	2022-06-01 13:59:51
5108	退房清洁	2022-06-01 08:04:46	2022-06-01 11:55:07	2022-06-01 11:59:34	淋浴间玻璃门水印	2022-06-01 14:35:18
5118	退房清洁	2022-06-01 08:05:23	2022-06-01 13:59:59	2022-06-01 14:00:05	镜子脏	2022-06-01 14:35:22
7012	退房清洁	2022-06-01 08:14:08	2022-06-01 15:47:43	2022-06-01 16:01:13	电话有灰尘	2022-06-01 16:03:51
7022	退房清洁	2022-06-01 08:14:08	2022-06-01 13:05:57	2022-06-01 13:09:01	推拉门镜子重新清洁,补一个衣架,补一个布草更换牌	2022-06-01 14:31:04
7031	退房清洁	2022-06-01 08:14:08	2022-06-01 13:09:24	2022-06-01 13:12:44	马桶间,淋浴间玻璃门重新清洁,有毛发,浴缸重新清洗有污垢泡沫浮尘,少床头菜单	2022-06-01 14:30:56
7037	退房清洁	2022-06-01 08:15:40	2022-06-01 12:30:45	2022-06-01 12:30:50	床头位置偏移间隔太大重新调整,圆桌底部,电视遥控器电话重新抹尘	2022-06-01 12:31:11
7091	退房清洁	2022-06-01 08:17:42	2022-06-01 13:25:20	2022-06-01 13:25:32	马桶间玻璃水印重新,写字楼附近地板污渍清洁	2022-06-01 13:38:36

图1-16　主管客房检查返工问题明细

通过系统中生成的对客服务需求时段数据分析及客房高频服务项数据分析,管理者可以采取相关措施,未雨绸缪。对客房高频服务项目进行分析,例如,是门锁问题还是因为宾客不会使用房卡,随之采取相关措施。

经常出现却被忽略的高频报修事项会被系统清晰地记录下来(见图1-17),以便酒店排查问题,并在客房添加此设备或物品的使用标签,减少设备、物品的损耗。

图1-17　客房设备问题数据分析

第二章
客房组织管理

管理工作首先要确定组织架构和岗位定员

  管理工作是通过设置组织机构和落实岗位职责来完成的,组织机构的设置和客房定员将直接决定客房管理的效率和酒店的经济效益。客房部管理人员要掌握科学的定员方法,实现组织机构的精简、高效化和客房定员的科学、合理化。

  除了客房组织机构的设置,本章还介绍了客房部经理、楼层主管、楼层领班等岗位的职责、素质要求,并讲述了客房部管理人员的管理要求。

学习目标

了解客房部组织机构的设置及各岗位的职责。

掌握客房部经理、楼层主管与楼层领班的管理要诀。

关键词

组织结构图 organization chart　　客房部经理 housekeeping manager

楼层主管 floor supervisor　　楼层领班 floor captain

经理的困惑

让员工轮休错了吗?

佳节刚过,我们宾馆步入小淡季,宾客较少。我开始考虑节后的工作安排。突然,我喜上眉梢:何不趁此机会安排员工休息?可又一想:刚休了七天,再连着休息,时间会不会太接近?而之后的二十几天没休息日了,员工会不会太辛苦?不过,再想想,反正现在客源少,闲着也是闲着,于是我便着手安排各楼层员工轮休。

刚到中旬,轮休的员工陆续到岗,紧接着客源激增,会议一个接着一个,整个楼又恢复了昔日的热闹,员工们忙得不亦乐乎。

员工夜以继日地度过了十几天的紧张工作,我正为自己的决策感到高兴时,下午四点服务员小陈突然胃痛;晚上交接班时,小李的母亲心绞痛住院;小黄的腿在倒开水时不慎烫伤。面对接二连三突然出现的问题,我乱了方寸。怎么办?最后,我以这个月的假期已全部休息完毕为由,家中有事、生病者,要休息就请假。而请一天的病假或事假,所扣的工资、奖金却是一笔不小的数目,面对这样的决定,小黄请了病假,小陈、小李只好克服各自的困难,仍然坚持上班。

第二天中午,楼层主管接到客人的口头投诉,被投诉的是小李及小陈,原因是他们丢三落四、所答非所问、面无笑容、对客不热情、服务出差错……难道我做错吗?我听到这件事后便陷入深思。

酒店经理人的答复

让员工轮休错了吗?

第一节　客房部组织机构

一、客房部组织机构设置

酒店的规模大小不同、性质不同、特点不同及管理者的管理意图不同，客房部组织机构也会有所不同。客房部组织机构的设置同样要从实际出发，贯彻机构精简、分工明确的原则。

大、中型酒店客房部的组织机构可参照图 2-1 进行设置。小型酒店可对其进行适当压缩、合并，去掉中间管理层，如主管或领班。

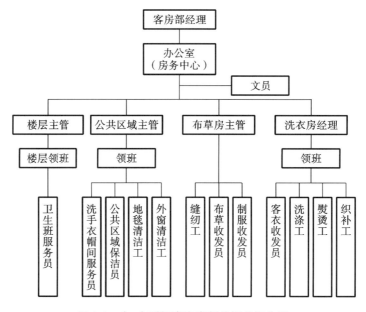

图 2-1　大、中型酒店客房部的组织机构图

二、客房部各班组的职能

（一）房务中心（housekeeping center）

房务中心既是客房部的信息中心，又是对客服务中心，负责统一调度对客服务工作，掌握和控制客房状况，同时负责失物招领，发放客房用品，管理楼层钥匙，并与其他部门进行联络、协调等。

（二）公共区域（public area）

公共区域班组负责酒店各部门办公室、餐厅（不包括厨房）、公共洗手间、衣帽间、大堂、电梯厅、各通道、楼梯、花园和门窗等公共区域的清洁卫生工作。

（三）制服与布草房（linen room）

制服与布草房负责酒店所有工作人员的制服，以及餐厅和客房所有布草的收发、分类和保管工作。及时修补有损坏的制服和布草，并储备足够的制服和布草以供周转使用。

（四）洗衣房（laundry room）

洗衣房负责收洗客衣，洗涤员工制服和对客服务的所有布草、布件。洗衣房的归属，在不同的酒店有不同的管理模式。大部分酒店都归客房部管理，但有的大酒店，洗衣房则独立成为一个部门，并且对外服务。而小酒店则可不设洗衣房，酒店的洗涤业务委托社会上的洗衣公司负责。

三、客房部主要岗位的职责

（一）楼层服务员的岗位职责

楼层服务员的岗位职责如表 2-1 所示。

表 2-1　楼层服务员的岗位职责

岗　位	职　责
早班	（1）整理工作间、服务车。 （2）开楼层例会，记录所交代的事项。 （3）查客衣、统计房态。 （4）清洁客房卫生。 （5）记录棉织品使用情况。 （6）报告客房内维修项目。 （7）清洁、保养工具和设备。 （8）做卫生计划。 （9）随时清除客房内地毯、墙纸污渍。 （10）负责所管客房及客人的安全。 （11）记录 NB、SO、DND 房。 （12）检查客房迷你吧的酒水。 （13）清洁楼层公共区域卫生

续表

岗 位	职 责
中班	主要负责楼层、客房的清洁及开床服务。 (1) 根据中班程序标准,清洁楼层公共区域的卫生。 (2) 做定期卫生计划。 (3) 收楼层垃圾。 (4) 维护楼层的清洁。 (5) 准时参加晚例会,领取物品,记录有关事项。 (6) 开床服务。 (7) 检查白班报修房间。 (8) VIP 房间按 VIP 标准开床。 (9) 记录 DND 房。 (10) 做走客房。 (11) 整理服务车,为早班做准备。 (12) 维护楼层公共区域、角间及员工电梯厅的卫生。 (13) 检查楼层安全。 (14) 收取楼层的餐具,通知房务中心。 (15) 为客人提供其他服务。 (16) 检查客房内的迷你吧。 (17) 负责报告楼层维修项目
夜班	(1) 阅读服务员通知本。 (2) 根据领班要求工作。 (3) 负责夜间楼层安全检查(每 30 分钟检查一次)。 (4) 检查走客房酒水

(二) 工服收发员及缝纫工的岗位职责

工服收发员及缝纫工的岗位职责是向酒店员工提供干净、整齐的工服。

(1) 严格按照工作程序和标准发放、更换和保管工服(更换工服须征得经理同意)。

(2) 确保所有工服从洗衣房取回后,整齐地依次摆放在衣架上。

(3) 确保员工离职前如数交回工服,并做好记录。

(4) 做好缝纫机的保养工作,保证机器正常使用。

(5) 及时并高质量地修补工服、缝纫、钉扣子。

(6) 保证工服房的清洁,搞好环境卫生。

(7) 服从并完成上级分派的其他工作任务。

(三) 布草收发员的岗位职责

布草收发员的岗位职责是负责回收、发放并检查各部门使用的布巾。

(1) 向布草房领班报告从各部门送回的布巾中严重损坏或污染的情况。

（2）检查从洗衣房送回的干净布巾，把需要重新洗涤或熨烫的布巾拿出，向布草房领班报告上述情况。

（3）保持布草的整洁卫生。

（4）完成主管和领班分配的其他工作。

（四）仓库管理员的岗位职责

仓库管理员的岗位职责是负责管理库房，控制客用品、清洁用品的发放，并进行成本控制。

（1）配合上级做好客房部物品管理工作。

（2）定期检查楼层物品量，适量给予客用品的补充。

（3）掌握市场信息，订货适用、适量，避免积压。

（4）以住宿率为标准发放客用品，严格执行控制程序。

（5）客用品的发放要登记入账，避免丢失和浪费。

（6）熟悉管辖物品的位置，了解物品的性质、应用范围及使用期限。

（7）每月进行物品盘点，及时了解消耗数量。

（8）做好酒水的发放、入账、提货工作；做每月分析报告，控制酒水成本。

（9）完成上级交给的其他任务和工作。

以上是客房部部分岗位的职责。客房部其他岗位的职责见之后各相关章节。

第二节　客房部经理

一、客房部经理的岗位职责

客房部经理全权负责客房部的运行与管理，负责计划、组织、指挥及控制所有房务事宜，督导下属管理人员的日常工作，确保为住店客人提供热情、周到、舒适、方便、卫生、快捷、安全的客房服务。其主要职责及工作内容如下。

（1）监督、指导、协调全部房务活动，为住客提供规范化、程序化、制度化的优质服务。

（2）配合并监督客房销售控制工作，保证客房最大出租率。

（3）负责客房的清洁、维修、保养。

（4）保证客房和公共区域达到卫生标准，确保服务优质、设备完好。

（5）管理好客房消耗品，做好房务预算，控制房务支出，做好客房成本核算与成本控制等工作。

（6）做好年度客房各类物品的预算，并提出购置清单，包括物品名称、型号、单价、厂家及需用日期。

(7) 确定人员编制、员工培训计划，合理分配及调度人力。

(8) 检查员工的礼节礼貌、仪表仪容、劳动态度和工作效率。

(9) 与前厅部做好协调，控制好房态，提高客房利用率和对客的服务质量。

(10) 与工程部做好协调，做好客房设施设备的维修、保养和管理工作。

(11) 检查楼层的消防、安全工作，并与保安部紧密协作，确保客人的人身和财产安全。

(12) 拟订、上报客房部年度工作计划、季度工作安排。

(13) 建立客房部工作的完整档案体系。

(14) 任免、培训、考核、奖惩客房部主管及领班。

(15) 按时参加店务会，传达并落实会议决议、决定，及时向总经理和店务会汇报；主持每周客房部例会、每月部门业务会议。

(16) 处理投诉，发展同住店客人的友好关系。

(17) 检查贵宾客房，使之达到酒店要求的标准。

二、客房部经理的素质要求

客房部经理是酒店较忙碌、较重要的部门经理之一，全面负责客房部的日常管理工作。作为一名客房部经理，除了要有组织领导才能和管理才能，还应具备以下素质。

(1) 有房务管理经验。专业的知识和经验是做好房务管理工作的基础，作为客房部经理，应该具有客房部主管以上的管理工作经验。

(2) 有强烈的事业心和工作动力。强烈的事业心和工作动力是干好每一项工作，尤其是管理工作的基本保证，同时，也是激励下属员工的重要因素之一。因此，客房部经理应该能够进行自我激励，有在事业上取得成就的强烈愿望。

(3) 有旺盛的精力、良好的体魄。客房部经理要能够胜任经常性的超时工作。

(4) 有较好的业务素质和较宽的知识面。具体包括旅游业基本知识以及房务服务与管理的专业知识（如布草、地面材料、家具、清洁剂和清扫工具，以及财会、设计、室内外装饰等方面的知识）。此外，客房部经理还要懂得心理学、管理学等专业知识。不懂业务就是外行，就会出现"瞎指挥"的现象。客房部经理只有具有较高的业务水平和专业素质，才能使员工信服，才能赢得员工的尊重、提高员工的服从性、增强管理者的凝聚力、做好各项管理工作。

(5) 有优秀的个人品质。为人正直，能公平合理地处理各种关系和矛盾。

(6) 有良好的人际关系和沟通能力。管理工作主要且难度最大的是对人的管理，因此，客房部经理应该具有良好的人际沟通能力。具体包括与下属、与上级、与其他部门的管理人员及与客人的沟通。有效地与人打交道并不意味着要对人特别"随和"，而是意味着管理人员应该能取得同事的信任和合作，并能获得顾客的认同和好感。

(7) 有组织协调能力。能协调好本部门各区域、各班组之间的关系，以及本部门与酒店其他部门之间的关系。

(8) 有语言、文字能力。客房部经理要有说服人的本领，要像一位有说服力的推销员那样，能够向自己的下属员工及同事清晰地说明自己的意图，力陈非此不可。此外，还要有写作能力，能够撰写房务管理的有关文件和工作报告。

(9) 有基本的电脑知识和电脑操作能力。未来酒店及客房管理将实现智能化,酒店内部管理将实现网络化。各种房务管理表格的制作将通过电脑来完成,内部的沟通也将通过电脑来实现,因此,未来客房部经理必须掌握一定的电脑知识和操作技能,以适应未来酒店管理的高科技化。

(10) 有一定的外语水平。高端酒店是涉外企业,为了更好地为外国客人提供服务,客房部经理必须具有一定的外语水平,能够用英语与外国客人进行沟通。

(11) 有良好的个人修养。管理人员的个人修养是员工的表率,它不仅反映管理人员的个人素质,也代表着酒店的形象和档次。客房部经理在仪表仪容、言谈举止等方面,应该有良好的个人修养。

(12) 有管理意识和创新精神。服务人员要有服务意识,同样,管理人员要有管理意识,这是他(她)做好管理工作的前提条件。除此之外,管理人员还应不墨守成规,有创新精神。

(13) 掌握管理艺术。管理工作是一门艺术,作为客房部经理,应该掌握管理的艺术,这样才能使管理工作轻松、有效。

三、做优秀的客房部经理

当好客房部经理应该注意以下几点。

(一) 有自信心

一个人如果失去了自信心,连自己对自己的工作能力都感到怀疑,就不可能把工作干好。尤其是管理人员,如果缺乏自信心,就不可能赢得员工的尊重,不可能激励和带领员工完成工作任务、实现管理目标。管理人员要有自信心,但也不能自信到听不进别人的建议或建设性批评的地步。

(二) 工作要有主动性

客房部经理要能够把本部门的一切工作安排得井井有条,对于可能发生的问题,要防患于未然,而不是到处"修修补补",整天四处"灭火",被这些问题牵着鼻子走,忙得团团转。

(三) 有效地利用人力资源

客房部经理要力争有效地利用人力资源,节约劳动力成本。特别是在工资费用比较高的国家和地区,有效地利用人力资源具有更重要的意义。

(四) 为例行工作创立程序和标准

客房部经理要为例行工作创立标准操作规程(standard operating procedure, SOP),制定部门岗位责任制,这是提高客房工作质量和效率,使管理工作走向正轨的基础工作。

(五）善于激励员工

管理人员的管理意图是通过部门员工贯彻落实的，因此，要做好客房部的工作、提高服务质量，就必须激励员工的士气，这是实现客房管理目标的手段，也是客房部经理的日常工作内容之一。为此，客房部经理必须具有心理学方面的专业知识，能够以最大的耐心、幽默的语言，配合行之有效的管理制度，激发员工的工作热情，调动员工的工作积极性。

（六）让员工参与管理

客房部经理要就客房工作中存在的问题经常与员工进行沟通，交换意见，达成共识，进而采取措施，这也是激励员工、实现管理目标的重要手段。为此，管理人员要鼓励员工发挥想象力，让他们经常给自己提出这样一个问题：做这件事还有没有别的更好的办法？不仅员工应该经常提出这个问题，负责监督、指导员工的各级管理人员也应如此。一旦员工提出切实可行的合理化建议，客房部经理要积极地予以采纳，并对提出合理化建议的员工提出表扬。

（七）给员工提供培训与发展的机会

员工不只是会干活的机器，员工在完成本职工作的同时，还希望在业务上得到发展，事业上取得进步，因此，客房部经理应该充分理解和尊重员工的这一需求，为员工提供培训与发展的机会。同时，客房部经理还可以利用员工的这一需求，采取激励员工的手段。

（八）努力与其他部门搞好协调与合作

客房部对客服务质量的好坏，在很大程度上取决于与酒店其他部门（如前厅部、公关部、销售部、工程部等）的合作，以及与其他部门的信息沟通。部门之间缺乏信息沟通，势必在工作中造成矛盾和冲突，并最终影响服务质量。因此，客房部经理除了在各种正式会议上与其他部门经理进行沟通，平时也应与其他部门的同事多沟通，做好部门间的协调工作。

此外，作为一名优秀的客房部经理，还应具备五大管理意识，即创新意识、市场竞争意识、公关销售意识、全面质量管理意识和员工激励意识。

第三节 楼层主管

一、楼层主管的岗位职责

楼层主管直接对客房部经理负责，协助客房部经理处理客房的日常事务。

(1) 检查房间的清洁及维修状况,确保客房保持在最佳的出租状态。
(2) 确保楼层各个班次有足够的人员。
(3) 检查员工的工作表现及工作分配。
(4) 确保楼层服务员在工作时间内发挥最大的作用。
(5) 与本部门的各个小部门密切合作,以达到预期的工作目标。
(6) 负责楼层服务员的培训工作。
(7) 执行并完成客房部经理制定的各项工作程序和任务。
(8) 改进客房服务员的工作,提高生产数量和质量。
(9) 贯彻、执行客房部的规章制度。
(10) 调查客人的投诉,并提出改进措施。
(11) 完成卫生清洁项目。
(12) 确保每日检查 VIP 房,使之保持接待 VIP 的标准。同时抽查一定数量(20 间左右)的走客房、空房及住客房。
(13) 负责楼层领班的排班。
(14) 节约物品、控制消耗。
(15) 随时向客人提供可能的帮助。

二、楼层主管的工作程序

楼层主管的工作程序如表 2-2 所示。

表 2-2　楼层主管的工作程序(时间仅供参考)

班　　次	工　作　程　序
白班 (8:00—17:00)	(1) 8:00 到房务中心签到,领取钥匙和房态表。 (2) 巡视所管楼层区域。 (3) 9:00—9:10,记录有关事项及客人的特殊要求,接受客房部经理指派的工作。 (4) 9:10—9:30,传达有关指令,并检查员工的仪容仪表及工作准备情况。 (5) 核对房态。 (6) 根据房态,合理调配人员。 (7) 检查楼层公共区域及可出租房的卫生。 (8) 检查并记录维修房的维修进展。 (9) 检查员工的做房程序、清洁卫生的步骤方法是否符合规定标准。 (10) 检查管区所有走客房和部分住客房的卫生。 (11) 跟踪检查当日计划卫生的落实情况。 (12) 报房态。 (13) 15:30 开主管例会,交接班。 (14) 16:30—17:00 写工作日志,以及向下一班交代未完成的工作

续表

班 次	工 作 程 序
中班 (16:00—24:00)	(1) 注意了解当日客情房态状况,了解部门交班记录内容。 (2) 检查中班员工仪容仪表。 (3) 合理安排人力,以保证楼层公共区域的清洁卫生。 (4) 注意跟踪检查当日的计划卫生项目。 (5) 巡视检查楼层公共区域的安全、卫生情况。 (6) 15:30—16:00 开主管例会,进行交接班,记录白班未完成的事项和客人的特殊要求。 (7) 16:00 开中班员工会,安排中班服务及有关跟办的事项。 (8) 16:10 巡视楼层。 (9) 19:00—22:00 检查夜床的服务质量。 (10) 督导员工做好楼层其他清洁工作和进行安全巡视。 (11) 23:00 记录有关问题、事项、交接班。 (12) 23:30 写中班工作日志及开夜班员工会
夜班 (0:00—8:20)	(1) 0:00—0:20 了解当天的房态,了解部门交班记录内容。 (2) 0:20 巡视楼层及公共区域。 (3) 检查督促员工的仪容仪表及工作规范。 (4) 检查当日计划卫生项目。 (5) 与房务中心保持密切联系,发现特殊情况要及时向值班经理报告。 (6) 8:20 写夜班的工作日志,以及向白班交班

三、楼层主管的素质要求

楼层主管必须有客房服务经验,熟悉客房业务,有较高的业务技能,并有一定的管理水平。

(1) 能吃苦耐劳,工作认真负责。

(2) 熟悉客房业务,有一定的工作经验和较高的操作技能。主管的服务技能要高人一筹,如果主管不是全能的多面手,就无法带动员工工作。

(3) 有一定的英语水平。

(4) 有督导下属的能力。

(5) 具有较强的本岗位专业知识,如清洁知识、布草知识等。

(6) 有良好的人际关系能力。

(7) 有良好的个人品质,办事公平合理。

第四节 楼层领班

楼层领班是客房部最基层的管理者,是确保客房服务质量和卫生质量的关键人物。有人说,"领班是在夹缝里做人",这话一点也不为过,领班上要对部门经理、主管负责,下要在普通员工中以身作则,所以对领班而言,工作不能有半点松懈和怠慢。为了领导基层员工,领班必须有过硬的业务技能。每天清晨,领班总是早早地来到所管辖的楼层,给员工开会,布置一天的工作事务。除了对员工进行督导、培训,领班每天还要负责检查六七十间客房,每间客房的检查项目多达一百多项,即使思想集中、目光敏锐、手脚并用,也难免有遗漏和疏忽之处,而一旦主管以上的领导发现客房卫生有差错,总是批评领班,领班却较少听到赞扬声。正如一位客房部经理所说的:"我要求客房领班检查、检查、再检查,对细枝小节问题要敏感,每天我不批评他们就等于表扬他们。"

由此可见,要当好领班并不是一件容易的事,领班必须要能够承受工作上、体力上和心理上的多重压力,不仅要掌握过硬的业务技能,还要有一定的管理艺术。

一、楼层领班的岗位职责

楼层领班是客房部最基层的管理人员,其主要职责是检查和指导员工的工作,确保出租给客人的每一个房间都是干净、卫生的合格产品。

(1) 检查员工的仪容仪表、行为规范及出勤情况。
(2) 合理安排工作任务,分配每位员工负责整理和清扫的客房。
(3) 分发员工钥匙,并通知 VIP 及有特殊要求的房间。
(4) 检查、督导员工按程序标准操作。
(5) 保管楼层总钥匙。
(6) 按照清洁标准检查客房卫生。
(7) 检查楼层公共区、角间、防火通道的卫生。
(8) 随时检查、督导员工清除地毯、墙纸的污渍。
(9) 检查计划卫生执行情况。
(10) 确保每日对 VIP 房的检查。
(11) 报告房间状态。
(12) 检查报修、维修情况。
(13) 记录 DND、NNS、SO、NB 等房态。
(14) 控制客用品、清洁品的发放、领取,严格控制酸性清洁剂。
(15) 负责楼层各类一次性物品、床单、巾类的控制。
(16) 记录物品丢失、损坏情况,向上级报告。
(17) 督导新员工以及在岗员工的培训。
(18) 督导员工对服务车、清洁工具和设备的清洁与保养。

(19) 负责安全检查。
(20) 贯彻、执行客房部的规章制度。
(21) 调查客人的投诉，并提出改进措施。
(22) 处理客人的委托代办事项。
(23) 定期向上级提出合理化建议。
(24) 按照部门的临时性指令安排工作。
(25) 负责月盘点。

二、如何当好楼层领班

（一）做好客房的检查工作

"查房"是楼层领班主要的工作任务和职责之一，是检验客房产品是否合格的工作步骤，是控制客房产品质量关的最后环节，直接影响对客服务质量。因此，做好客房检查工作具有极其重要的意义。

客房检查的主要内容有三项，即清洁卫生状况、用品配备状况、设施使用状况。其卫生标准如下：一是天花板、墙角无蜘蛛网；二是地板、地毯无杂物、痰迹；三是灯具光亮、无尘；四是房间整洁、无六害；五是布草干净、无破烂；六是卫生间无积垢、无臭味；七是金属器皿无锈迹；八是家具整洁、无残缺；九是茶具无茶垢、水珠。

（二）抓好班内的小培训

客房部员工所需要的服务技能不可能在岗前培训中全部掌握，因此，领班必须抓好岗位培训，包括利用交接班时间开展各种服务姿态、敬语和小技能的培训等，这是确保客房服务质量的重要环节。每次培训要有签字记录，这样，员工就不能以"不会"为借口了。

（三）建立客房用品核算管理制度

这项制度的目的在于控制物耗。客房部团队与散客、内宾与外宾、常住与暂住等不同类型客人的物耗是不一样的，领班必须对其进行统计，摸索规律，在可靠的原始数据的基础上，计算出各类客人的物耗比，从而使考核指标有可行性，在保证客人满意的前提下，使楼面库存用品不浪费也不积压，减少客房用品的支出，减少流动资金的占用。

（四）掌握沟通能力与技巧

领班除了要认真履行自己的职责、做好自己的本职工作，还要具备良好的人际沟通的能力与丰富的经验，即处理好与上级、平级和下级三个方面的关系，这是做好督导工作的前提条件。

（五）讲究工作方法和管理艺术

除上述要点外，客房领班还要讲究工作方法和管理艺术，特别是员工激励的艺术。

三、领班忌讳

实践证明,以下几类领班是不受员工欢迎的。

(1) 亲疏有别类。对下属员工亲疏有别是不公平的。

(2) 不注意聆听类。如果一位领班毫不听从员工对工作的见解,员工将会非常失望,慢慢地就会没有兴趣与领班谈论任何工作情况,工作积极性受挫。

(3) 听喜不听忧类。只喜欢听好消息,而不愿听坏消息,当员工将坏消息报告领班时,便大发雷霆或指责员工。

(4) 爱讽刺挖苦类。对员工进行讽刺挖苦会使员工的自尊心受挫,并且容易引起对立情绪。

(5) 犹豫不决类。很多员工不喜欢每次向领班请示时,领班都拿不定主意。

(6) 自以为是类。听不进员工的意见。其实,员工提出的实际操作上的意见往往是十分宝贵的,并且有一定的建设性。

(7) 时间管理不当类。处理事情没有条理,没有轻重缓急。

(8) 难觅踪迹类。员工工作上遇到困难时,总是找不到领班。

(9) 缺乏尊重类。忽视员工的情感,指挥员工的语气不客气,对员工缺乏尊重。

此外,在管理活动中,独断专行、粗言秽语、喜怒无常的领班也是不受欢迎的,因而,这也是所有领班应该忌讳的。

知识链接

怎样当好客房部领班?

- 本章主要介绍了客房部的组织机构、各班组的职能,以及各主要岗位的职责和素质要求等。特别是比较详细地论述了客房部经理、楼层领班等主要管理岗位的职责和素质要求,并对如何做好客房管理工作进行了讨论。
- 客房组织机构的设计,应该根据酒店规模大小等因素加以确定。

 课堂讨论

客房部经理应具备哪些素质?怎样才能当好客房部经理?

复习思考题

1. 试画一张大型酒店的客房部组织机构图。
2. 客房部各班组的主要职能有哪些?

案例聚焦

一位美国酒店客房部经理的管理方法

海丽是美国希尔顿酒店西方分部的一位客房经理,她是法国人,富有魅力、性格开朗、干劲十足，并力图博得她所在部门及酒店其他人士的赞扬。她所管辖的客房部会使人想起军队的情形。但她也因通情达理而赢得下属的尊敬。她希望下属对她坦率忠实，当下属有错敢于承认时，她对他们的过错则不予惩罚。她认为既然下属承认并认识到了自己的过失，吸取了教训，那么，他们是会吃一堑长一智的。

海丽通常采取书面交流的办法使她的部门正常运转。所有她要了解的情况，她的助手都会做详细的记录。她的助手是权威的，有权处理各种问题，只有解雇员工这一件事，必须等到海丽与员工谈话之后才能执行。

例如，假如某位服务员同海丽下属某个楼层主管发生了纠纷，海丽往往会将这位服务员调到另一楼层去工作，看看在那里会不会再发生类似的个人纠纷，海丽经常说："我管理这个客房部，就好像这家酒店是我的。"她本人以身作则，很少同她的上级闹别扭，她以行动表明她毫无保留地将她的才能贡献出来是为了让酒店获得最好的声誉和最大的利益。

补充与提高

客房基层管理者如何开好班组会

酒店班组会的重要性是毋庸置疑的，酒店基层工作细致而烦琐，员工分散在各个岗位，平常很难有时间集中在一起进行交流和沟通，因此，班前班后这段时间尤其宝贵。

班组会是上情下达、下情上传的重要渠道，这点早已经成为共识。但是，不是所有的班组会都是富有成效的，一些工作了很多年的基层管理者，也给员工开了很多年的班组会，但是很多时候，班组会毫无生气，每天流于无谓的重复，员工觉得厌倦，基层管理者也觉得苦恼。

那么，如何开好班组会呢？

1. 班组会的内容要以培训为主

班前、班后会应该是培训会，这是最基本、最有时效性的日常培训形式。在班组会上，基层管理者可以说案例、讲服务、提要求、传递信息等，而不是用来点名、念文件、逐事汇报或者批评某个人，也不能只是简单地分配日常工作，分配工作只是班组会中的一个组成部分。班前会重传递信息，班后会重总结经验。

班组会的内容要以培训为主。由于酒店工作的特殊性，服务员很难有比较集中的时间进行操作技巧、服务意识的培训。也由于班组会时间较短暂，最大限度地发挥这段时间的效能就显得尤其重要。班组会上的培训一定要有侧重点、要有针对性，一天几个重点，一天解决几个问题，日积月累，不管是基层管理者还是员工都会有所提高。员工的服务技能得到培训提高以后，他们就更容易在工作中获得成就感。班组会的全部核心就在于提高员工及基层管理者自身的服务意识和服务技能，有了良好的服务意识和服务技能，才能产生令顾客满意的服务行为。

2. 在班组会上激发员工的工作热情、传播快乐

基层管理者组织班组会的首要职责就是激发员工的工作热情、传播快乐。基层管理者应该始终保持积极乐观的心态，以及自信和微笑，尽可能调动员工的情绪，禁止个人不良情绪在员工之间蔓延。快乐和自信是可以传染的，员工的心情好了，自然倾向于

更好地完成对客服务。酒店工作相对比较单调，班组会是否成功，关系到员工整整一天的工作心态。

3. 重视观念的提升

在班组会上，要重视观念的提升。观念是人们内在的信念和追求，是行动的指导，没有先进的观念，就不会有优秀的服务行为。酒店从业人员所需要的观念主要包括职业观念、服务观念和创新观念。在观念的提升过程中，尤其要结合本酒店的企业文化来建设，引导员工认同本企业的价值观念、行为准则、道德规范、传统习惯、规章制度、企业形象等。

4. 班组会要生动，让人有所感悟

班组会要生动，要讲究传达方式，切忌表达生硬。没有员工会喜欢枯燥乏味、平淡无奇的语言表达方式。

填鸭式的班组会是最不可取的。生动的、让人能有所感悟和马上行动的培训才是最好的培训。例如，案例教学就是一种最直接、最生动、最有效的培训方式。基层管理者可以结合本班组、本部门、酒店内部及外部的案例进行培训，这种方式最能提升员工的工作认知和服务意识。

5. 班组会应该是互动的

班组会在员工和基层管理者之间应是双向互动的，互动越多，员工的参与度越高，班组会效果也就越好。班组会要让员工充分发表意见，形成共识。

6. 要讲究内容的选择

如果是普遍存在的工作问题，可以拿到班组会上用公共时间处理。如果是个别问题，则最好在其他时间里采用一对一等小范围的方式。

7. 班组会忌空泛说教

基层管理者最忌认为自己的地位比员工高，有优越感，在组织班组会时带有说教的腔调。基层管理者必须明白，即使是正确的忠告，也经常因带有说教的味道而引起员工的逆反情绪，不被员工所接受。

8. 要形成班组会记录

班组会记录是最佳的培训教材，因此，要做好班组会记录，供管理者和班组员工随时翻阅、学习，也可供上级管理者检查。班组会结束后，基层管理者一定要去检查、去落实，尤其要分析班组会上提出的问题的解决情况。只有这样，才能真正提高员工的工作技能，不断改善员工的工作表现，使班组会卓有成效。

第三章
数字化技术与客房人力资源管理

受过严格培训的广州从化碧水湾温泉度假村客房部员工在向前来参加"碧水湾现象研讨会"的酒店同行和旅游院校的老师们展示"蒙眼铺床"技术

　　提高服务质量首先要提高员工的素质,包括服务意识的培养、职业道德教育、企业文化的熏陶、管理制度的灌输、专业知识以及技能技巧的培训等。管理人员必须对员工进行多种形式的、长期的、系统的培训。对员工进行培训,不仅是管理人员实现管理目标的重要手段,同时,也是帮助员工获得发展的重要途径,是管理人员应尽的义务。

　　除培训外,本章还将讲述客房定员以及员工的激励和评估问题。做好员工激励工作能够提高员工的积极性,发挥员工潜能,改善工作态度,激发工作热情,提高工作效率和工作质量。而评估是员工激励的重要手段,是对员工工作全面的总结和评价,同时,也是酒店和部门奖金发放的依据,因此,做好员工的工作评估具有重要意义。

学习目标

了解数字化技术在客房人力资源管理中的应用。
学会客房定员的方法。
了解客房部员工的素质要求。
了解培训的内容和类型。
学会制订培训计划。
学会对新员工进行入职指导。
掌握培训的方法和艺术,成为合格的培训者。
掌握对员工工作进行评估的依据、内容、程序和方法。
掌握员工激励的方法。

关键词

定员 staffing　　培训 training　　考核 routine check
工作评估 performance evaluation　　激励 motivation

经理的困惑

总经理要求客房部裁员怎么办?

王芳是一家有400间客房的酒店的客房部经理,在刚刚结束的经理例会上,总经理迫于经营压力,要求客房部裁员,可客房部主管和领班们却一直在抱怨人手不够,到底该怎么说服总经理,又该怎样向员工交代呢?客房部到底应该怎么定员才算合理呢?她陷入了沉思。

酒店经理人的答复
▼

总经理要求客房部裁员怎么办?

第一节　数字化技术在客房人力资源管理中的应用

随着数字化技术在客房人力资源管理中的应用,客房部将出现以下几种趋势。

一、人力资源管理平台化

顾名思义,人力资源管理平台化就是对员工的工作模式和协作模式进行平台化管理。其核心是让员工自发式工作,不再被动地执行上级下达的工作指令。如何做到自发式呢？首先,员工要知道自己应该做什么,要有很清晰的工作目标和指标,能够正确把握服务工作的内涵,能够及时认领工作任务,并能时刻准备为客人提供主动、热情、周到、耐心、细致的服务。

客房部可以给每一位客房服务员设置个人档案,包括客房服务员接受过什么培训、在多少家酒店工作过、清洁过多少间客房、客人评价如何、常常出现的问题是什么,这些内容都在档案里有记录。客房服务员是一个非常辛苦、非常孤独的职业,每天需要清洁十多间客房,工作状态就像在工厂的流水线一样。但如果以个人档案为依据,表现好的服务员可以升级,级别与收入挂钩,这样员工就会更具自发性地维持高标准的服务质量。

人力资源管理平台化能够有效解决酒店淡旺季劳动力分布不均的问题,解决客房服务员工作积极性不高和幸福感不强的问题,是提高酒店人力资源管理效率的有效方法。

二、考勤管理数字化

客房部人力资源的考勤管理是酒店客房部对员工出勤情况进行考察的一种管理制度,包括员工日常工作中是否迟到、早退,有无旷工、请假等。考勤的数字化是指酒店通过人力资源考勤管理系统对员工的工作日、上下班时间,以及请假、加班、出差等情况进行考核和记录。

客房部根据本部门的工作性质和人员安排需要,制定相应的员工考勤规章制度,使用系统,严格实施人力资源考勤管理。例如,员工上下班打卡,系统可以准确地记录员工打卡的时间和地点,避免员工出现迟到、早退或旷工等现象;员工请假也要在系统上进行申请,由客房部主管再到客房部经理逐级严格审批,既可以让每一层级的领导知道员工请假的原因和具体动向,也可以促使员工养成良好的请假习惯。考勤的数字化管理可以让客房部经理和酒店人力资源部十分方便、清楚地了解员工的考勤数据,包括迟到、请假、加班、早退、旷工等,从而依据员工的考勤数据,对其绩效和工资等条目进行核对和计算。

三、员工工作状态可视化

客房部人力资源管理的重点除选聘能力和岗位相匹配的员工外,员工入职之后是否能稳定发展、是否能在酒店长期工作、是否能与酒店共同进步,是更为重要的事情。管理人员应该通过关注员工的工作状态来检查工作质量、选择和确定具有发展潜力的员工。

移动互联网时代,借助在线平台实现员工工作状态的可视化,不仅能够科学地安排员工的工作任务,还能有效避免员工到岗不及时、工作状态差、效率低、管理人员无法及时查看工作完成质量等问题。

(一) 实时监测员工工作状态

研究表明,员工在感受到自己"被关注"时,工作效率能得到一定程度的提高。传统酒店客房管理中常常遇到员工工作效率低、卫生质量差以及客人投诉多等难题,这些情况的出现与客房部是否能够实时管控员工的工作状态息息相关。随着数字化技术在酒店人力资源管理中的应用,客房部能够更加准确地监测员工的工作状态。

1. 工作效率监测

使用移动端房务工作系统,客房服务员的每一步清洁状态都可以同步显示,如清洁中、待检查、已完成等。在某一确定的时间点,楼层主管可以在系统中观察到每位客房服务员正在清扫哪间客房、当天工作进度如何,并以此为参考依据,向其分配计划卫生事项或临时的对客服务任务。

2. 工作质量监测

管理人员可以实时查看服务员的客房清洁一次性通过率、主管的检查率等数据,并以此判断员工的工作质量高低。员工工作质量的可视化是管理人员发现和解决酒店运营问题的重要依托,也是开展针对性员工培训的主要依据。

3. 工作热情监测

得益于数字化技术的进步,一些酒店开始采用"模糊分配"的模式安排做房任务,即不限定房间号,只限定区域和标准做房数,员工可以在系统中"抢房",多劳则多得。管理人员查看每位员工的"抢房"数量,可以识别不同员工的工作积极性,视情况开展激励活动。

(二) 工作状态可视化的意义

1. 提高工作效率

工作状态的可视化使得部门之间、员工和主管之间不必通过打电话、使用对讲机等方式进行交流,直接观察移动端实时图像和数据就可以了解工作进度和完成质量。这种形式既直观又形象,大大加快了信息的传递速度,从而提高了酒店的工作效率。

2. 便于配合与监督

可视化的工作状态要求管理的公开化,在各个工作环节上,哪一间客房是哪位员工打扫的、打扫了多长时间、打扫的质量如何、检查是否通过等问题都被明确记录。这样一来,每位员工在做好自己的本职工作的基础上,还可以与其他同事默契配合、相互监督,促进客房部工作质量的提高。

3. 降低管理成本

实现工作状态的可视化后,工作情况一目了然,信息传递和存储变得简单有效,这样就可以降低存储成本、节省管理费用。此外,可视化使得信息交流更加清晰和迅速,问题的发现和处理都更加及时,降低试错成本,酒店管理水平也大大提高。

第二节 客房定员与人力资源计划

一、客房定员

(一) 概念

客房定员(staffing)就是在确立客房组织架构的前提下,确定各部门、各岗位工作人员的数量。

客房定员是客房部建立组织机构的重要内容,同时也是影响客房部工作效率、服务质量及管理费用的重要环节。客房定员不科学,势必导致两个结果:一是机构臃肿,人浮于事,工作效率低,人力资源成本增大;二是职能空缺,员工工作量超负荷,工作压力过大,积极性下降,服务质量下降。因此,客房定员必须科学、合理。

(二) 工作定额

要进行客房定员,首先要确定各工作岗位的工作定额,国内外酒店的经验表明,客房部主要工作岗位的工作定额如下。

1. 领班

一个领班可以有效管理的客房数:

早班(A. M. shift)约 80 间(±5 间)。

中班(P. M. shift)约 160 间(±10 间)。

2. 服务员

一个客房服务员可以清洁的房间数:

早班(A. M. shift)约 14 间(±4 间)。

中班(P. M. shift)约 60 间(±5 间)。

以上工作定额主要是针对星级酒店而言的,一般来说,酒店工作定额与星级成反比。酒店星级越高,服务和卫生标准要求也越高,因此,员工可以有效清洁的客房数就会减少,工作定额也会随之下降,反之亦然。

(三) 客房定员的方法

客房部的人员配备通常以班次、岗位设置来分区域进行。

首先,根据客房部的工作范围将各职能区域分开(参见第二章第一节:客房部组织机构图)。

其次,确定本工作区域所有岗位或工种设置。

再次,明确各工作岗位的班次划分。

最后,根据工作量和工作定额,计算该班次所需要的人数。计算公式如下:

$$岗位定员 = \frac{工作量}{工作定额} \div 有效开工率$$

其中,

$$有效开工率 = \frac{员工一年中实际可工作天数}{365} \times 100\%$$

$$= \frac{365 - 周末 - 固定假日 - 年假日 - 病事假}{365} \times 100\%$$

按照组织机构图将以上工作逐一完成之后,可得出客房部各岗位、各班次所需要的人数。然后将其加总,就可得出整个客房部所需要的人员配备额,即客房定员总数。

经典案例

某酒店有 600 间客房(均折成标准房计)。客房清扫服务员的定额为早班 14 间,中班 60 间。领班的工作定额为早班 80 间,中班 160 间。假定酒店年均开房率为 80%,员工每天工作 8 小时,实行每周 5 天工作制,且每年除可享受法定节假日 11 天(清明节、端午节、"五一"、中秋节各 1 天,"十一"3 天,元旦 1 天,春节 3 天)外,还可享受年假 5 天。另外,估计每位员工一年中可能有 5 天病假或事假。试问,该酒店客房楼层服务员和领班的定员总数应为多少?

解:

根据题意可知:

$$员工年实际工作天数 = 365 - 周末 - 固定假日 - 年假日 - 病事假$$
$$= 365 - 365 \div 7 \times 2 - 11 - 5 - 5$$
$$\approx 240(天)$$

$$有效开工率 = \frac{240}{365} \times 100\% \approx 66\%$$

1. 服务员人数

(1) 早班清扫服务员人数 $= \frac{工作量}{工作定额} \div 有效开工率$

$$= \frac{600 \times 80\%}{14} \div 0.66$$

$$\approx 52(人)$$

(2) 中班清扫服务员人数 $= \frac{工作量}{工作定额} \div 有效开工率$

$$= \frac{600 \times 80\%}{60} \div 0.66$$

$$\approx 12(人)$$

所需服务员总数:52+12=64(人)

2. 领班人数

(1) 早班领班人数 $= \dfrac{工作量}{工作定额} \div 有效开工率$

$= \dfrac{600 \times 80\%}{80} \div 0.66$

$\approx 9 (人)$

(2) 中班领班人数 $= \dfrac{工作量}{工作定额} \div 有效开工率$

$= \dfrac{600 \times 80\%}{160} \div 0.66$

$\approx 5 (人)$

所需领班总数：9＋5＝14(人)

因此，该酒店客房部共需楼层服务员64人，领班14人。

需要说明的是，本例中计算"有效开工率"的各项假设条件是比较符合中国国情及国内酒店的实际情况的，因此，所计算的有效开工率值，即"0.66"具有广泛的参考价值，各酒店在定员时，可以直接使用这一数值。

需要指出的是，上述定员方法仅供客房部管理人员参考，实际定员时，还应考虑各酒店楼层的结构、劳动力市场的供求状况等客观情况。如果劳动力供给状况良好，那么在定员时，不妨稍紧一些，以免造成人力资源的浪费以及在开房率较低时造成停工而影响工作气氛，因为在旺季时，可以招聘一些季节性的临时工来解决人员不足的问题。反之，则要将编制做得充分一些，以免影响正常的接待服务工作，造成服务质量的下降。

二、客房人力资源计划

客房部人力资源计划是客房管理的一项重要内容。对人力资源进行合理安排和有效控制，一方面能够保证客房部的正常运作，另一方面能够避免人力浪费。

制订客房部人力资源计划应遵循以下原则。

(一) 采用多种用工制度

针对客房工作变化多、随机性强的特点，在企业性质的酒店里，客房部多采用合同工和临时工相结合的用工制度。如果当地的人力资源比较充足，客房部在进行定员时，可适当减少一些非技术性工种的合同工人数，以满足最小工作量时的用工需求，这样可以有效地避免因工作量较少而造成的人员闲置现象。当客房出租率较高、工作量较大时，酒店可适当招聘一些临时工来缓解人员紧张的情况，对临时工可采用计时或计件工资制。如果当地的人力资源不够充足，客房部则应将合同工人数定得充裕一些，以免工作繁忙时无法补充人员而使在岗员工疲于奔命，甚至连正常的工作节奏都被打乱。

相对而言，临时工的稳定性不如合同工，如果使用大量的临时工，一方面会增加酒店的培训工作量，另一方面也会影响酒店的正常运作和工作质量，因此要处理好这方面的问题，高度重视员工队伍的稳定性。

目前，很多酒店都与本地及外地的职业院校建立良好的合作关系。对酒店来讲，职业院校的实习生是优质的廉价劳动力;对学校来讲,酒店是稳定的实习基地。但值得酒店注意的是,近年来实习生的供求关系已经发生了变化,在我国的很多地区,过去是学校"有求于"酒店,而现在是酒店(包括国际品牌酒店)"有求于"学校,因此,酒店在对实习生的管理上,必须相应地调整观念与做法,充分考虑实习院校的需求,采取有效方法吸引实习生。

(二)依靠数字化管理实现灵活排班

客房部管理人员要根据客情变化灵活排班。客情是酒店的晴雨表,管理人员应了解客源市场,及时从酒店预订系统获取相应客情信息,及时在系统上进行员工调度。由于客情是不断变化的,客房部的工作量也因此而变化,客房部的员工排班必须依据客情变化在系统上进行灵活操作,通常管理人员可以依据系统当月数据预测次月的客情、活动安排、工作量等情况,制作员工次月的排班表,注明休假、加班、替班等情况。原则是首先安排合同工,然后根据工作量的变化安排实习生与临时工(小时工)。

客房部必须准确地了解客情,重视客情的预测预报,以便提前做好准备工作。如在营业高峰期,管理人员应充分做好准备,增加员工的排班,合理安排员工休息,做到未雨绸缪。当酒店要举办大型会议等活动时,客房部往往需要提前清洁、准备场所,公共洗手间也可能需要安排专门的服务员。

(三)制定弹性工作时间

制定弹性工作时间是保证客房部正常运行、减少员工编制的一项有效措施。客房部通过制订各种工作计划来调节工作节奏、平衡工作总量,保证在客情不满时也能人人有事做,客情满时事事有人做。比如开展客房计划卫生、临时清洁保养工作、员工培训等都是很好的调节时间的办法。控制员工出勤率的办法也是多种多样的,除了利用绩效工资和考核办法,还可通过合理安排班次、轮休、补休等措施,来减少员工缺勤或闲置。

(四)部门内部或跨部门进行劳动力调配

客房部经常会出现各岗位之间业务量不均的现象,有些岗位任务繁重、人手不够,而有些岗位则工作量不足、人浮于事。客房部能在部门内部调配的则应在内部调配,如果内部调配仍无法解决问题,则可通过酒店人力资源部跨部门调配。酒店要加强交互培训,使大部分员工一专多能,以应对酒店临时性的人力调配。目前,国内有些酒店成立突击小组,由人力资源部管理,其成员都是经过全面培训的多面手,能够胜任酒店一线部门各岗位的服务工作,且集中住在酒店的倒班宿舍。当某些部门的人手不够时,由这些部门向人力资源部提出申请,经过核准,突击小组的员工可以前往帮忙或顶岗。而通过数字化系统支持的量化管理,也使员工更愿意跨部门学习,提升个人技能,完成更多跨部门任务,同时,增加个人收入。

第三节　客房部员工的素质要求与行为规范

一天晚上，住在某酒店的一位美国老太太觉得房间内温度太低，有点冷，就叫来客房服务员，希望能给她加一条"blanket"（毛毯）。

"OK,OK!"服务员回答道。

过了一会儿，这位服务员拿了一瓶法国"白兰地"（brandy）进房来。客人一见，哭笑不得，只好说："OK，'白兰地'能解决我一时的温暖问题，但不能解决我一晚上的温暖问题啊！"

……

一、客房部员工的素质要求

因为工作性质所定，客房部员工需要具备以下素质，在客房部员工招聘和培训时，应加以考察和培养。

（一）身体健康，没有腰部疾病

客房部的工作大都属于体力活，因此，员工必须具有健康的体魄，尤其是做房务清洁工作，都要求员工不能有腰部疾病。

（二）能够吃苦耐劳

客房部的工作主要是清洁卫生工作，包括客房卫生、公共卫生，以及洗衣房客衣、布草的洗涤等，因此，要求在客房部工作的员工必须具有不怕脏，不怕累，吃苦耐劳的精神。

（三）有较强的卫生意识和服务意识

如前所述，客房部的工作主要是清洁卫生工作，要做好这项工作，服务员必须具有强烈的卫生意识和服务意识。

（四）有良好的职业道德和思想品质

良好的职业道德是员工做好本职工作的必要条件。要求员工有职业道德，就是要求员工以饱满的工作热情和积极的工作态度，一丝不苟，认真做好本职工作。职业道德并非枯燥的说教，而是实实在在地贯穿于员工整个工作过程之中。

另外，除了要求员工有良好的职业道德和思想品质，员工还应做到洁身自好。因工作需要，客房部员工，特别是楼层服务员每天都要进出客房，从而有机会接触客人的行李物品，特别是贵重物品和现金等，因此，客房部员工必须做到洁身自好，以免发生利用工作之便偷盗客人财物等事件。

（五）掌握基本的客房设施设备维修保养知识

酒店客房内有很多设施设备，如各种灯具、空调、电视、音响、窗帘、地毯、写字台等，这些设施设备的维修通常由酒店的工程部负责，但其保养则由客房部负责，客房部员工要利用每天进房做卫生的机会，做好对这些设施设备的保养工作。另外，一些小项目的维修，诸如换灯泡、换电源插座、换保险丝等，也应该由客房部负责，因此，客房部员工必须具备基本的设施设备维修常识。

（六）有一定的外语水平

客房部员工要有一定的外语水平，能够用简单的英语接待客人，为客人提供服务。有人认为，酒店的前台员工需要学英语，餐厅员工需要学英语，而客房部员工不必要学英语。其实不然，客房部员工有时也需要面对面地为客人提供服务，因此，作为高端涉外酒店的客房部员工，也必须有一定的外语水平，能够用英语为客人提供服务，否则，不仅会影响服务质量，还可能闹出很多笑话，本节开头所述案例就很好地说明了这一问题。

二、客房部员工的行为规范

除具备以上素质外，客房部管理人员还要教育和提醒客房部员工在工作中注意以下事项。

（1）不得乘客用电梯。员工上下班及工作时，只能乘员工专用电梯，不得乘客用电梯，客用电梯与员工电梯必须严格区分，员工必须严格遵守。

（2）注意服务的礼貌、礼节，遇客要微笑致意。客房部管理人员要使员工意识到服务的礼貌、礼节是客房服务质量的重要组成部分，为客人提供礼貌的服务属于自己的本职工作，而非分外之事。

（3）接听电话时，先通报"Housekeeping,can I help you?"（这里是客房服务,可以帮您吗?）。与客人通话时，要注意措辞、语气。如有要事，应适当记录，并复述一遍。

（4）因工作需要进入客房时，必须先敲门，得到许可后方可进入。敲门时，还应通报自己是客房服务员"housekeeping"，如果三次以后仍没有回答，方可用钥匙轻轻地打开房门。

（5）退出房间时，要站在门边向客人微笑点头致意，出房后轻轻把门关上。这一点很重要，能带给客人完全不同的感受，一下子就能区分出酒店提供的是优质服务还是普通服务。

（6）尊重客人的隐私权（privacy）。与客人私生活有关的事情（包括客人的姓名），不得向外人透露，不得随意打听客人的年龄、职务、工资等隐私，也不要轻易询问客人所带物品，如服装及金银饰品的价格、产地等，以免引起误会。

（7）要与客人保持应有的距离，不可过分随便。不得与客人开过分的玩笑、随意打趣，不要表示过分亲热，严格掌握好分寸，尤其是对于常住客人，绝不能因为熟悉而过分亲热、随便。在客房内，即使客人让你坐也不能坐下。

（8）应保持楼层的绝对安静。不可在楼层或其他工作场所大声喧哗，不要高声回应客人招呼,如距离较远,可点头或打手势示意领会意思。

（9）在岗位工作时,要注意工作姿态。不允许因工作劳累而靠墙休息。

（10）注意保管好客房钥匙。客房钥匙要随身携带,切勿随处摆放,领取或交钥匙时,要做好交接记录。

（11）不能随便接受客人的礼品。假如收到客人的礼品,而又无法拒绝,必须附有客人留言来证明是客人送的,客人礼品留言要有其姓名和房间号码,没有上述证明,员工不得将礼品带出酒店。

（12）掌握说"不"的艺术。在客房服务工作中,很多情况下,需要对客人说"不",但客房服务员不能简单地对客人说"不",生硬地将客人回绝,而应根据实际情况,用委婉的语言进行表达,必要时,要向客人解释,获得客人的谅解。

（13）在工作中不能失态。要有涵养、有耐心,善于控制自己,绝不能随客人情绪的波动而波动,不能与客人争吵。

知识链接

丽思卡尔顿从招聘开始,确保员工的素质

第四节　客房部员工服务意识的培养

服务意识是指能够正确把握服务工作的内涵,时刻准备为客人提供主动、热情、周到、耐心、细致的服务的一系列思想和行为方式。有服务意识的员工一进入工作状态,便能自然地产生一种强烈的为客人提供优质服务的欲望,并能主动为客人提供各种恰到好处的服务。就客房部员工而言,每当踏入工作区域的时候,就像走上了舞台,客人是主角,而自己则是配角,时刻关注客人的需求,以满足客人的需要为自己神圣的职责和最大的快乐。

很多酒店服务质量差,在很大程度上就是因为员工素质差,缺乏服务意识。因此,要提高服务质量,必须首先培养员工的服务意识。

一、正确理解"服务"概念的内涵

服务的英文是"service",其中的"s""e""r""v""i""c""e",可以分别理解为"smile"（微笑）、"efficiency"（效率）、"receptiveness"（诚恳）、"vitality"（活力）、"interest"（兴趣）、"courtesy"（礼貌）和"equality"（平等）（见表 3-1）。

表 3-1　"service"（服务）的含义

s	smile	微笑
e	efficiency	效率
r	receptiveness	诚恳
v	vitality	活力
i	interest	兴趣
c	courtesy	礼貌
e	equality	平等

二、树立"客人总是对的"的思想

要求员工具有服务意识,就是要求员工牢牢树立"客人总是对的"的思想,并能在实际工作中积极地贯彻这一思想,将其作为指导自己实际工作、处理与宾客关系的基本准则。

在酒店业乃至整个服务业流传着一句格言:客人总是对的。这句话对服务业产生了巨大的影响,对服务质量的提高起到了不可估量的促进作用。但在酒店中,下至普通服务员,上至总经理,很多人并不能真正理解这句话。对于这句话,如果管理人员不理解,就无法说服服务员;服务员不理解,就无法以此指导自己的工作,于是便出现了与客人论"是"与"非"、争"对"与"错"的现象。

那么,应该如何理解"客人总是对的"这句话呢?

1. "客人总是对的"强调的是一种无条件为客人服务的思想

"客人总是对的"这句话是由被誉为"酒店管理之父"的斯坦特勒(Ellsworth Milton Statler)先生首先提出来的,而后得到酒店业同行乃至旅游业和整个服务业的普遍认可。用它来指导服务工作,强调的是一种无条件的、全心全意为客人服务的思想,但不能教条地理解,否则,便会出现类似"客人偷东西也是对的?客人打人也是对的?客人逃账也是对的?"这样的问题。

2. "客人总是对的"是指一般情况下,客人总是对的,无理取闹者很少

客人离家在外,一般不愿惹是生非、找不愉快,一旦客人提意见或前来投诉,就说明我们的服务或管理出了问题,重要的是赶快帮客人解决问题,而非争论孰对孰错。

3. "客人总是对的"并不意味着"员工总是错的",而是要求员工"把对让给客人"

为此,员工应宽宏大量,有时甚至要忍气吞声,无条件尊重客人,不要与客人争论"对与错"的问题。因为客人就是我们的衣食父母。

4. "客人总是对的"意味着管理人员必须尊重员工,理解员工

既然"客人总是对的"并不意味着"员工总是错的",而是要求员工"把对让给客人",那么管理人员就必须尊重员工、理解员工、安慰员工,否则将会极大地挫伤员工对客服务的积极性。

因此,正确理解"客人总是对的"这句话,对于做好酒店经营管理和对客服务工作具有重要意义,是改善服务质量、提高管理水平的重要前提之一。只有正确理解了"客人总是对的",员工才能全心全意为客人服务,管理人员才能灵活、妥善地处理各种有关客人和员工的问题。

三、要有全心全意为客人服务的意识

要求员工具有服务意识,就是要求员工无条件地、全心全意地为客人提供主动、热情、周到、耐心、细致、礼貌的服务。

主动,就是要求服务员对客人的服务要积极,见到客人要主动打招呼、主动问候;想客人之所想,急客人之所急,甚至想客人之未想。客人想到的早已想到,客人还没有考虑到的,服务员也替他考虑到,做到在客人未提出服务要求之前就服务到位。

热情,就是服务要发自内心,要真心诚意,面带笑容,并注意礼貌用语。

周到,就是服务要全面、体贴,要能够满足客人的一切合理要求,并力图把工作做到前面。

耐心,即不厌其烦,要求服务员在服务过程中要善于控制自己的情绪,站在客人的角度,理解客人,主动为客人解答各种疑问。

细致,就是要求服务工作一丝不苟,尽善尽美。

礼貌,要求服务员把为客人提供热情、礼貌的服务,当作自己工作的一部分和自己应尽的职责,而非分外之事。服务工作必须热情礼貌,否则,就是半成品,而不是完整的服务产品。有些客房服务员错误地认为,自己的工作是清扫和整理客房,而不是为客人提供服务,所以见到客人不理不睬,缺乏基本的礼貌礼节,这是缺乏服务意识的表现。

第五节　客房部员工培训的意义与培训计划的制订

一、培训的意义与原则

(一) 培训的意义

要想让员工的工作达到既定的水准,严格的培训是一种必需而有效的手段。培训的意义主要表现在以下几个方面。

1. 能够提升员工的个人素质

培训是员工获得发展的重要途径,培训可以使员工增强服务意识、提高外语水平、获得专业知识、掌握服务技能和技巧,从而使员工的个人素质得到全面提升。

2. 提高服务质量,降低出错率

酒店员工,尤其是新员工,在工作中经常出错,这就是缺乏培训的表现。因为没人告诉员工该怎么做,服务质量的标准是什么,遇到一些特殊情况应该怎样处理,所以"错误"百出,客人投诉不断。

3. 提高工作效率

培训中所讲授或示范的工作方法和要领,都是经过多次的实践总结出来的。培训可以使员工掌握服务的技能技巧和科学的工作程序,不仅能够提高服务质量,还可以节省时间和体力,提高工作效率,起到事半功倍的作用。

4. 降低营业成本

员工掌握正确的工作方法,能够减少用品浪费、减少物件磨损,从而降低营业成本。

5. 提供安全保障

培训可以提高员工的安全意识,掌握正确的操作方法,从而减少各种工伤等安全事故。

6. 减少管理人员的工作量

如果员工素质低下,工作中将不断出错,管理人员将被迫时时为其处理问题。培训可以使员工素质得以提高,使客房部的工作有条不紊地进行,从而可以大大减少管理人员的工作量,也使管理人员的管理工作变得轻松、愉快。

7. 改善人际关系

培训可以使员工和管理层之间能够相互了解,建立起良好的人际关系。

8. 使酒店管理工作走向正规化

一家酒店是否设培训部,或一个部门是否组织培训工作,在很大程度上反映了该酒店或部门的管理工作是否正规。培训可以使客房部的工作走向正规化、规范化,也可以增强客房部员工的服务质量意识。

值得说明的是,培训的作用是潜移默化的,它对员工和酒店的影响是长期的,可谓"润物细无声",那种鼠目寸光、急功近利、要求培训取得立竿见影的效果的思想是不对的,也是不现实的。

(二) 培训的原则

客房部的培训工作应坚持以下原则。

1. 长期性原则

酒店业员工的流动性比较大,再加上酒店业在不断发展,客人对酒店的要求越来越高,科学技术在酒店的应用也层出不穷,因此,对员工的培训不是一朝一夕的事,必须长期坚持。

2. 系统性原则

培训工作的系统性表现在以下几个方面。

(1) 培训组织的系统性。对员工的培训,不仅是人力资源部的事,也是各个部门的重要工作。系统思想就是根据酒店的管理目标,把酒店的统一培训和部门自行培训结合起来,形成一个相互联系、相互促进的培训网络。部门培训与酒店人力资源部培训的内容和侧重点有所不同,客房部应该加强与酒店人力资源部的沟通、合作与协调。

(2) 培训参加者的全员性。即客房部员工,下至服务员,上至部门经理都必须参加培训,避免出现服务员经过培训而部门经理却是"门外汉",结果造成"外行管内行"的混乱局面。

(3) 培训内容的系统性。客房部每次培训活动应该是酒店及部门长、中、短期整体培训计划的一个组成部分,培训的内容应该与前一次及下次培训的内容相互衔接,避免培训工作的盲目性、随意性,以及培训内容上的相互冲突和不必要的重复。因此,客房部管理人员应该建立培训档案,做好培训记录。

3. 层次性原则

虽然客房部所有员工都必须参加培训,但由于岗位不同、级别不同、工作内容和要求不同,培训工作要分层次进行。比如,应区分服务员培训、督导人员培训、经理培训等,以便取得良好的培训效果。

4. 实效性原则

培训工作是提高员工素质和服务质量的重要保障,酒店为此需要投入可观的人力、物力、财力,因此,培训工作不能走过场,必须注重培训效果,客房部管理人员必须认真组织培训,严格训练,严格考核。对于考核不合格的员工不允许上岗,不达要求绝不放过。培训的内容要针对部门服务和管理中存在的问题和薄弱环节加以确定,达到补短板的目的。

5. 科学性原则

要按照制定的岗位责任书的内容,利用科学的方法和手段进行培训,不能图省事,采取"师傅带徒弟"的简单、陈旧的方式。

二、培训的内容与类型

(一) 培训的内容

客房部员工的培训通常包括以下内容:
(1) 酒店企业文化;
(2) 酒店及部门规章制度;
(3) 服务意识;
(4) 职业道德;
(5) 仪表仪容与礼貌礼节;
(6) 服务流程和规范;
(7) 服务技能;
(8) 英语;
(9) 安全知识;
(10) 管理人员的管理技能。

(二) 培训的类型

培训的类型如表 3-2 所示。

表 3-2 培训的类型

类型	主 要 内 容
岗前培训	岗前培训包括对新员工的入职指导(job orientation)和岗位工作所需要的操作程序、服务规范以及基本的服务技能技巧的训练。 客房部必须遵循"先培训,后上岗"的原则
日常训练	日常训练即针对工作中发现的问题随时进行培训。它可以在不影响日常工作的情况下,穿插进行一些个别指导或训示,也可利用各种机会对一定范围内的员工进行培训。其目的在于逐步强化员工良好的工作习惯,提高其工作水准,使部门工作趋向规范化和协调化。客房部的日常训练是一项长期的、无休止的工作,班前、班后的会议、部门例会和工作检查等都应与此联系起来
撤岗培训	对于上岗后,在业务、技术、职业道德等方面不称职的员工,要撤岗并进行培训,直至经严格考核合格后方能上岗。对于经二次培训后,考核达不到要求的,则应考虑将其调离岗位

续表

类型	主 要 内 容
专题培训	专题培训是对员工就某个专项课题进行的培训。随着工作要求的逐步提高,有必要对员工进行有计划的单项训练,以扩大员工的知识面,进一步提高员工的专业素质。 (1) 业务竞赛。可以是知识性的,也可以是操作性的。业务竞赛是激发员工自觉学习、训练和交流的好方法。 (2) 专题讲座。可根据工作需要,选一个主题,由本部门员工或聘请其他专业人员来讲授或示范,如接听电话的技巧、处理客人投诉的方法、督导人员管理技巧等。 (3) 系列教程。如通过举办初、中、高级英语学习班,来满足不同员工学习英语的需求,提高员工的外语水平
管理培训	管理培训又称为"晋升培训"或"发展培训",是一种针对有潜力的服务员和管理人员在晋升高一级的管理职位之前所设计的培训项目。以便其能够有机会了解其他部门或岗位的工作内容、性质、特点,掌握必要的管理技能、技巧,以适应未来管理工作的需要。 管理培训实际上是员工晋升前的准备工作

三、培训计划的制订与实施

(一) 制订培训计划

一个完整的培训计划应该包括培训目标(objectives)、培训时间(when)、培训地点(where)、培训内容(what)、受训者(trainee)、培训者(trainer)、培训方式(how)、培训所需要的设备和器材(equipment & materials)、培训组织(organization)等内容。

(二) 培训计划的实施

培训计划制订好以后,就要按照计划的内容和要求,用选定的培训方式来组织实施。

培训计划的实施关键是要提升培训效果。培训工作能否取得成效,取决于酒店领导及有关方面和人员的大力支持,取决于培训组织者的精心策划,取决于培训者的业务水平和培训艺术,同时也取决于受训者的合作。要想使培训工作卓有成效,必须做到以下几点。

1. 有关人员能够正确认识培训的重要意义

要搞好培训,有关人员(包括部门管理人员、酒店领导及接受培训的员工)必须对培训的重要性和意义有充分的认识。这是做好培训工作的思想基础。

2. 部门及酒店领导重视培训,并能给予大力支持

部门及酒店领导不但要认识到培训的重要性,而且必须在人、财、物、时间、道义等方面给予大力支持。这是培训工作得以顺利进行的前提条件和物质保障。在很多情况下,需要部门及酒店领导抓培训。

3. 使培训工作长期化、制度化

培训工作要长期化、制度化,坚持不懈,将其作为酒店发展战略之一。不能随心所欲,想培训就培训,不想培训就不培训;上面抓培训,就应付一下,上面不抓培训,就放在一边。其结果,势必造成员工对培训工作的偏见,使培训更难以组织,培训也起不到应有的效果。

4. 做好本部门的年度、季度和月度培训计划

各部门要做好培训的计划、组织和管理工作。要根据本部门的工作内容、工作特点和员工的实际情况,配合酒店人力资源部,制订本部门的年度、季度和月度培训工作计划。培训的组织和管理者要切实负起责任,认真制订培训计划,选择不受干扰的地点、最佳的培训时间,挑选高素质的、合格的培训者,确定恰当的培训方式和能够满足实际需要的培训内容。这是使培训取得实效的有力保证。

5. 运用培训的艺术

要使培训取得良好的效果,培训者必须具有较高的专业素质和培训技能。除认真准备和讲授外,培训者还要讲究培训的艺术性。

(1) 频繁而短暂的授课,有时会比偶尔的、长时间的授课效果更好。

(2) 所选用的学习材料的数量和类型都要适合受训者的需要和水平。

(3) 尽量使用有助于教学的教具。

(4) 尽量增加实践课程,鼓励学员自己动手。

(5) 注意培养学员的学习兴趣。

(6) 增强学员的信心。

(7) 掌握授课的技巧。

附:有效的培训者如图 3-1 所示。

- 有自信心;
- 向员工表示自己喜欢培训工作;
- 鼓励员工思考如何将培训内容运用在其工作之中;
- 鼓励员工为自己树立培训目标;
- 鼓励员工提问题;
- 鼓励员工寻找完成工作的更好的方法;
- 认真听取员工的意见;
- 对员工所取得的即使是很小的进步都予以赞扬;
- 把自己所取得的经验,甚至犯过的错误都拿来与员工交流;
- 要有幽默感,并将幽默作为一种培训工具。

图 3-1 有效的培训者

6. 做好培训的考核和评估

培训结束后,还应通过笔试、口试或实际操作测试等方式对受训者进行考核,以确定是否达到了培训的目标,同时征求参加培训员工的意见,收集他们对培训的看法,并从培训的内容、方式、组织管理和培训效果等方面进行评估,总结经验和教训。

第六节 客房部员工的数字化培训

一、培训工作数字化

随着网络连接、开源技术、云计算、移动设备等领域取得的突破性进步以及理论的成熟,大数据、互联网、人工智能等数字化概念开始大行其道。各行各业对数字化转型的认同达到了前所未有的高度,一时间涌现出了一股"数字化革命"的浪潮。各企业也快马加鞭,火速上马各种数字化建设项目,培训亦不例外。针对传统培训面临的问题,酒店客房部亟须寻找新的员工培训方式,以更好地解决培训的地点和时间限制等问题。

在移动互联网时代,网络学习成为一种普遍的方式,将培训平台运用到客房培训管理中可以做到事半功倍。近年来,国内酒店大量使用实习生,以实习生为例,可将培训内容放到平台上用于实习生及员工日常培训,培训内容有学校课程、校企课程及企业岗位培训课程等,可以不断对课程进行修正、补充,使其与时俱进。课程的形式可以变得多种多样,如图片、视频、3D、VR 等。实习生可以通过手机线上线下学习、考核。所有的学习过程、工作过程都能被自动记录,形成实习生完整的全过程档案记录,做到职业发展的即时评估与后评估。

因此,员工数字化培训成为新的培训方式,弥补了传统培训的短板,使得员工可以随时随地进行培训学习。

二、构建数字化培训课程体系

员工数字化培训包括完成工作任务所需要的专业知识、技能和职业素养等内容,这就要求建立一套较完整的培训课程体系,并使其与工作任务相对应。首先对工作过程进行分析,分解出岗位的工作任务构成;然后根据工作任务的内容,分析要用什么样的知识才能完成工作任务,即在工作任务的基础上进行知识构建,覆盖工作岗位上所需完成的与工作任务相关的基本学习要点;员工通过学习,从整体上确保自身在知识方面具备的潜在工作能力。

在具体工作岗位上,各酒店可以根据其特点来开发岗位的培训内容和要点。在培训实施方面,酒店可以使用符合自身要求的内容,以及通过一定的个性化改造来开展客房部员工培训(见图 3-2 及表 3-3)。

三、培训的方法

将所有的学习资源放到学习平台上,新员工(实习生)可通过移动端随时学习所需内容,学习方式灵活,有集中授课、"师带徒"、碎片化学习、线上学习、情景化学习、自学等。

```
客房部服务与管理任务模块
客房部服务与管理任务模块之一：VIP接待服务
客房部服务与管理任务模块之二：房态管理
客房部服务与管理任务模块之三：计划卫生
客房部服务与管理任务模块之四：楼层清洁管理
客房部服务与管理任务模块之五：工程维保
客房部服务与管理任务模块之六：物资管理
客房部服务与管理任务模块之七：安全管理
客房部服务与管理任务模块之八：信息管理
客房部服务与管理任务模块之九：遗留物管理
客房部服务与管理任务模块之十：投诉管理
客房部服务与管理任务模块之十一：服务质量管理
客房部服务与管理任务模块之十二：部门建设
客房部服务与管理任务模块之十三：员工培训
客房部服务与管理任务模块之十四：员工监督
客房部服务与管理任务模块之十五：事务管理
客房部服务与管理任务模块之十六：报表管理
```

图 3-2　客房部服务与管理任务

表 3-3　客房部岗位实践学习指南

岗位	工作/学习任务	具体工作/学习任务内容	学习要点数	呈现方式		
				文字	图片	视频
客房服务员	了解酒店及部门的基本信息和相关的基础知识	酒店基本信息	3	2	4	1
		客房部基本信息	15	15	26	—
		客房内设施设备	11	11	85	—
		布草布件知识	3	3	16	—
		清洁用品用具	3	3	35	—
		工作系统操作	2	2	21	2
		现场急救处理	1	1	4	—
	清洁退房	清洁前的准备工作	7	7	29	1
		敲门进房	5	5	12	1
		撤布草和垃圾	3	3	12	2
		整理床铺	6	6	28	2
		清洁及整理卧室	37	37	94	16
		清洁卫生间	15	15	38	9
		补充客用物品	5	5	25	—
		房间吸尘	3	3	8	3
		检查房间	6	6	25	1
	清洁住房	清洁前的准备工作	6	6	29	1
		敲门进房	7	7	12	1

续表

岗位	工作/学习任务	具体工作/学习任务内容	学习要点数	呈现方式		
				文字	图片	视频
客房服务员	清洁住房	撤布草与垃圾	3	3	7	1
		整理床铺	4	4	23	2
		清洁及整理卧室	10	10	38	—
		清洁卫生间	10	10	50	3
		补充客用物品	5	5	10	—
		房间吸尘	3	3	8	3
		检查房间	6	6	21	1
	房间小整服务	小整服务注意事项	2	2	—	—
		清洁前的准备工作	6	6	29	1
		敲门进房	6	6	12	1
		撤布草与垃圾	3	3	2	1
		整理床铺	4	4	6	—
		清洁及整理卧室	21	21	52	10
		清洁卫生间	13	13	34	7
		补充客用物品	3	3	10	—
		房间吸尘	3	3	8	3
		检查房间	6	6	23	1
	夜床服务	夜床服务介绍	1	1	4	1
		清洁前的准备工作	6	6	29	1
		敲门进房	8	8	12	1
		撤布草与垃圾	1	1	2	1
		整理床铺	4	4	34	1
		清洁及整理卧室	11	11	19	1
		清洁卫生间	10	10	44	3
		补充客用物品	5	5	7	—
		房间吸尘	1	1	1	1
		检查房间	5	5	19	1

（一）集中授课

客房部不定期开展集中学习，可以是针对日常工作中经常出现的问题进行集中培训，也可以针对高效快捷的工作方法进行总结分享，这种集中授课的学习方式可以更加快速、高效地对大量员工完成统一培训。

(二)"师带徒"

"师带徒"是酒店常用的培训形式,有"一对一",也有"一对多",徒弟由师傅直接负责,解决徒弟日常工作中遇到的工作问题,徒弟在工作中遇到较难克服的问题可随时寻求师傅帮助,这样能够及时解决员工在工作过程中遇到的问题。

(三)碎片化学习

碎片化学习是指对学习内容进行分割,使学员在工作过程中进行碎片化的学习。碎片化学习更可控,可以使学员灵活安排学习时间。单个碎片内容的学习时间较短,保障了学习兴趣,在学习成效上对于知识的吸收率会有所提高(见图3-3)。客房部员工根据工作要求按照培训计划的进度进行线上碎片化学习,"线上+线下"培训相结合,节省培训时间,可以提升培训效果,使得员工持续稳步成长。

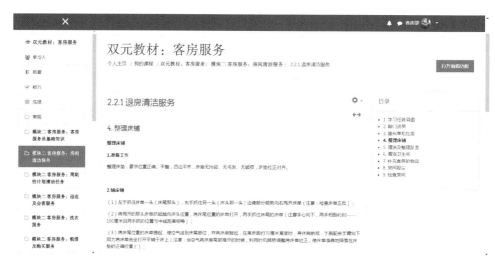

图3-3 碎片化学习要点

四、多维度数字化评价体系

新员工的成长过程是与其学习和实践紧密联系的,它不但强调学到什么,而且需要在实践中检验效果,同时还需反映员工整体素质状况。评价有结果性评价与过程性评价,两者是相互关联的。评价的方法可以有客观指标,也可以有主观因素,主要包括学习记录、工作记录等。

评价具有三个特点:
(1)全过程;
(2)全方位(包含多项评价内容,如上述的学习、工作等);
(3)多方参与(包括企业评价、学校评价、家长评价、个人自评、第三方评价等)。

(一)评价的方法

1. 学习记录

学习记录是指员工在整个学习过程中所学的各种专业知识、专业技能的记录,就酒店实习生而言,包括学校课程、校企课程及企业岗位培训课程等。这些学习的过程和结果都会被记录下来,作为评价依据之一(见图3-4)。

图 3-4　学习记录

2. 工作记录

工作记录包括工作过程、工作效果等与工作密切相关的记录。工作记录可以在一定程度上反映受训者的工作能力和水平(见图3-5)。

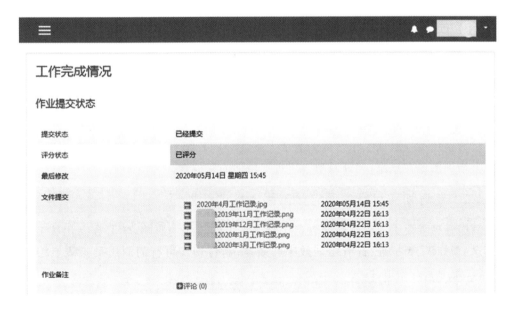

图 3-5　工作记录

(二) 生成全过程记录档案

例如,酒店可以使用校企融合的学习培训平台,将学生在企业学习、实践、研究等内容的评估自动记录或由线下上传到平台,生成学生在企业实践过程的全记录档案。学校也可以同时使用这个平台进行教学与实训,其结果亦可以自动记录或从线下上传到平台,生成学生在学校学习的成绩记录。校企两部分的记录就是学生在整个受教育过程中的记录(见图 3-6)。学生本人可通过扫描培训证明中的二维码来查看学习详细记录。这个记录可以作为学生日后就业应聘申请的依据,详细内容可以通过纸质版上的二维码浏览。

图 3-6　全过程记录档案

五、员工数字化培训工作的管理

员工培训工作的开展情况与酒店管理效果有着密切的关系。酒店通过高质量的数字化培训,能够提高员工的服务质量和工作绩效。

(一)将数字化员工培训工作与员工的个人发展和成长统一起来

将数字化员工培训工作与员工的个人发展和成长统一起来,能够激发酒店员工参与线上培训的内在意愿,充分调动酒店员工培训的积极性。

(二)制订切实可行的酒店员工线上培训计划

酒店管理者要重视酒店培训数字化对员工工作绩效的影响,学习数字化员工培训新理念、新知识、新标准,提升培训效率和效益,制订切实可行的酒店员工线上培训计划,将理论与实践相结合。

(三)开发针对性的数字化培训内容

酒店要根据培训需要不断优化平台界面,丰富线上学习内容。认真落实酒店员工线上培训计划,推送线上培训课程,确保线上学习的时效性;同时,要针对酒店员工在实际工作和服务过程中的难点与痛点进行课程开发、案例收集,及时解决员工的现实问题。

（四）提高员工培训的针对性、专业性和时效性

丰富和完善酒店员工的培训计划，营造良好的培训氛围，并针对不同层次、不同岗位员工的实际情况，精心设计专业化的培训内容。从服务能力、业务能力和学习能力等方面提高员工培训的针对性、专业性和时效性。

第七节　客房部员工激励

有些客房部员工虽然工作时间长、经验丰富、掌握了较好的服务技能和技巧，但在工作中就是不表现出来，工作缺乏积极性、主动性、服从性、合作性差，工作质量低，这就是缺少激励的表现。

为了充分发挥员工的潜能，调动员工的积极性，客房部管理人员必须学会激励员工，掌握有效激励员工的方法。

一、客房部员工激励的方法

（一）实行有激励性质的工资奖励制度

1. 计件工资制

计件工资制即按照楼层服务员每日打扫的客房数量计发工资。客房产品比较单一，适宜采用计件工资制计发工资。如果客房部员工缺乏工作积极性，可以按照多劳多得的分配原则，采用这一激励方案。

实施计件工资制，需注意以下几点。

（1）合理制定工资标准，即单位时间或单位工作量的标准工资。

（2）要建立、健全严格的质量考核制度。因为实施计件工资制，有可能使员工过分追求速度而忽视质量。

（3）要尽量保证员工的基本收入。对于生意较好的酒店，员工基本上都能有比较饱和的工作量，而且比较稳定，其收入也比较有保障，因此会安心工作。而对于生意比较差的酒店，员工工作量不稳定，有时甚至可能无事可做，其收入没有保障，工作时就不会安心。在这种情况下，酒店应该采取适当措施，如保证基本工资等，以保持员工队伍的稳定。

2. 等级工资制

打破工资一成不变的状况，启用等级工资制，将员工按工作技能、知识及工作表现分为初、中、高级，通过考核拉开员工工资差距，从而激励员工不断进步。

3. 高效率奖励方案

具体做法如下：通过领班每天查房，当场视员工所清洁的房间状况，根据评定标准评出 A、B、C、D 几个级别，并记录在黑板上，以直观的形式告知员工当天的工作情况；

然后当月进行统计,并与员工的出勤天数及每天平均的做房量相结合,在当月住房不低于80%的基础上对于符合做房总量在前10位、优良率在85%以上、平均每天做房在10间以上的员工,分别给予一定的奖励,对当月做房效率最低的员工予以处罚。

4. 争取酒店对于月度超额住房率给予员工单项奖励

客房部应根据部门运作的实际情况,制定月度超额住房率奖励方案供酒店管理人员批准实施。每家酒店的年度预算指标是经业主或董事会批准执行的,但每月住房率一般不会均等。而在业务高峰入住率超出年度平均住房率的月份,员工都会付出超常的劳动。客房部为完成工作任务只能被动性地运作,没有主动调整工作任务的空间。因此,考虑到客房部员工的劳动强度和劳动特点,酒店管理人员应针对月度超额平均住房率给予相应奖励。

(二) 实行免检制度

免检制度是一种角色激励法,即通过给予表现较好的员工及具有一定资质的员工自做、自查、自检、自报完成一间客房的清洁、查房的权利,来达到节约人力成本、激励员工的目的。

实施免检制度时,酒店要注意为具有免检资格的员工合理地规划好未来的职业发展。这也是企业培养员工、为员工职业生涯做长远规划的负责任的行为。被评为"免检服务员"的员工应享有与众不同的荣誉、薪资、福利、地位、奖励和优先的晋级机会。

另外,员工获得免检资格,并不代表永久地拥有免检资格和待遇优先资格。主管、经理要不定期、不定时地对其清洁后的合格房进行抽查,并设定免检率的最低标准,当发现超过一定百分比的客房达不到免检标准时,应取消服务员的免检资格和待遇,以保证服务员免检资格的真实有效性。

(三) 评选"先进班组"

评选"先进班组"是一种集体激励方案。通过评定班组的出勤率、仪容仪表、卫生质量、服务质量、班组纪律、成本控制、培训学习等内容,将员工当月的表现及班组的整体表现既作为评选"先进班组"的依据,又作为员工及领班半年的评定参考条件。这样将各区域的员工与领班有效捆绑起来,荣辱与共,共同品尝成功的喜悦、面对失败的苦恼。

(四) 实施好人好事举荐制度

一些知名酒店实施好人好事举荐制度,对于被举荐者和举荐者本人都不失为一种很好的激励手段和制度。

(五) 竞争激励

竞争激励实际上也是荣誉激励。得到他人承认、获得荣誉感、成就感、受到别人尊重,是著名心理学家马斯洛提出的需求层次中的高级需求。客房部员工主要是青年人,他们上进心强、对荣誉有强烈的需求,这是开展竞赛活动的心理基础。根据客房部的特点,可以开展一些英语口语竞赛、服务知识竞赛、服务态度竞赛和服务技能技巧竞赛等。组织这些竞赛,不仅可以调动员工的积极性,还可以提高员工的素质。

（六）情感激励

在一个部门里，大家如果情投意合、互相关心、互相爱护、互相帮助，就会形成一个强有力的战斗集体，从而为客人提供良好的服务。因此，客房部管理人员必须重视"感情投资"。

在进行情感激励时，管理人员要注意做好以下两个方面的工作。

（1）注意启发和引导员工创造一个团结互助的环境。

（2）以身作则，对员工热情、关怀、信任、体贴。对于他们做出的成绩，要及时给予肯定；对于他们的缺点，要诚恳地帮助改正；对于他们工作中遇到的困难，要尽力帮助解决。特别是当员工家庭或个人生活遇到不幸或困难时，要给予同情、关怀，甚至在经济上予以支持和帮助，员工对此会铭记在心、感恩戴德，从而起到极大的激励作用。在关键时刻，对员工伸出同情与援助之手，比平时说上千万句激励的话要管用得多。

（七）晋升与调职激励

人人都有上进心理，所谓"不想当元帅的士兵不是好士兵"，利用人们的上进心理，给予员工职位的晋升，无疑是一种极为有效的激励方法。

除了让工作表现好的员工晋升，管理人员还可以通过在部门内部调换员工的工作岗位来激励员工。通常有两种情况：一是个别管理人员与员工之间由于偏见、不同习性或意外事故的发生而引起尖锐的矛盾，若通过协调或其他方式仍无法解决，可将该员工调离本班组（岗位），以调动矛盾双方的工作积极性；二是员工与管理人员之间虽然不存在矛盾，但目前的工作岗位不适合该员工，不能充分发挥其个人专长和才干，通过调换工作岗位，不仅可以充分利用人力资源，还可以激励员工，极大地调动员工的工作积极性。

（八）示范激励

"没有良将就没有精兵"，客房部管理人员要以身作则，以自己的工作热情、干劲去影响和激励下属员工。

"榜样的作用是无穷的"，一个组织的士气和精神面貌在很大程度上取决于其领导者。有什么样的领导者，就有什么样的员工。没有一流的管理人员，就不可能有一流的酒店和一流的员工。因此要造就一流的员工，客房部管理人员首先应该从各方面严格要求和提高自己，把自己塑造成为一流的领导者。

（九）换位激励法

换位激励法是指临时调换工作岗位，使员工有机会了解不同岗位的工作内容、特点，体会与自己原有工作岗位联系密切的岗位及其难处，进而激励员工在以后的工作中相互理解、相互支持的一种员工激励方法。

我当一天领班

杭州开元之江度假村开展了一个名为"我当一天领班"的活动。从行李房到总机,从主二楼到闻涛阁,活动共分为三个阶段:首先,整个房务部对员工进行为期一周的领班培训;其次,各个部门每天安排一位员工当临时领班,处理领班事务和突发事件;最后,在活动结束时,开展评估活动,谈谈心得体会,选出最好的"临时领班"。在短短两个月的"我当一天领班"活动中,度假村的员工和领班都学到了很多。许多员工在这次"我当一天领班"活动中都认识到了领班工作的重要性和不易性,原本轻视领班工作、认为领班工作"不过如此"的想法也都渐渐消失了。

在谈到本次"我当一天领班"的活动初衷时,该度假村房务部总监说:"这次举办'我当一天领班'活动,一是为了让一些老员工能参与管理,在完成本职工作的同时,提高一些管理能力。在轮番当领班的同时,有意识地让他们进行良性竞争,比比到底谁做得更好,此外还能杜绝一些老员工平时对领班工作抱着一种'不过如此'的不良情绪。二是'我当一天领班'活动能够让一些新员工认识到自身与老员工之间的差距,从而促使其学习老员工的工作经验和管理方法。在当领班的整个过程中,员工工作上犯错误的概率大大降低。"

1. 不同职务,不同感受

为期两个月的"我当一天领班"活动落下帷幕,在大家的相互交流中,员工们都说出了自己心中不同的感受。

来自员工:

"以前我总以为当领班是一件轻松、容易的差事,但一天下来,我才发现领班的工作其实很烦琐,有些细节我们以前都没有注意到。以后我一定要配合领班的工作。"一位员工这样说道,"'我当一天领班'活动的开展,无形之中改变了我原有的工作习惯,领班的工作比一般工作更需要耐心、细心、责任心,从中我学到了很多,也让自己在处理问题上更加成熟了。""员工只要每天按照领班分配好的计划做好事就行了,而领班就不同了,不仅要分清事情的主次,还要根据每个员工的工作性质和能力来分配当天的工作,真的很不容易。"

来自领班:

"之前有些员工对我的工作内容不了解,有时候觉得我很空闲,工作的时候还不配合,自从这个活动举办了以后,我和员工之间的交流沟通多了,在工作配合上也更默契了,有时候他们在工作之余还会来协助我的工作,对今后的工作方便了许多。""是的,以前有些员工的工作比较马虎,经常会出点小差错,他们自从当过一天临时领班后,工作明显比以前认真了,在客房卫生方面也注意了许多。"几位领班凑在一起,也表达了自己的感受和看法。

来自房务总监:

"活动虽然只办了两个月,效果却比较显著,很多员工都开始注意平时自己忽略的部分,对自己的工作也更加认真仔细了,同时领班在给员工讲解领班的工作和职责时,也很好地对自己以前的工作内容进行了梳理,更杜绝了一些领班混日子的不良作风。可以说,这次活动既给了普通员工一次展示自身能力、锻炼自己的机会,又给领班们一些自我督促。"

2. 换位思考,共同进步

"我当一天领班"的活动时间虽然不长,但大家都从中收获了许多宝贵的经验。从员工到领班,再从领班到员工,虽然时间只有短短的一天,但这一天比听一次培训课、开一次部门会议要有用得多。正是这样的换位思考才让员工能从领班的角度去好好审视自己的工作,继而认识到自身的不足和马虎,在以后的工作中不会单单只考虑自身因素,更会从领班的角度去想事情、做事情,把一些自己平时遗忘、疏忽的地方统统补上。

二、员工激励应注意的问题

在员工激励中,客房部各级管理人员要特别注意以下问题。

(一) 要尊重、理解和关心员工

对员工在工作上要严格要求,但在生活上则要关心员工、尊重员工,以"情"动人。所谓尊重员工,就是要尊重员工在酒店的主人翁地位;理解员工,就是要理解员工的精神追求和物质追求;关心员工,就是要心系员工,尽可能解决员工的实际困难。只有员工真正意识到自己受到了尊重、是酒店的主人,他们才会以主人翁的精神积极工作。

经典案例

"您辛苦了!"

北京建国饭店的总经理连续两个钟头站在员工食堂门口,一次又一次地拉开大门,向来参加春节联欢会的员工点头致意,说:"您辛苦了!"各部门经理们头戴白帽,腰系围裙,一溜站在餐台后,微笑着为员工们盛菜打饭,使员工心里涌起阵阵暖流,使员工的心与企业贴得更紧。被誉为超五星级的悦华酒店规定:管理人员见到员工时必须首先向员工打招呼或问好,从总经理到部门经理概莫能外,总经理数十年如一日,几乎每天早晨坚持在酒店门口迎候员工上班,送去清晨最美好的祝愿,"悦华为员工营造了家的氛围和环境,员工也把悦华当成了家"。

(二) 要经常为员工"理气",使员工"气顺"

有些员工之所以缺乏工作热情,主要是因为"气不顺":一怨分配不公;二怨有些管理人员搞特殊化;三怨官僚主义令干群关系疏远。对此,管理人员应根据实际情况,认真分析,采取改进措施,为员工"理气"。

(三) 多一些培训、指导与实干,少一些指责、惩罚与埋怨

常常听到一些客房部管理人员埋怨服务员没有清理好房间,从而引起客人的投诉;埋怨设备维修差,以致经常出现问题;埋怨某处卫生差,从而影响了酒店形象;埋怨服务

员素质不高,从而使酒店软件管理跟不上……如此种种,好像我们的管理人员有许多理由"横挑鼻子竖挑眼",于是,埋怨、指责与惩罚便成了家常便饭。殊不知苦口并非都是良药,埋怨、指责与惩罚只能在管理人员与员工之间竖起一道墙壁。

因此,工作中出现问题,客房部管理人员首先应进行自查、自纠,对自己的管理工作进行反省,问问自己到底给予员工多少培训、多少指导,管理中还有哪些失误、哪些漏洞,而不是一味地去埋怨、指责与惩罚员工。

虽然惩罚是一种"负强化"激励手段,在一定条件下能够起到一定的积极作用,但管理人员要记住:惩罚只是一种手段,而非目的,不能滥用,否则,不仅起不到激励作用,反而会引起对抗情绪,不利于团队精神的形成。有些客房部管理人员工作方法简单粗暴,不管三七二十一,动不动就使用手中"惩罚"的大棒,结果使部门(班组)内一片怨声载道。因此,管理人员在管理实践中应该遵循的原则是:在正强化能解决问题的情况下,尽量少用或不用惩罚手段。

(四)激励要遵循公平性原则

客房部管理人员在对员工进行物质激励时,一定要注意公平原则,否则,不但起不到激励作用,反而会挫伤员工的积极性,甚至造成矛盾,影响团结。事实证明,下属对于领导者的能力和工作水平低大都可以原谅,而对于领导者不能一视同仁、处理问题不公平,则往往表现出不能容忍的态度。

(五)激励要有针对性

员工激励要有针对性,即针对不同的情况,采取不用的激励方法。例如,有些员工原本确有认真努力去工作的想法,但由于工作在一种松散的环境氛围之中,久而久之养成了懒散的工作习惯,管理人员一旦发现这种趋势,就必须加强劳动纪律,严格工作制度。又如,有的员工原本工作热情很高,但因承受不了同事的冷眼与讥笑,工作热情渐渐冷却。这时,管理人员就要考虑通过各种方法,营造良好的、积极向上的企业文化氛围。

(六)表扬和肯定是激励员工最好而且有效的办法

大多数经理人认为金钱是最能激励人的要素,事实却不尽然。员工最想要的,其实是在他们圆满完成任务的时候,被他们认为重要的人所重视。激励员工最好的办法就是肯定和表扬。对大多数的员工来说,几句表扬的话就可以激起一股满足的暖流,点燃工作的热情。

三、客房部员工的过失行为与纪律处分

针对员工工作中的过失,给予一定的纪律处分,也是员工激励的方法和组成部分。一方面,客房部员工应该按照酒店的规定,严格要求自己,避免工作中出现过失。另一方面,客房部管理人员也可以运用酒店赋予的管理权限,根据酒店的规定,给予过失员

工一定的纪律处分,对员工进行"负激励",以消除或减少工作中的各种过失。

客房部员工在工作中的过失,根据其严重程度的不同和所造成危害的大小,分为轻微过失、严重过失和极端过失,可分别给予口头警告、书面警告、辞退或开除等不同的纪律处分。

对于犯有轻微过失的员工,可给予口头警告。员工若第二次出现轻微过失,则应由部门主管或领班向过失员工签发"过失单",并记录在案。

对于犯有严重过失的员工,客房部经理可向过失员工签发"警告通知书",如再次出现严重过失,则向其发出"最后警告"。对于犯有严重过失的员工(三次以上的轻微过失,将被视作严重过失),可视情节轻重分别给予临时停职、降职、降薪、记过、留店察看、劝退或辞退处理。客房部员工的严重过失由部门经理签批后,报酒店人力资源部备案。

客房部员工如犯有极端过失,将被酒店立即辞退或开除。另外,若员工收到"最后警告"后,再次出现严重过失,也将视为极端过失。员工的辞退应由酒店人力资源部签批后,报总经理批准;开除则由总经理批准后报职代会通过。

知识链接

客房部员工的过失行为与纪律处分

第八节　基于数字化运营的客房部员工考核与评估

为了提高服务质量和工作质量,必须实施并加强对员工的日常考核和定期评估工作。否则,将会出现有令不行、工作涣散、服务质量恶化的情况。

一、日常考核

客房部各级管理人员平时应做好对员工工作表现的观察与考核记录。这不仅是提高服务质量和工作质量的重要手段和途径,同时也是对员工进行客观、公正的评估的基础。

考核应该逐级进行,涉及部门内包括管理人员在内的每一位员工。领班对服务员进行考核,主管对领班进行考核,而部门经理则对主管进行考核。如果服务员工作质量出现问题,领班没有发现,或没有处理,又或没有在考评表中予以反映,就是领班的失职,主管发现后就要对领班进行扣分;而如果主管没有发现,或没有处理,则部门经理发现后,要对主管扣分和处理,除了对当事人进行批评教育,还将在每月业绩奖中予以体现。当然,管理人员任何时候都应明白,考核、评估只是手段而已,提高服务质量和工作质量才是最终目的。

考核的内容可以因考核对象的不同而不同,对服务员的考核包括员工的出勤情况、仪容仪表、服务态度、客人投诉情况、工作差错情况、违反店规店纪情况、与其他员工的合作程度、对管理人员的服从性,以及工作的责任心与自觉性等。而对管理人员的考核则还应增加现场督导和管理情况、财产管理情况及考评工作执行情况等。

为了增强考核工作的客观公正性,考评员还应在考评表的背面写出扣分的理由和出现的问题,使被考评者心服口服,而且这也是日后对员工工作进行评估的客观依据。

二、工作评估

对员工的工作评估,就是按照一定的程序和方法,根据管理人员预先确定的内容和标准,对员工的德才表现和工作业绩进行的考察和评价。客房部员工的工作评估可以定期进行,也可以不定期进行。

(一)评估的作用

1. 能够激励员工更好地工作

通过工作表现评估,能充分肯定员工的工作成绩及良好表现,这是对员工所做工作的肯定,能够激发员工的进取心。

2. 有助于发现员工工作中的缺点和不足,以便采取相应的管理措施

如果属于员工工作态度不端正、努力程度不够的问题,应分析原因,解决问题,帮助员工端正态度,改进工作。如果属于缺乏专业知识或技能技巧不熟练的问题,则应确定进一步培训的需要,并纳入下一步的培训计划。

3. 为今后员工的使用安排提供依据

评估可发现各方面表现突出并有发展潜力的员工。可对这类员工制订发展计划,提出更高的要求,为今后员工升职或担任更多、更重要岗位的工作打好基础。通过评估,也可发现不称职、不合格的员工,为保证工作质量和服务质量,应调动或解聘其工作或职务。

4. 有助于改善员工和管理人员的关系

评估能够加强员工与管理人员之间的双向沟通,促进他们的相互了解。认真、客观、公正的评估,能够对员工起到激励作用。但上级管理人员对下属带有偏见的、不够客观公正的评估,也会恶化员工和其上级管理人员之间的关系,对于日后工作的开展造成不利的影响。

(二)评估的依据和内容

对员工评估的依据是酒店"岗位责任制"或"工作说明书"中对该岗位员工的基本要求(包括工作职责、标准、任务等)以及员工对岗位职责的履行情况。

评估的内容包括被评估者的基本素质、工作业绩、工作态度等,如专业知识、理解能力、语言能力、进取精神、责任感、工作的自觉性、工作数量、工作质量、服务态度(有无微笑服务等)、礼节礼貌、仪容仪表、与上司之间的关系、与同事之间的关系、个人品德、考勤、合作性、服从性、工作能力、其他。

对于上述内容,在考核时,可以根据其重要性的不同,给予不同的权数,进行打分,以全面、客观地反映该员工的整体素质。

三、基于数字化运营的员工绩效评估

数字化背景下,酒店运营最为显著的特征是运营在线化,也就是业务操作程序的系统化,这意味着系统会存储大量的操作痕迹。利用OMS酒店运营管理系统,将这些操

作痕迹按照一定的算法统计起来,就形成了各种数据报表,实现数据的体系化。这些报表是酒店管理工作的数据支撑,对报表进行深入分析、比较和利用,实现数据协同,对于酒店了解自身运营情况和开展数字化管理具有重要意义。同时,这些数据指标也成为考核和激励酒店员工的重要依据。

(一) 员工日常工作绩效评估关键指标数据

1. 服务效率数据

服务效率数据包含对客服务单数量、完成对客服务单数量和平均服务耗时等直接统计数据,并按照一定的规则来计算服务超时率和异常率,从而呈现超时率和异常率的月度趋势(见图3-7、图3-8、图3-9)。结合这些数据与超时服务内容排行榜,酒店可以直观地了解对客服务单的整体响应程度。同时,系统自动统计员工个人完成退房检查工单的数量,计算个人完成率和超时率(见图3-10)并按照一定的顺序进行呈现。在管理过程中,通过查询客房服务员各项数据的排行榜,酒店可以制定相应的绩效奖惩措施,有助于在员工之间形成良性竞争,激励员工提升工作效率。

图3-7　对客服务单统计

图3-8　客房高频服务项及平均耗时

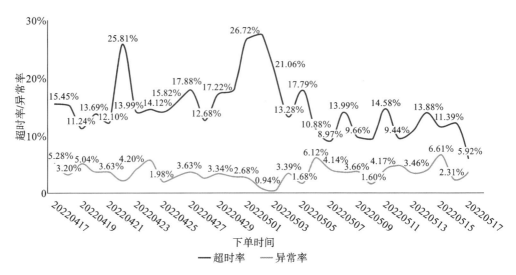

图 3-9　对客服务超时率和异常率

员工退查效率

酒店名称	处理人	完成退查单 ↓	完成率 ⇅	超时率 ⇅
××大酒店	罗××	190	100.00%	0.00%
××大酒店	房××	145	97.97%	0.00%
××大酒店	何××	120	100.00%	0.00%
××大酒店	刘××	103	99.04%	0.00%
××大酒店	江××	47	97.92%	0.00%
××大酒店	林××	45	100.00%	0.00%
××大酒店	周××	38	100.00%	0.00%
××大酒店	张××	27	100.00%	0.00%

图 3-10　员工退房检查效率

需要特别指出的是，员工的服务效率也反映宾客体验，从这个意义上讲，服务效率数据也就是宾客体验数据，包括赶房清洁平均等待时间、对客服务平均等待时间和住房打扫平均等待时间，以及宾客报修、换房和退房检查平均等待时间（见图 3-11）。这些数据的来源项目与宾客直接相关，反映宾客的实际住店体验。将与宾客体验有关的数据作为考核员工绩效的指标，能够提高员工对宾客的重视程度，从而为宾客带来更优质的住房体验。

2. 清洁效率数据

清洁效率数据是考核客房服务员的重要指标，与服务员的工作能力和工作积极性直接相关。统计员工的上班天数和清洁客房数，计算其日均清洁客房数（见图 3-12），将这些数据与员工工资直接关联，促使员工提高工作效率，从而提高酒店效益。另外，根据主管每次查房所记录的返工原因，系统中自动统计高频返工原因榜单，有助于对员工开展针对性培训，提高酒店管理效率。

第三章 数字化技术与客房人力资源管理

图 3-11 宾客体验数据（平均等待时间：分钟）

职务	员工	上班天数	日均清洁客房数/间	完成客房清洁/间
服务员	林数	23	10.3	238
	何容	26	10.2	266
	彭亚	25	10.2	255
	李恩	25	9.4	235
	钟翔	24	9.2	221
	赖彬	22	8.9	196
	高倩	24	8.9	213
	江萍	23	8.3	192
	邓宇	22	5.8	127
	王云	24	4.1	99

图 3-12 员工工作数据

3. 维修效率数据

维修效率数据包括报修单数量、报修完成单数量、平均维修耗时及其月趋势、报修量趋势、保修部门分布和高频维修项目榜单（见图 3-13、图 3-14、图 3-15）等。报修单数量在一定程度上体现了酒店设施设备的状态，报修完成单数量和平均维修耗时则是检验工程部员工工作量和工作效率的指标。对于高频维修项目，酒店可以增加维保次数，以提高运营效率，同时可以考虑工程部员工的工作质量问题。

图 3-13 工程报修单数据

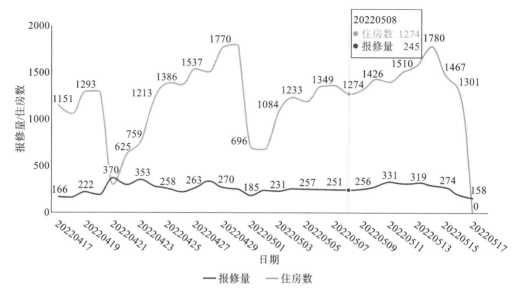

图 3-14　报修量趋势

排序	对象内容		维修单量	平均维修耗时(h)
1	空调不制冷		33	17.27
2	空调漏水		27	1.17
3	空调		26	23.83
4	马桶		24	6.20
5	电视机		15	17.01
6	台灯不亮		12	85.85
6	门锁		12	6.77
6	洗手盆		12	4.82
6	水管		12	0.02
10	窗帘		10	9.85

图 3-15　高频维修项目榜单

（二）主管日常工作绩效评估关键指标数据

1. 清洁检查数据

根据酒店清洁工作的要求，通常规定主管必须检查一定比例的清洁项目。检查完成清洁单数量和清洁检查率就是考核主管工作量是否达标的依据。另外，酒店还通过考核主管平均检查耗时及其月趋势，精确把控主管的工作效率和工作状态。

2. 计划卫生数据

主管计划卫生工作的参照指标包括周期卫生计划单总数、平均分配率和平均完成率（见图 3-16），考核内容为工作安排是否合理、工作分配是否科学以及工作完成是否高效。

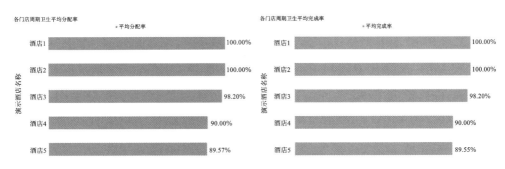

图3-16　计划卫生数据

本章小结

- 客房部人力资源管理的主要内容包括客房部人力资源计划的制订，客房定员，员工的招聘、培训、使用、激励、考核和评估。其中，做好员工培训具有重要意义。
- 为了使培训工作取得成效，客房部培训工作应该支持长期性、系统性、层次性、实效性和科学性的原则，同时要做好培训的考核和评估工作。
- 客房部员工的培训还应包括对新员工的入职指导。这是一项非常重要而又常常被管理人员所忽视的管理工作。入职培训通常包括两方面的内容，即酒店介绍和具体工作指导。
- 客房部管理人员还必须实施并加强对员工的日常考核和定期评估工作。否则，将会出现有令不行、纪律涣散、服务质量恶化的状况。客房数字化管理有助于客房部员工的考核和科学评估。
- 员工激励是提高客房工作数量和工作质量的重要手段。客房部员工的激励与其他部门员工的激励既有共性，又有其特殊性，客房部管理人员应该探索有效的客房部员工激励方法。

课堂讨论

这样的激励方法管用吗？

一家酒店为了激励员工，决定把每天的入住率通报都贴在员工食堂门口，让全体员工都关注酒店的营收，甚至连员工食堂的阿姨也知道。只有让每一位客人满意，酒店才会有回头客，才会有较高入住率，大家才会有奖金。

对于公布入住率,管理层也曾犹豫过。有人表示担心,若入住率只有30%,贴出来有点难看,不利于鼓舞士气。但酒店高层态度非常明确——当全体员工都有忧患意识之时,就是酒店勇往直前之时。由于人人都关注酒店营收,每位员工也就成了关注客人满意度的"大堂经理"。

讨论题:

你认为酒店这种激励方法管用吗?

 复习思考题

1. 客房部管理人员应该掌握哪些管理艺术?
2. 如何培养员工的服务意识?
3. 对客房部员工进行培训的意义表现在哪些方面?
4. 简述对客房部员工进行培训的内容与类型。
5. 如何对客房部员工进行考核?
6. 如何做好客房定员?
7. 如何对客房部员工进行激励?
8. 试述数字化技术对客房人力资源管理的影响。

 案例聚焦

一种行之有效的数字化员工激励法

××酒店即将使用一套系统,客人在客房输入房间号与密码上网之后,就会出现一个酒店的页面,上面除了一些城市信息,还会有相关服务员的照片与点评,旁边是一行字"您好!刚才是我为您做的前台接待,您还满意吗?"字下方会有满意与否的评价以及原因等项,还会有铺床单、打扫卫生等情况的详细信息,会配有服务员的姓名、照片和评价。酒店总经理对于这样的系统很有信心,因为客人是在网上给服务员做评价,所以一般不会有心理压力,这样的评价才是最客观的。而服务员也会在第一时间看到客人的评价,这样的做法会提高他们做事的效率与质量。如果出现问题,管理人员也会在第一时间督促服务员去解决,执行力自然就提高了。

思考:

你如何评价这一系统?这一数字化征求客人意见和建议的方式能否取代传统的在酒店客房放置纸质"征求客人意见表"的方法?

 补充与提高

入职指导日程安排

新员工的入职指导,一般可在4天内完成。表 3-4 是某国际酒店集团对新员工入职指导的日程安排。

表 3-4　新员工入职指导的日程安排

日期	培训内容	培训工具（方式）	培训目的（标）
第一天	（1）总经理向新员工致欢迎辞； （2）介绍集团（酒店）的发展历史； （3）介绍集团（酒店）的管理领导； （4）介绍集团（酒店）的经营之道、待客原则、企业文化； （5）介绍酒店的组织结构； （6）介绍酒店的远景和战略规划； （7）大的部门的总监或经理到场，向新员工致辞，并介绍本部门职能	播放集团资料片	（1）使新员工有受欢迎的感觉； （2）培训新员工的自豪感； （3）让新员工了解酒店的历史、企业文化、价值观以及发展前景等； （4）使新员工了解酒店主要的管理人员
第二天	（1）向新员工介绍酒店知识； （2）讲授酒店服务意识； （3）带领新员工参观整个酒店	讲授、参观	（1）使新员工对酒店产品及酒店行业有全面的了解； （2）使新员工对本酒店有直观的认识
第三天	（1）向新员工介绍酒店各项规章制度（包括安全程序、防火措施、个人的仪表卫生等）； （2）向新员工发放员工手册	讲授	使新员工了解酒店各项规章制度
第四天	（1）介绍酒店接电话的统一标准和技巧； （2）安排对新员工的酒店知识和服务意识的测试； （3）把各自部门的培训者介绍给新员工； （4）各部门的新员工由各部门的培训者带入各自的部门	模拟测试	（1）掌握酒店接听电话的标准和技巧； （2）掌握培训内容，确保培训效果； （3）做好部门培训的准备

需要指出的是，4 天的时间在整个新员工的职业生涯中只是短暂的片刻，但起到的作用可能会影响员工的终身。入职培训的总目标是，除了让员工对酒店有基础的了解，还要使新员工有家的感觉。有家的感觉的员工，会在日后的岗位工作中，通过他们的工作，为来自四方的客人营造家的感觉。能够在酒店这个家得到关心和爱的员工，一定能给予客人所有的关心和爱。

第四章
数字化技术与客房卫生管理

广西南宁金庆盛酒店直播客房服务员做卫生过程

客房卫生工作主要包括客房的日常清扫、客房计划卫生和酒店公共区域的清洁保养等几方面的内容。

卫生,是客人对酒店客房的基本要求,也是客人决定是否选择某家酒店时首先要考虑的因素,因此,做好客房的卫生管理具有极其重要的意义。卫生管理是客房部管理工作的永恒主题,需要客房部各级管理人员常抓不懈。

学习目标

掌握客房清洁知识。
了解客房清扫程序及其相关管理问题。
熟悉客房计划卫生的组织和管理工作。
掌握对客房清洁质量进行控制的方法。
掌握客房设施设备清洁保养的方法。

关键词

客房清扫 housekeeping　公共区域 public area
计划卫生 planned sanitation

经理的困惑

客房服务员不按操作规程工作怎么办？

酒店一般都要求客房服务员在做房时,要用不同的抹布擦拭不同的部位(浴缸、洗脸盆、马桶等),并禁止员工把刚从房间撤下的脏布草当抹布用,可实践中,据我所知,有的员工为了图方便、省事,在做卫生时,并没有将抹布分开使用,而总是喜欢用撤下的床单等来擦浴缸,甚至擦马桶,并且屡禁不止。作为客房部管理人员,我对此应该加以理解,睁一只眼,闭一只眼,还是要严格管理呢?如何才能有效地防止这种情况的发生?

酒店经理人的答复
▼

客房服务员不按操作规程工作怎么办?

第一节　客房清扫作业概述

客房清扫是酒店每天要进行的工作。客房的清洁程度是客人入住酒店时非常关心的问题之一，同时也是客人选择酒店的标准之一。整洁的房间、优雅的环境能使客人心情舒畅、轻松愉快，因此，服务员必须按时、按服务规程和标准的要求，认真、高效地清扫客房。

清扫客房时要注意有些项目是每天都要进行的工作，如床铺的整理、地毯的除尘、写字台的擦拭等。而有些项目则是隔一段时间才进行的工作，如翻转床垫、换床罩、维修等，其间隔有的是周期性的，有的则是不定期的，应视具体情况而定。

一、不同类型房间的清扫要求

客房状况不同，对其清扫的要求和程度也有所不同。一般来说，对于暂时没人居住，但随时可供出租的空房，服务员只需要进行简单清扫或小扫除；对于有客人住宿的住客房以及客人刚刚结账离店、尚未清扫的走客房，需要进行一般性清扫或中扫除；而对于那些长住客人离店后的客房以及将有重要客人（VIP）光临的客房则要进行彻底清扫或大扫除。

进行简单清扫时，服务员只需要视具体情况每天擦擦灰尘；每隔几天用吸尘器清洁一次地毯、检查一下设施设备是否正常，看看卫生间水龙头是否有锈水（如有黄色的锈水，则应打开水龙头1～2分钟，把它放掉）；如室内空气不新鲜，也应打开窗户换换空气；调节温度，使室温比较适宜。

进行一般清扫时，服务员还需要整理床铺、撤换脏布草（如床单、枕套、浴巾、毛巾等）、补充客房用品并较为全面地清扫客房（如倒垃圾、清理烟灰缸、擦洗卫生间、整理衣物等）。

长住客人离店后，要进行彻底清扫，要仔细地刮地毯，进行地毯除污，认真擦洗客房内各个角落、设施设备的里里外外，如墙纸脱落或有污损，还应更换墙纸，翻转床垫，甚至更换窗帘。此外，接待重要客人的房间也应进行大扫除，除污、打蜡、抛光，做到窗明几净，没有尘埃，床也要铺得整齐、美观、没有褶皱，床单上不留任何污渍。

二、清扫作业的标准时间

清扫作业的标准时间是客房部管理人员确定服务员工作定额和进行客房定员的依据。一般而言，各种不同类型的客房所需要的清扫时间大致如下。

双人房：30～40分钟。
单人房：20～30分钟。
套间：40～60分钟。

由此可见，清扫一间客房需要30分钟左右，按照这个标准，国际上，每个服务员每天清扫的房间数为 14~16 间。

具体而言,服务员每天打扫客房的数量还取决于服务员体力的大小,工作经验的多少,劳动熟练程度,做床方法的科学与否,客房面积的大小,床的大小,客房状况(空房、走客房、VIP 房等)的不同,客房类型(单人房、双人房还是套房)的不同,住客素质的高低以及酒店档次等因素。

三、不同类型房间清扫的先后顺序

为了提高客房利用率和服务质量,客房清扫要根据实际情况,按一定的先后次序进行。客房清扫顺序应根据酒店淡旺季的不同,而有所不同。

(一)淡季时的清扫顺序

淡季时,应按以下顺序进行:
(1)总台指示要尽快打扫的房间。
(2)门上有"请速打扫"(make up room immediately)指示的房间。
(3)走客房。
(4)VIP 房。
(5)其他住客房。
(6)空房。

(二)旺季时的清扫顺序

旺季时,酒店用房紧张,客房清扫顺序与淡季时应有所不同。一般来说,旺季时,可依照下列顺序进行:
(1)空房。空房可以在几分钟内打扫完毕,以便尽快交由总台出租。
(2)总台指示要尽快打扫的房间。
(3)走客房。旺季时,应优先打扫走客房,以便总服务台能及时出租客房,迎接下一个客人的到来。优先打扫走客房的意义还在于可以及时发现是否有丢失或损坏的室内物品,如有,则可以及时报告客房部或前台结账处以便酌情处理。另外,这样做还可以及时发现客房内是否有客人的遗留物品,若有,则可及时送交客人。
(4)门上有"请速打扫"指示的房间。
(5)VIP 房。
(6)其他住客房间。

以上客房清扫顺序还应根据客人的活动规律加以调整。客房清扫应以不打扰(或尽量少打扰)客人为原则,因此,应尽量安排在客人外出时进行。

 经典案例

牙签的妙用

(山东曲阜国宾馆 田慧霞)

今天是我值夜班。在交接班时,上一班服务员告诉我,208 房间住的是 VIP,需要

做好跟踪服务。我记在了心上,不停地在楼层巡视,因为208房间一直有客人在谈话。

到了18:00,应该是客人用晚餐的时候了,如果VIP客人出去,我则要及时做房间小整理和开夜床。所以这个时候,我就在楼层静候客人。这时手中的报话机响了,房务中心通知我去给310房间送水果。我听到通知刚要走,可转念一想,如果我去准备水果,那么我该怎么确定208房间客人是否出来呢?可要去敲门询问,肯定会打扰客人,我仔细想了想,对,就用这个办法。

我疾步走回服务室,找来一根牙签,悄悄地来到208房间门口并将其插到门缝里,然后就去准备310房间的水果了。

等我送完水果回到208房间门口,低下头仔细看了地面,果然有牙签掉在地上。我轻轻敲了门,房间内无人应答。于是我以最快的速度整理了房间,并将晚安卡放在床头的明显处,然后退离房间。

做好这一切,我轻舒了一口气,既为没有打扰客人而高兴,更为自己能够在关键时刻想出的小小"妙计"而自豪。其实"用心服务"本应如此,只要我们一切本着"尽可能少打扰客人便是最好的服务"的原则,那么服务将会在规范化的基础上,更加富有创意,也会更加符合客人的心意!

四、客房清扫的一般原则和卫生标准

(一)客房清扫的一般原则

(1)从上到下。例如,擦拭衣柜时应从衣柜上部擦起。

(2)从里到外。尤其是地毯吸尘,必须从里面吸起。

(3)先铺后抹。房间清扫应先铺床,后擦家具物品。如果先抹尘,后铺床,铺床而扬起的灰尘就会重新落在家具物品上。

(4)环形清理。家具物品的摆设是沿房间四壁环形布置的,因此,在清洁房间时,亦应按顺时针或逆时针方向进行环形清扫,以求时效和避免遗漏。

(5)干湿分开。在擦拭家具物品时,干布和湿布要交替使用,针对不同性质的家具,使用不同的抹布。例如,房间的镜子、灯罩,以及卫生间的金属电镀器具等只能用干布擦拭。

(二)房间清洁卫生标准

(1)眼睛看到的地方无污渍。

(2)手摸到的地方无灰尘。

(3)设备用品无病毒。

(4)空气清新无异味。

(5)房间卫生达"十无"①。

视频

蒙眼铺床

---

① "十无":天花板、墙角无蜘蛛网;地毯(地面)干净、无杂物;楼面整洁、无害虫(蚊子、苍蝇、蟑螂、臭虫、白蚁等);玻璃、灯具明亮、无积尘;布草洁白、无破烂;茶具、杯具无污渍;铜器、银器光亮、无锈污;家具设备整洁、无残缺;墙纸干净、无污渍;卫生间清洁、无异味。

五、客房清洁剂的种类及使用范围

清洁剂是客房部员工在进行客房清洁和保养工作时所必需的用具和物品,选择和使用合适的清洁剂不但可以增强工作效果、提高工作效率,而且对于做好客房设施设备的保养工作具有重要意义。客房部管理人员应该熟悉各种清洁剂的性能和使用范围。

按照不同的划分方法,客房部使用的清洁剂可以划分为不同的类型。

(一)按清洁剂的化学性质划分

按照化学性质,清洁剂可分为以下几种类型。

1. 酸性清洁剂

酸性清洁剂一般含有盐酸、磷酸、硫酸和乙酸等酸性化合物,可用于清洁茶渍、咖啡渍等碱性物质。另外,酸性清洁剂还可以用来还原氧化物,故常被用于去锈,以及清洗冷气机的蒸发器和冷凝器。含浓硫酸的清洗剂,则主要利用其脱水性。

2. 碱性清洁剂

碱性清洁剂含氢氧化钾、氢氧化钠或其他碱类,可以清洁一切酸性污渍。另外,碱性清洁剂还可以用来清洁一切油污,因为它可以将不溶于水的油脂变成半溶于水的物质。强碱(如氢氧化钠)非常活泼,故常被用作起蜡剂。通常,碱性清洁剂的应用最为广泛。

3. 中性清洁剂

中性清洁剂含合成化合物,呈中性,其清洁能力不太显著,主要用于保养方面,一般不会损坏物体表面。

(二)按用途划分

按用途划分,常用的清洁剂有以下几种。

1. 多功能清洁剂

这种清洁剂呈中性,多用于去除家具表面的污垢、油渍、化妆品渍,有防霉功效。原装的清洁剂为浓缩剂,使用前要根据使用说明进行稀释。这种清洁剂不能用来洗涤地毯,对特殊污垢作用不大。

2. 三缸清洁剂

这种清洁剂属酸性清洁剂,能去除马桶、便池上的污垢,有较好的除臭、杀菌功效。使用时必须在马桶、便池有水的情况下倒入少许,稍过片刻用刷子轻轻刷洗,再用清水冲净。日常清洁三缸最好选用碱性剂,以利保养。

3. 玻璃清洁剂

客房内的玻璃和镜面,特别是卫生间内的镜面常有一些不易清除的污渍,像油渍、化妆品渍等。清除这类污渍使用装在高压喷罐内的玻璃清洁剂效果最好。使用时对准污渍喷洒少许,然后用干布擦拭便可光亮如新。

4. 金属抛光剂

客房内有很多金属制品,像门把手、水龙头、浴缸配件、扶手、卷纸箱、毛巾架、浴帘杆等,容易沾上手印和产生锈蚀。这种抛光剂对金属制品除锈去渍有效,使用时将抛光剂倒在抹布上或将抛光剂直接喷在物件上，用干布反复擦拭直至光亮为止。

5. 家具蜡（家具保养蜡）

为使家具保持光洁，服务员按计划卫生的要求定期对家具物品上蜡保养。客房部选用的家具蜡多为浓缩乳蜡，家具蜡能较好地为家具去污除尘，并能在家具表面上形成保护膜，防尘、防潮、防污。使用时只需在家具上均匀喷洒，再用柔软的干布来回擦拭，就能光亮如新。

6. 空气清新剂

空气清新剂含有香精和杀菌成分，喷洒在客房内或大厅中，有灭菌和清新空气的作用，芳香四溢。但有些客人不喜欢空气清新剂的香味，因此，在住客房中要慎用。

7. 杀虫剂

客房区内一旦发现蟑螂、苍蝇、蚊子等害虫，应立即喷洒杀虫剂。杀虫剂属于易燃品，所以要谨慎使用和妥善保管。

六、客房清扫时的注意事项

在整理客房时，应注意下列问题。

（一）以不打扰客人为原则

做客房卫生时，应选择客人不在房间时进行，以免打扰客人工作或休息。此时，应正确判断客人是否在房间。假如敲开门后，发现客人在房间，需要问明客人现在是否可以整理房间，征得客人同意后，方可开始做房。

（二）敲门时，应报明身份

进入房间做卫生时，要报称"housekeeping"，同时要注意敲门的声音大小适中，不可过急或力度过大，否则，不仅会表现得没有礼貌，还会使房内客人受到惊吓，或给客人带来不便。有些性急的服务员往往敲一下门就进房，还有些服务员往往从门缝里瞅，这些都是缺乏礼貌和修养的表现。

（三）不得在客房内做清扫之外的其他事情

不得在客房内吸烟、吃东西、看报刊（特别是客人的报刊）。

（四）不得使用客房内设施

服务员不得使用客房内厕所，不得接听客人电话，也不得使用客房内电话与外界通话。除维修、检查外，不得收听、收看客房内的电视机，也不得躺或坐在床上休息。

（五）清理卫生间时，应专备一块脚垫

由于服务员清理卫生间时，进出频繁，卫生间门前的地毯特别容易潮湿、污染、发霉，日久天长，此地方较之室内其他地方会先受损，破坏客房地毯的整体美观。因此，服务员在清扫客房时，应随车带上一小块脚垫，工作时，将其铺在卫生间门前，工作后收起带出客房，以保护房内地毯。

（六）清洁客房用的抹布应分开使用

客房清扫使用的抹布必须是专用的。一般应配备 6 块抹布，其中：房间 2 块（湿、干各 1 块）；卫生间 4 块（擦马桶 1 块，擦浴缸、面盆 1 块，擦地面 1 块，镜布 1 块）。房间抹布及擦拭镜子的抹布应用干布。另外，根据不同的用途，应选用不同颜色、规格的抹布，以便区分，防止交叉使用。用过的抹布应由洗衣房洗涤并消毒，以保证清洁质量。

（七）注意做好房间的检查工作

服务员在做客房卫生时，特别要做好房间的检查工作。除了在抹尘时要检查房内电器，还要检查一下淋浴器、抽水马桶等设施是否能正常使用。发现问题应记入"客房服务员工作日报表"里"备注"一栏。必要时，还要填写"维修通知单"，并及时通知工程部进行维修（紧急维修可先打电话报修再补开报修单）。客人造成的设施设备的机械损伤，应由客人负责赔偿。

如果是走客房，服务员还应检查床上、枕头下、桌面上、抽屉里是否有客人的遗留物品。例如，房内是否遗留手机、钱包、充电器、手表、戒指、书、衣物等；热水壶内是否有客人未用完的水（若有未用完的水，需要倒掉，以便下一位客人使用）。如果发现有客人遗留的物品，则应在"客房服务员工作日报表"上注明遗留物品的名称、发现地点以及发现时遗留物品的状况等事项，并立即上交客房部经理办公室或总服务台（视酒店不同规定而定）。同时，接收遗留物品的有关人员须填写客房"遗留物品登记卡"，然后将遗留物品加以妥善保管。

（八）不能随便处理房内垃圾

清理房内垃圾时，要注意扔掉的瓶瓶罐罐必须是空的，而且要确认所扔掉的报刊一定是客人废弃不用的。否则，不可将这些报刊随便扔掉或擅自留下。

 经典案例

隐形眼镜不翼而飞

王先生夫妻俩来广州旅游，住进一家五星级酒店。第二天他们去吃早餐，准备回来后去越秀公园转一转。可是当他们回到房间时，王夫人发现自己的隐形眼镜不见了，说："刚才去吃早餐前还看见了。"于是夫妻俩四处寻找，哪儿都没有。无奈，王先生向酒店提出投诉。经核对，王先生夫妻俩去吃早餐，从出门到回房，准确的时间是 50 分钟，而在这一段时间内，只有实习生小平进入房间打扫卫生。小平回想当时的情景，发现自己不小心把杯子里的隐形眼镜和药水当作剩水给倒掉了。

（九）电镀部位要完全擦干

在打扫卫生间时，服务员必须要用干抹布（绝不能用湿抹布）将卫生间洁具上，特别是电镀部位的水迹擦干，否则，电镀部位很快就会失去光泽，甚至留下深色的斑块，严重

的还会生锈。

（十）不得将撤换下来的脏布草当抹布使用

清扫卫生间时一定要注意卫生，绝对不能为了方便而把面巾、脚巾、浴巾、枕巾、床单等撤换下来的脏布草当抹布使用，擦拭浴缸、马桶、洗脸盆甚至客房内的水杯，也不能把擦洗浴缸、马桶或洗脸盆的不同抹布混用。

（十一）房内物品的摆放，要注意将商标面向客人

房间物品的补充要按照酒店规定的品种、数量及摆放要求补足、放好，并注意将商标面向客人。

（十二）损坏客人的物品时，应如实反映、礼貌道歉

进行客房清扫卫生工作时应该小心谨慎，不要随意移动客人的物品，必要时应轻拿轻放，清扫完毕后要放回原位。如果不小心损坏客人的物品，应如实向主管反映，并主动向客人赔礼道歉，如属贵重物品，应由主管陪同前往，并征求意见，若对方要求赔偿时，应根据具体情况，由客房部出面给予赔偿。

（十三）离开房间时，应要求服务员打开房内照明灯

服务员打扫完房间离开时，应打开房内台灯、落地灯、床头灯等主要照明用灯，这样，客人进房后，只要插上钥匙卡（牌），灯就会自动亮起，以免客人进房后在黑暗中摸索，给客人带来不便。

（十四）不能在下午2点以前打电话进房要求清扫房间

房间的清扫，原则上要在不打扰客人的前提下进行，特别是不能在客人午休时间（下午2点以前）打电话进房，以免影响客人休息。酒店管理人员和服务员要清楚：对于客人而言，午休比清扫房间重要得多！

第二节　客房清扫工作的数字化管理

一、清洁任务分配数字化

清洁任务分配是客房清洁服务的重要一步，一般由房务中心进行，需综合考虑当日房态和员工出勤状况等可视化数据图。

（一）房务中心工作任务分配数字化

房务中心是客房部的信息中心，全面掌控酒店客情和房态，除了信息调度与部门联

络，还负责分配客房部楼层主管和客房服务员的工作任务。

数字化时代通常采取统一工作时长的方式，准确掌握楼层主管和客房服务员各项工作的时长，以标准化时长为员工安排工作，科学搭配客房清洁、计划卫生和物品输送等工作任务。

根据当日最新的房态状况和当班员工数据，房务中心提前分配主管需要负责的具体楼层，以及客房服务员应负责的房间数量（见图4-1）。在标准工作时长内，相应的计划卫生工单和其他服务工单也会一并发送到对应主管与客房服务员的手机端。

图 4-1 楼层工作任务分配

（二）楼层主管巡楼工作数字化

楼层主管通常在收到房务中心派发的日常工单后，应先明确自己负责跟进的楼层，在手机端实时查看房态信息（见图4-2），核对更新情况，再通过巡楼查看需要处理的清洁任务和设施设备维保情况等。

1. 手机端派发清洁任务

楼层主管通过系统填写待清洁的内容和地点，必要时可拍照说明，并将该清洁任务工单派发给特定的客房服务员。

客房服务员接单后，楼层主管可在后台随时查看该项清洁任务的进度和完成情况。

2. 设施设备维保数字化

楼层主管查看楼层设施设备是否正常运行，出现故障时通过系统及时向工程部提交报修单，保证客房处于正常出售状态。

对于已经完成维修的设施设备，楼层主管应检查能否正常使用。复检不合格的则向工程部返单，并在手机端持续跟进。

维修工程单如图4-3所示。

（三）客房服务员清扫准备工作数字化

客房服务员是客房清洁整理的最终落实者，其工作效率和工作质量与客人的满意度直接相关。客房服务员准备工作的数字化从一定程度上可以精简工作流程、保证清洁质量，对酒店的高效运营有很大的促进作用。

（1）查看房态。客房服务员根据房务中心派发的日常工单开展工作，在手机端实时

图 4-2 手机端房态图

图 4-3 维修工程单

查看房态是否有更新、是否有客人通过系统提交特殊需求等,以此随时确认房间情况。

(2)确认布草数量。客房服务员通过系统数据查看布草消耗数量,填写布草单并上报房务中心,由房务中心定期转交洗涤部,以备好所需布草后直接送到相应楼层(见图 4-4)。

图 4-4 布草补充流程

图 4-5 手机端设置"请勿打扰"

(3)巡楼。巡楼查看客房状况,确认是否有悬挂"请勿打扰"牌或"请即打扫"牌的房间。悬挂"请勿打扰"牌的房间需要通过系统记录客人要求(见图 4-5),悬挂"请即打扫"牌的房间要注意优先清洁。

二、清洁整理流程与管理数字化

在客房清理的传统流程中,客房服务员通常对照固定的清扫报表开展工作,对于临时出现的续住、提前退房等情况造成的房态变化,难以及时准确地获悉详情,这就可能导致清洁工作出现纰漏、引起客人的不满。

在数字化时代,客房清扫工作的具体内容并无大的变化,主要是在各种信息的获取和传递方式上有较大升级,同时对系统记录的大量数据进行分析并充分利用。总的来看,清洁整理流程的数字化能使酒店效益显著提升,表现在出房速度加快、报表自动生成和宾客体验感提高等方面(见图4-6)。落实到实际操作和管理中,数字化清洁整理流程具有以下优势。

图 4-6　数字化效用

（一）实时查看工作信息

客房服务员可以对照手机端的任务工单,系统地完成所有工作任务,及时查看当日房态的实时状况和任务工单的调整情况,灵活处理工作任务(见图4-7)。

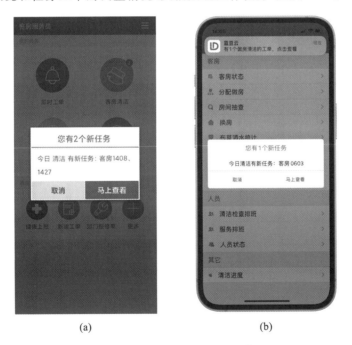

图 4-7　客房服务员接收新任务

（二）精准统计消耗品

（1）对每间客房的消耗量进行统计。将消耗物品进行数字化管理,有助于酒店仓库精准补充所需物资。

（2）通过查看后台数据,可以分析不同季节易耗品、酒水和零食等消耗的数量排行,为酒店改进个性化服务提供数据支撑。

(三)落实具体责任人

(1)系统会记录每间客房的清扫客房服务员、检查主管的姓名,工作任务的实名制可以使客房服务员更加重视客房清扫质量。

(2)录入客房遗留物品时,系统自动识别录入人账号,可以实现责任到人,避免后续纠纷。

(四)精简报修流程

(1)通过查看房间状态,可以了解各个客房的设施报修状况,避免重复报修(见图4-8)。

(2)根据客房类型,判断新建普通报修工单或紧急报修工单(住客房一般选择紧急报修工单),直接向工程部发送报修信息(见图4-9、图4-10)。

图4-8　工程维修历史查询

图4-9　普通报修工单

图4-10　紧急报修工单

(3)报修人和检修主管可以实时接收工程修理情况,便于及时跟进处理。

(五)准确把控工作效率

(1)手机端可准确记录每项清洁任务的开始与结束时间。后台可以生成客房服务员做房量和清洁耗时等数据(见图4-11、图4-12、图4-13),有助于对其工作效率进行考核。

(2)实时掌握每位客房服务员的工作状态。当前台下达赶房通知时,可以根据客房服务员的工作状态,判断如何分配赶房任务。

图 4-11　客房清洁数据统计

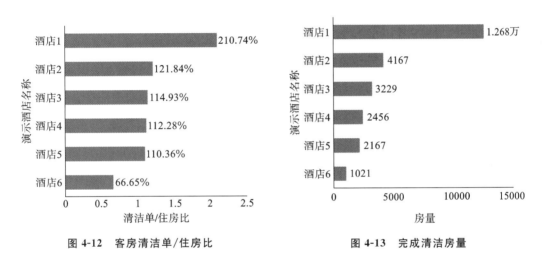

图 4-12　客房清洁单/住房比　　　　图 4-13　完成清洁房量

（3）直观呈现客房服务员的工作质量和工作效率。楼层主管在手机端提交客房检查情况，后台会自动生成客房服务员清洁任务一次性通过率，直观地呈现客房服务员的工作质量和工作效率。

（六）针对性提高清洁质量

客房服务员在系统中进行的无数项操作构成了后台数据生成的基础，这些数据继而成为酒店开展针对性提质增效的依据。

（1）开展针对性培训。通过数据展现客房服务员的清洁耗时和清洁质量，一方面有助于激发员工的工作动力，另一方面也有助于对其开展针对性培训，提高客房服务员的清洁工作质量。

（2）明确客房检查工作重点。楼层主管将查房发现的客房清洁质量问题录入系统，后台自动统计并呈现高频返工原因。酒店可以根据榜单内容明确客房检查工作重点，在提高主管检查效率的同时，也能保证客房清洁质量。

第三节　客房计划卫生

客房的计划卫生是指在日常客房清洁的基础上,拟订一个周期性清洁计划,针对客房中平时不易或不必进行清洁的项目,采取定期循环的方式做彻底的清洁保养工作的客房卫生管理制度。

客房服务员每天清洁整理工作的工作量一般都比较大。例如,一个卫生班的服务员平均每天要负责14~16间客房的清扫工作,到了旅游旺季,甚至更多,所以对客房的某些部位,如通风口、排气扇、天花板、门窗玻璃、窗帘、床罩等,不可能每天清扫或彻底清洁(有些项目也没有必要每天进行,如地毯的清洗等)。为了坚持清洁卫生的质量标准,使客人不仅对客房那些易接触部位的卫生感到满意,还要对客房的每一处卫生都放心,同时又不造成人力浪费或导致时间紧张,客房部必须定期对清洁卫生的死角或容易忽视的部位进行彻底的清扫整理,以保证客房内外环境的卫生质量。

一、计划卫生的项目和清洁周期

针对不同的项目,客房的计划卫生应按不同的时间周期进行。以下是某酒店楼层计划卫生项目及清洁周期安排(见表4-1)。

表4-1　楼层计划卫生项目及清洁周期安排

每天	3天	5天
1. 清洁地毯、墙纸污渍 2. 清洁冰箱,扫灯罩尘 3. (空房)放水	1. 地漏喷药(长住逢五) 2. 用玻璃清洁剂清洁阳台,房间和卫生间镜子 3. 用鸡毛掸清洁壁画	1. 清洁卫生间抽风机机罩 2. 清洁吸尘机真空器保护罩 3. 清洁职工卫生间虹吸式水箱、磨洗地面
10天	15天	20天
1. 清洁空房虹吸式马桶水箱 2. 清洁走廊出风口 3. 清洁卫生间抽风主机网	1. 清洁热水器、洗杯机 2. 冰箱除霜 3. 使用酒精球清洁电话 4. 清洁空调出风口、百叶窗	1. 清洁房间回风过滤网 2. 用擦铜水擦铜家具、立式带烟灰缸垃圾桶、房间指示牌
25天	30天	一季度
1. 清洁制冰机 2. 清洁阳台地板和阳台内侧喷塑面 3. 墙纸吸尘、遮光帘吸尘	1. 翻床垫 2. 擦拭消防水龙带和喷水枪及胶管	1. 干洗地毯、沙发、床头板 2. 干(湿)洗毛毯 3. 吸尘机加油(保养班负责完成)

续表

半年	一年	
清洁窗纱、灯罩、床罩△保护垫△	1. 清洁遮光布△ 2. 红木家具打蜡 3. 清洗地毯(2、3项由保养班负责完成)	注:有△项目由财产主管具体计划,组织财管班完成,注意与楼层主管在实际工作中协调

二、计划卫生的组织

客房的计划卫生通常有三种组织方式。

(一)要求客房服务员每天大扫除一间客房

例如,要求客房服务员在其所负责的14间客房中,每天彻底大扫除1间客房,14天即可对其所负责的所有客房做一次计划卫生。

(二)规定每天对客房的某一部位或区域进行彻底大扫除

除日常的清扫整理工作外,可规定客房服务员每天对客房的某一部位进行彻底清洁。这样,经过若干天对不同部位和区域的彻底清扫,便可以完成全部房间的大扫除。其日程安排可见表4-2。

表4-2 客房计划卫生安排表

星期	一	二	三	四	五	六
项目	门窗玻璃	墙角	天花板	阳台	卫生间	其他

(三)季节性大扫除或年度大扫除

集中在淡季对所有客房分楼层进行全面大扫除,一个楼层通常要进行一个星期,必要时,可请前厅部对该楼层实行封房,并与工程部联系,请维修人员利用此时间对设备进行定期的检查和维修保养。

在实践中,以上三种计划卫生的组织方式可配合使用。

三、计划卫生的数字化管理

传统的酒店计划卫生安排是由客房部管理人员将客房的周期性清洁卫生计划表贴在楼层工作间的告示栏内或门背后,也可由楼层领班在服务员做房报告表上每天写上计划卫生的项目,督促服务员完成当天的计划卫生任务。而服务员每完成一个项目或房间后即在纸质"客房周期清洁表"填上完成的日期和本人的签名。楼层主管(或领班)根据此表检查计划卫生落实情况和清洁质量,以保证计划的落实和卫生质量。而计划卫生的数字化管理则可大大提高计划卫生管理的效率和管理的科学性。

（一）计划卫生实施的数字化管理

计划卫生虽然项目繁多，但具有周期性，使用传统纸质计划卫生安排表的方式极易造成遗漏和超期。因此，数字化运用对于计划卫生的安排和实施意义重大，在保证酒店正常运行和提高工作效率方面有很大的作用。

为了方便管理，在数字化时代，酒店客房的计划卫生一般可以按照周期长短、工作内容或工作地点进行分类。按周期长短，通常可以分为长期计划卫生、中期计划卫生和短期计划卫生；按工作内容，计划卫生可分为保养类计划卫生、清洁整理类计划卫生、设施设备检查类计划卫生和空气清洁处理类计划卫生；按工作地点，计划卫生可分为房间区域计划卫生、公共区域计划卫生和后勤区域计划卫生（见图4-14）。

图 4-14 计划卫生分类示例

将确定的计划卫生事项分类添加到系统，分别录入事项名称、周期和工作时长，制作完整的计划卫生周期表，系统会按照临期时间列出各项计划卫生任务（见图4-15），并以此提醒房务中心及时派发工单。

图 4-15 计划卫生列表示意图

房务中心根据当日房态,为当班客房服务员匹配一定时长的临期计划卫生任务。客房服务员在手机端接收计划卫生服务工单(见图4-16),依据服务工单内容,在符合酒店标准的前提下实施计划卫生。

(二)计划卫生检查的数字化管理

客房服务员选择已完成计划卫生工单后,相关楼层主管随即在手机端收到检查工单。如果检查合格,则点击检查通过;如果检查不合格,则点击返单,要求原客房服务员重新实施计划卫生。

原客房服务员收到返单通知后,前往原计划卫生实施地点重新开展服务。直至楼层主管再次检查通过后,该项计划卫生服务方可结束(见图4-17)。

系统后台会自动统计计划卫生工单总数,并依据实际工作情况生成计划卫生一次性通过率、平均分配率、平均完成率等数据。对这些数据进行合理

图4-16 计划卫生服务工单

利用,可以有效评估客房计划卫生实施质量和客房服务员工作效率。

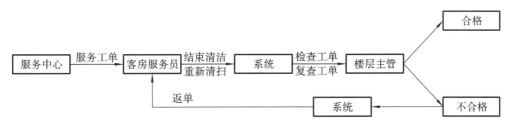

图4-17 计划卫生实施完整流程

(三)计划卫生的安全问题

客房的计划卫生中,有不少是需要高空作业的,如通风口、玻璃窗、天花板等。因此,在做计划卫生时,一定要求和提醒员工特别注意安全,防止出现各种工伤事故。清扫天花板、墙角、通风口、窗帘或其他高处物体时,要用脚手架或使用凳子;站在窗台上擦外层玻璃时,要系好安全带⋯⋯

此外,在做计划卫生时,还应注意选择合适的清洁剂和清洁工具,以便提高工作效率,确保清洁卫生质量,同时,防止因清洁剂和清洁工具的选择和使用不当而损坏家具设备。

第四节　公共区域的清洁卫生

除客房外，客房部还要负责酒店所有公共区域（public area，PA）的清洁卫生工作。公共区域清洁卫生工作的好坏，常常是客人评价一家酒店服务质量和酒店水准的重要因素，特别是公共洗手间，它是反映酒店卫生状况的一面镜子，也是一些专家评价一家酒店卫生状况和档次的重要指标。

酒店公共区域的清洁卫生工作通常由客房部的公卫班组负责，这样组织的好处在于能够使清扫工作专业化，提高劳动效率和工作质量。

为了保持公共区域的清洁卫生，这项工作有时每天要进行数次，如厕所的冲洗、大堂的保洁、家具的复位等（见图4-18）。

图4-18　清洁公共区域（郭淑梅　摄）

一、公共区域的范围

凡是酒店内公众共同享有的活动区域通称为公共区域。

酒店的公共区域可划分为室内部分和室外部分。室外公共区域是指酒店的外围区域，包括酒店的外墙、花园、前后大门等。室内公共区域又划为前台区域和后台区域两部分。其中，前台区域通常指专供宾客活动的场所。例如，大堂（lobby）、总服务台（general service desk）、电梯（elevator）、楼梯（stairway）、休息室（lounge）、康乐中心（entertainment centre）、游泳池（swimming pool）、餐厅（不包括厨房）（dining room）、会议室（meeting room）、舞厅（ball room）、公共洗手间（WC）等。后台区域通常指为酒店员工设计的生活区域。例如，员工休息室、员工更衣室、员工餐厅、员工娱乐室、员工公寓等。

二、公共区域清洁卫生工作的特点

首先,由于公共区域涉及的范围相当广,其清洁卫生的优劣对酒店影响非常大。

其次,由于公共区域的客流量非常大、客人活动频繁,这就给公共区域的清扫工作带来了不便和困难。为了便于清洁,同时尽量减少对客人干扰,公共区域的清洁卫生工作应尽量安排在没有客人或客人活动较少的时间段进行。

最后,由于公共区域的清洁工作烦琐复杂、工作时间不固定、人员分散,这造成其清洁卫生质量不易控制。这就要求公共区域服务员在日常工作中必须具有强烈的责任心,同时,管理人员要加强巡视和督促。

三、公共区域清洁保养的内容

(一)大堂的清洁

大堂是酒店客人来往最多的地方,是酒店的门面,往往会给客人留下第一印象。因此,这里的卫生工作显得非常重要。

大堂的清洁卫生工作主要在清晨或深夜进行,白天进行维护和保持。

1. 大堂地面的清洁

(1)每天晚上应对大堂地面进行彻底清扫或抛光,并按计划定期打蜡。打蜡时应注意分区进行,打蜡区域应有标示牌,以防客人滑倒。

(2)白天用拖把循环往复拖擦,维护地面清洁,保持光亮。拖擦地面时应按一定的路线进行,不得遗漏。每到一个方向的尽头时,应将附着在拖把上的灰尘抖干净再继续拖擦。

(3)操作过程中应根据实际情况,适当避开客人或客人聚集区,待客人散开后,再进行补拖。遇到客人,要请客人原谅,说声"对不起"(excuse me)。

(4)客人进出频繁的门口、梯口等容易脏的地面要重点拖,并适时增加拖擦次数,确保整个地面的清洁。

(5)若遇雨雪天气,要在大堂入口处放置伞架和脚垫,并竖立防滑告示牌(见图4-19),同时注意增加拖擦次数,以防客人滑倒。此外,还要根据实际情况,适时更换脚垫。

2. 扶梯、电梯清洁

对大堂扶梯、电梯的清洁保养主要在夜间进行,白天只对其进行清洁维护,保持干净整洁。

(1)夜间对大堂内扶梯和电梯进行彻底清洁,如有观景电梯则应特别注意其玻璃的清洁,确保其光亮、无指印、无污渍(见图4-20)。

(2)夜间应注意更换电梯内的星期地毯,并对地毯或梯内地面进行彻底清洁。

(3)擦亮扶梯扶手、挡杆玻璃护挡,使其无尘、无手指印,如不是自动扶梯,还应对楼梯台阶上的地毯铜条进行擦拭,并使用铜油将其擦亮。

图 4-19　清洁大堂、门厅等公共区域,要注意摆放防滑告示牌(刘伟　摄)

图 4-20　清洁电梯(郭淑梅　摄)

3. 大堂家具清洁

(1) 夜间对大堂内所有家具、台面、灯具、标牌等进行清洁打扫(见图 4-21),使之无尘、无污渍,保持光亮,并对公用电话进行消毒、擦净,使之无异味。

(2) 白天对家具等进行反复擦拭,确保干净、无灰尘。

(3) 随时注意茶几、地面上的纸屑、杂物,一经发现,应及时清理。

4. 铜器上光

除了对上述区域和设施进行清洁,还应对大堂等公共区域的铜器进行上光保养。

上光时,可准备好两块干净的软抹布及适量铜油,先用一块抹布抹去铜器上的灰尘和手印,然后将铜油滴在另外一块抹布上,接着用滴了铜油的抹布轻轻地在铜器上反复擦拭,直至擦到又黄又光亮即可。

(二) 酒店门庭清洁

(1) 夜间对酒店大门口庭院进行清扫冲洗,遇有雨雪天气,应适时增加冲洗次数。

(2) 夜间对停车场或地下停车场进行彻底清扫,对油迹、脏渍应及时清洁,并注意定期重新划清停车线及检查路标的清洁状况。

(3) 夜间对门口的标牌、墙面、门窗及台阶进行全面清洁、擦洗,使其始终以光洁明亮的面貌迎接客人。

(4) 白天对玻璃门窗的浮灰、指印和污渍进行擦拭(见图 4-22),尤其是大门玻璃应经常进行清洁。

(三) 餐厅、酒吧、宴会厅的清洁

餐厅、酒吧和宴会厅是客人饮食场所,因此,卫生工作尤为重要。

餐厅的清洁工作主要是在餐厅营业结束后,做好对地毯的吸尘和对家具、电话等的擦拭、除尘工作,对于地毯上的污渍应及时予以清洁。

宴会厅的面积较大,一次就要接待数百人,因此,每次使用后都要彻底清扫,主要进行以下工作。

图 4-21　清洁打扫(郭淑梅　摄)

图 4-22　擦拭窗户(郭淑梅　摄)

（1）地毯吸尘。
（2）清扫板壁上的鞋印、指印及客人张贴的画和其他饰物。
（3）清扫大厅吊灯。这是一项需要定期进行的工作。这项工作耗时费工，常常需要搭脚手架。要将每一部件洗净抹干(灯泡坏了要更换)。因此，需要一定的耐心。
（4）每月进行一次的通风口除尘。

此外，餐厅、酒吧、宴会厅或其他饮食场所，若有蚊蝇出现(尤其是在夏季)，服务员应随时或定期喷洒杀虫剂。

（四）公共洗手间的清洁

公共洗手间清洁的主要内容包括：
（1）按顺序擦净面盆、水龙头、台面、镜面，并擦亮所有金属镀件。
（2）用清洁剂清洁马桶及便池。
（3）擦座厕内的门、窗、隔挡及瓷砖墙面。
（4）拖净地面，保持无水渍、无脏印。
（5）喷适量空气清新剂，保持室内空气清新、无异味。
（6）洗手台上摆放鲜花。
（7）按要求配备好卷筒纸、卫生袋、香皂、擦手纸等用品。
（8）检查皂液器、自动烘手器等设备的完好状况。

（五）其他区域的清洁卫生

除了做好上述前台区域的清洁卫生工作，服务员还应做好酒店后台区域的卫生工作，特别是员工食堂、服务通道等的卫生。这些场所的卫生状况对员工的思想和精神状况，以及对酒店的服务质量有重要影响。有些酒店把卫生工作的重点放在接待顾客的餐厅里，而对员工食堂的卫生情况、饭菜质量不予以重视，结果在寄生虫容易滋生的夏季，同时也是旅游旺季，由于员工食堂卫生不过关，很多员工病倒，致使酒店连正常的接待工作都难以进行，更不用说提高服务质量了，这种教训是应当吸取的。

员工通道的卫生也常常被忽视，酒店正门前客人进出的通道一般打扫得比较干净，而员工通道则是另一个天地。有的酒店通往酒店大楼的员工通道甚至连水泥地面都没铺，一遇到雨天，员工便不得不踩着泥泞的路，拖着沉重的步伐，走向酒店的各个岗位，致使楼道地毯沾满泥巴，这样不但影响卫生，而且会使地毯严重受损。

（六）绿化布置及清洁养护

1. 绿化布置

（1）客人进出场所的绿化植物应按要求进行布置，安排好摆放位置。

（2）根据规定的调换时间，定期调换各种花卉盆景，给客人一种时看时新的感觉。

（3）在重大接待任务如接待贵宾或举行节日晚会之前，要根据酒店的通知进行重点绿化布置。

（4）接到贵宾入住通知单后，应根据客人等级和布置要求，准备好花卉，按房号送至楼面交服务员，切勿使用客人所忌讳的花卉。

2. 清洁养护程序

（1）每天从指定的地点开始，按顺序检查、清洁、养护全部花卉盆景。

（2）拣去花盆内的烟蒂等杂物，擦净叶面、枝干上的浮灰，保持叶色翠绿、花卉鲜艳。

（3）对喷水池内的假山、花草进行清洁养护，池内的杂物要及时清除并定期给喷水池换水。

（4）发现花草有枯萎现象，应及时修剪或更换，并保持整齐。

（5）定时给花卉盆景浇水，操作时溅出的水滴及弄脏的地面应用随身携带的工具擦干净。

（6）对于庭院内的树木花草，应定期进行修剪整理和喷药灭虫，花卉盆景应按时更换。

（7）养护和清洁绿化区时，应注意不影响客人的正常活动，遇到客人应礼貌问好。

第五节　客房设施设备的清洁保养

酒店客房的设施设备保养不到位是我国酒店业的一大问题，很多酒店设施设备很豪华，但因为缺乏保养，很难正常运转。设施设备保养不到位不仅会缩短其使用周期，还会直接影响对客服务质量，引起客人投诉。因此，客房部员工必须掌握各种设施设备的保养知识，养成良好的使用和保养习惯，做好对各类设施设备的保养工作。

客房设施设备的保养主要在于平时的清洁和计划保养工作能够按规定的操作程序和有关要求顺利进行。

一、保养的意义

做好客房设施设备前期保养工作，日常维修和紧急维修将会明显减少。我们面临的问题是怎样从无休止的日常维修和紧急维修中摆脱出来,有步骤地实施保养计划。

做好客房设施设备的保养工作,不仅能够延长设施设备的使用寿命、降低经营成本、维持酒店档次、提高客房利用率、增加酒店利润,还可以提高客房服务质量、减少客人投诉、提升客人的满意度。

二、保养的方法

(一)门窗的保养

在开、关门窗时,应养成轻开轻关的习惯,这样不仅可以延长门窗的使用寿命,还能减少干扰,保持客房及楼层的清静。此外,雷雨天以及刮大风时,应关好客房窗户,以免雨水溅入客房,或被大风吹坏窗户玻璃。

(二)墙面的保养

酒店客房的墙面大都使用墙纸,对墙面经常进行吸尘,可以减少大清洗的次数。对于墙纸的清洁,应用比较干的软布拭抹,如有油污,可用汽油、松节油或不易燃的干洗液去擦,小块油污也可用白色吸墨纸压住,用熨斗熨烫几分钟就能去除。

如果需要对墙面进行清洗,则在清洗前要用湿布在小块墙纸上擦一下,查看墙面是否掉色或渗色。若掉色或渗色就表明该墙纸不能水洗,在这种情况下,可尝试用膏型去污剂清洁。如果墙纸耐水性能好,可用海绵纤维物和不加漂白剂的中性合成清洁剂去污,方法是将湿海绵绞一下,使它含有适当水分,擦洗时,随时挤去海绵中的污水,保持海绵干净,然后再用清洁的水和干净的海绵把墙纸清理干净。

另外,如果发现墙壁潮湿、天花板漏水的现象,应及时报工程部维修,以免墙壁发霉、墙皮脱落、房间渗水。

(三)地毯的清洁与保养

地毯是房间的装饰品。由于客人使用卫生间后,容易将卫生间的水带进客房,造成房内(特别是卫生间门口)地毯的损坏,为了便于对房内地毯的保养,降低客房经营成本,除个别有特殊需要的酒店外,包括五星级酒店在内的大部分酒店都应考虑只在卧室保留地毯,而在客房卫生间门口用大理石等高级石质装修材料取代地毯。

客房内地毯一般有两种类型:一种是羊毛地毯,另一种是化纤地毯。羊毛地毯高雅华贵,但造价很高,故一般只铺设在豪华客房。化纤地毯有易洗涤、色彩丰富和价格低廉的特点,为我国大多数酒店所欢迎。

无论哪种地毯,服务员都应采用科学的方法使用和保养,要坚持每天吸尘一次,并对地毯进行定期清洗。地毯上如果出现污渍应及时除去,否则,时间一长将很难去除。除污时,要先了解地毯中化学纤维的成分和污渍的性质,然后选用合适的清洁剂清除污渍。

一般说来,酒店应每年清洗一次地毯,清洗地毯的方法有两种,即干洗和水洗。干洗的方法是将清洁剂均匀地喷洒在地毯上,然后用长柄刷将清洁剂刷进地毯里,过一小时后,用吸尘器彻底吸尘,地毯即被清洗干净。干洗的优点是不影响使用、地毯不变形、不缩水,简单易行,不费时。

除干洗外,另一种方法就是水洗(湿洗)。水洗时先将清洁剂溶于水中,然后使用喷壶均匀地将溶液喷洒于地毯表面,再用毛刷刷洗,用抽水机吸去水分。最后,等地毯完全干了以后,再彻底吸尘,这种清洗方法的优点是洗得干净、彻底,缺点是工序复杂、费时。一般来说,比较脏的羊毛地毯采用这种方法清洗比较好,但要注意,无论哪种方法,都要选用不损坏地毯纤维的清洁剂。

另外,要注意在一些重要通道,如建筑物入口、靠近楼梯的地方以及客房卫生间门口等放置尘垫,防止污物进入地毯组织,同时,要注意经常将地毯使用的位置调换方向,使磨损的地方变得均匀。

(四)空调设备的保养

客房使用的空调一般分为室内的小型空调和集中送气的中央空调两种。

小型空调在使用时要注意不能让水溅到开关上,以免发生漏电,造成触电事故。在使用过程中如发出异常声音,应关闭电源,通知工程部进行检查修理。

中央空调由专人负责管理操作,集中供应,按季节供应冷、热风,各房间有送风口,设有"强、中、弱、停"四档,可按需要调节,要定期对鼓风机和导管进行清扫,此外,每隔2~3个月清洗一次进风过滤网,以保证通风流畅,电机轴承传动部分,要定期加注润滑油。

(五)电气设备的保养

1. 电梯

电梯内外应经常擦洗,梯内地毯要每天吸尘清洁。此外,还要防止服务员、不良客人或小孩用刀具等在电梯内乱划乱画。

2. 电冰箱

电冰箱应放在通风、干燥、温度适中的地方。一般来说,其背面和侧面应距离墙壁100毫米以上,以保证空气自然对流,并使电冰箱能够更好地散热。要切忌将电冰箱放在靠近暖气管、干燥箱,有热源或阳光直射,或易受水浸、潮湿的地方。

电冰箱背面机械部分的温度较高,切勿将电源线贴近,此时,电源线应避免卷束使用。

电冰箱的门封胶边,尤其是门下面的胶边,是容易弄脏的部位,要注意经常清洗干净,保持清洁,当冰箱门溅到水或弄脏时,应及时用干布擦干,以免金属件生锈。

电冰箱在使用一段时间后,要注意定期清理内部,以免积存污物,滋生细菌。

3. 电视

清扫客房时,应每天用干布擦去电视机外壳上的灰尘,并定期用软毛刷清除机内灰尘。在雨季,还应对包括电视机在内的客房电器定期通电使用一段时间,利用工作时机器自身散发的热量驱潮。

4. 照明设备

照明设备主要指门灯、顶灯、台灯、吊灯、床头灯等。这些设备的保养,首先是电源周围要防潮,插座要牢固,以防漏电;擦拭灯具,尤其是灯泡、灯管时,要断电,且只能用干布擦，绝不能用湿布擦。

5. 电话

每天用干布擦净电话机表面的灰尘，话筒每周用酒精消毒一次。

6. 电线

客房内电线主要是电视机线、电话线和落地灯线。电线应表面无破损，此外，电线的安装要相对隐蔽，要整理好，否则容易把人绊倒，甚至损坏电器。

（六）卫生设施及设备的保养

卫生设施要勤擦洗，对于洗脸盆、浴缸、马桶等设施，在擦洗时既要使其清洁，又要防止破坏其表面光泽，因此，一般选用中性清洁剂。切记不能用强酸或强碱。强酸或强碱性质的清洁剂不但会破坏瓷面光泽，对釉质造成损伤，还会腐蚀下水管道。

对浴缸、洗脸盆、马桶等卫生设施的保养，还应特别注意要防止水龙头或淋浴喷头滴、漏水，如果发生类似现象，应及时报工程部维修，否则，久而久之，会使洁具发黄，难以清洁。

除卫生设施外，服务员还应做好对客房清洁用具及卫生设备的保养工作。

对客房清洁设备的保养要做好以下工作：

（1）所有使用人员都必须了解和掌握清洁设备的操作要求，并严格按操作要求使用。

（2）所有清洁设备在使用后都应进行全面的清洁和必要的养护。

（3）设备使用前后都应检查其是否完好，发现问题要及时处理。

（4）要有良好的存放条件，并按要求摆放。此外，还要有存放所有附件的柜子、抽屉、架子和挂钩等。

在客房所有清洁设备中，吸尘器的使用是最为频繁的，因此，做好吸尘器的保养工作具有重要意义。

吸尘器的使用和保养要注意以下要点：

（1）检查各部件的连接是否严密，如有漏风的地方要及时修理。

（2）检查有无漏电现象，防止发生危险。

（3）吸尘器在使用时，要避免吸入硬物或尖锐的东西，以免蓄尘袋破裂、吸管堵塞或机件失灵。另外，也要防止吸入大片纸张、布片、棉花团等物，以防堵塞吸管和吸头。

（4）将电源插头拔下前，要先把吸尘器开关关掉。

（5）避免让吸尘器在电线上碾过。

（6）吸尘器使用完毕后，要定期清理蓄尘袋。弄干净刷子和吸尘器的外壳。否则，不仅不卫生，还会影响吸尘器正常工作，严重的还会使吸尘器停止工作，甚至会烧掉电源。

（七）家具的保养

家具的保养，除了要经常除尘，保持表面清洁以外，还要注意"四防"，即防潮、防水、防热和防蛀。

1. 防潮

家具受潮容易变形、开胶、腐朽，因此房间应保持干燥，要经常打开门窗进行通风。

对于潮气较重的房间,家具放置一般不要紧挨墙壁,以保持空气流通。平时擦洗时,也不能使用带水的抹布,而要用拧干的抹布,然后用软质干布擦干。

2. 防水

防水与防潮的道理是一样的,此外,油漆家具如果被水打湿,其表面的油漆会失去光泽,甚至会起泡、发霉,因此,如果家具不慎被水打湿,应立即用干抹布擦净,对于铺有玻璃的桌子、茶几及床头柜等家具,应注意不要让水进入玻璃下面,如果水不小心进入,应及时掀开玻璃擦干家具,以免家具被水浸泡而破坏表面油漆。

3. 防热

油漆家具一般不要放在阳光直射的地方,如有阳光照射,应拉下窗帘,以防色泽减退,此外,一般家具的油漆面怕烫,因而放置开水杯时,应使用杯垫(如不慎烫出白痕,可用酒精擦拭)。

在有暖气设备的房间里,家具的放置应远离散热片,以防家具被烘干变形而破裂。

4. 防蛀

为了防止蛀虫繁殖,橱柜抽屉层一般应放置一些樟脑丸或喷洒杀虫剂。

除上述要点外,服务员还要经常检查家具榫头、螺丝是否松动,五金零件有无丢失等,发现这些问题应及时报修,否则,时间一长往往会使损坏程度加深,甚至无法维修而报废。因此,对家具来说,及时维修也是日常保养的重要一环。

第六节 数字化管理在客房设施设备保养中的应用

一、客房报修流程数字化

在传统的报修流程中,大多采用纸质报表,在程序上较为复杂烦琐,人工与保存成本较高。随着客房报修流程的数字化,报修流程精简,报修效率提高,同时方便后续对员工进行管理和绩效考核。

数字化的报修流程可以分为维修检查、提交报修单、工程维修和工程验收四个步骤。

1. 维修检查

维修检查的主要方式包括巡楼、定期维保和日常检查。在巡楼过程中,客房服务员和主管人员对公共区域的设施设备进行检查;在定期维保任务中,工程人员和万能工对客房内设施设备进行检查;开展日常检查任务时,客房服务员检查客房内部设施设备是否存在问题。

一旦发现设施设备存在问题,则进入报修流程。每一项报修任务在细节方面更加明确,落实到个人,也可避免推卸责任的现象发生。

2. 提交报修单

相关人员根据系统程序提交"部门报修单"(见图4-23)。其中,如有紧急报修单,可添加备注或拍照说明,工程部主管人员则根据报修单的紧急程度,有针对性地将工程任务分配给相关工程人员。

3. 工程维修

报修单在填写完毕后,经系统发送到工程部。工程部主管人员根据维修任务的种类,将工单派发给相应的工程人员,工程人员线上查看维修任务(见图4-24),接收并前往维修点进行维修。

图4-23 提交部门报修单

图4-24 工程人员工单内容

(1)在维修任务开始前,工程人员应当利用系统查看实时房态,确保房间的可进入性,然后进入房间进行维修。

(2)在维修的过程中,工程人员根据实际情况,在系统内提交材料的出仓数量和消耗数量(见图4-25、图4-26)。

(3)维修结束后。点击完成工单(见图4-27),同时向报修人员发送检修工单。

4. 工程验收

报修人员收到工程人员的检修工单后(见图4-28),进入客房进行工程验收。完成验收后,可在系统中对维修质量进行线上评价(见图4-29)。

如仍然存在工程问题,则在系统中点击返单(见图4-30),工程人员重新进行维修。具体的操作流程如图4-31所示。

二、万能工客房维保管理数字化

(一)万能工计划工作任务

(1)与客人沟通,了解客人对客房设施设备保养的建议。

图 4-25 出仓耗材输入

图 4-26 耗材记录

图 4-27 完成工单

图 4-28 客房服务员工程验收

图 4-29 客房服务员验收评价

图 4-30 客房服务员返单

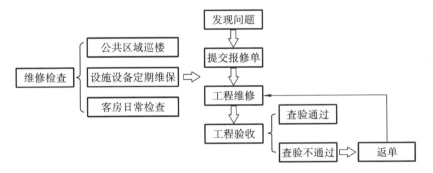

图 4-31 工程维修操作流程图

（2）熟练使用各类维修工具及设备。
（3）更换电源、按钮、插头、各类容器等，保证其使用安全。
（4）维修或更换门锁。
（5）修补壁纸和天花板。
（6）修理油漆和门窗。
（7）维修、更换固定的装饰物及设施设备，如床头灯、窗帘等。
（8）维修家具，如沙发、座椅、办公桌、行李架等。
（9）维修、更换淋浴喷头、浴巾架、浴帘滑轨、水龙头等。
（10）修补地毯等。

（二）万能工维保任务的组织

万能工的客房维保任务是周期性设施设备保障计划中的一个重要部分，周期性维保计划在酒店的运营和设施设备的运行方面具有重要意义。在维保任务中，工程部主管人员根据设施设备的性质，提前在系统内录入维保周期，以推动设施设备保养任务的顺利开展。万能工则根据收到的任务计划，负责具体工作的落实。

（三）万能工维保任务的实施

万能工每天负责固定数量房间的全面检查、维修和保养工作，具有丰富的客房维修和保养经验。其工作任务量由维修部主管人员根据当日客情和实时房态在系统上进行分配，工作内容较为固定，工作流程与上述维修流程大体一致。

（四）万能工维保任务的管理和考核制度

万能工在完成维保任务后，系统自动记录其工作情况，得出维修通过率、维修时间等相关数据，这些数据在维修效率的计算和员工绩效的考核等方面有着巨大的参考价值，可以极大地方便后续酒店的管理工作。

在员工考核方面，相关数据的运用能够更好地量化工作效率。一方面，可以为员工的奖惩制度提供一定的依据；另一方面，可以为后续开展有针对性的员工培训提供保障。

在管理制度方面，系统化的维修流程责任到人，便于上下级之间的协调和管理。按照标准的流程进行检修，频繁化和共性化的问题可以得到及时反馈，有利于酒店在设施设备保养方面的管理运作。

（五）万能工维保工作过程的数字化管理

万能工的维保计划按照分派任务、任务实施、任务检查这一标准流程进行操作。传统形式下，万能工在进行维保任务的过程中，需要主管人员通过对讲机、口头传达等形式进行任务的传达，万能工在维保结束后，在维保单上手动填写相关的产品耗用、记录维保的过程，提交相关部门存档，并等待后续检查等一系列烦琐的流程。

随着数字化技术的引进，流程步骤全面简化。主管人员可以通过系统后台，实时跟进员工的工作进度，监督员工的工作情况，有效减少异常情况的出现。同时，当某一项任务出现异常时，主管人员可以在系统中清晰地了解到是哪个环节出现了问题，从而有针对性地进行处理。比如，在实施日常维修的过程中，缺少某一项耗材导致某项任务处于停滞状态。这样的情况在传统的形式下可能需要层层汇报，使各个部门知悉。数字化技术引进之后，员工只需要在系统提供的报修单中，填写未完成的原因，就能通过系统通知到各个部门。这样的过程精简、准确，大大减少了人力和物力成本的消耗。

三、维护耗材的数字化管理

维护耗材是客房设施设备保养中不可忽视的一个环节，关系到酒店的预算管理和成本控制。耗材的录入、耗材数据的分析与运用可以从多方面反映酒店数字化的管理运营模式。

(一) 耗材统计

工程人员在维修任务的实施过程中,在系统中记录耗材数量,以及耗材的出入仓数量。记录下来的数据在系统中生成耗材出入仓总量统计、高频出仓耗材种类统计(见图4-32、图4-33),同时按日或按月显示变化趋势(见图4-34)。工程耗材消耗的量化可以更加直观地反映材料消耗的情况,降低统计成本。

图 4-32　耗材出入仓总量统计

排序	耗材	数量
1	生盐 430004	402
2	4.04.0287太阳牌单芯线4平方	120
3	4.05.0423厚垫片(冷却塔用)	100
4	冷却塔防护网螺丝	100
5	电池–南孚电池5号	76
6	防霉片	76
7	射灯	64
8	电池 5# 660068	63
9	砂轮片 规格:100 mm × 2.5 mm × 16 mm	56
10	LED灯带 12VDC,3000K	50
11	单塑电线 2.5 mm^2	50
12	护套线 3 mm^2 × 1.5 mm^2	50
13	空调扎带 311055	50
14	PVC线管配件6分管,弯头	45

图 4-33　高频出仓耗材种类统计

(二) 耗材数据的分析

1. 服务效率

工程人员完成维修工作后,系统自动记录并测算报修完成率、平均耗费时长。这两项数据可以作为评价工程人员服务效率高低的依据,对员工的考核具有一定的参考意义。

2. 成本控制

工程人员在维修过程中,将耗材进行系统化录入。系统根据耗材的数量列出榜单,提供进出仓数量的明细,这可为后勤部的采购提供方便,从而更好地进行成本控制。

扫码看彩图

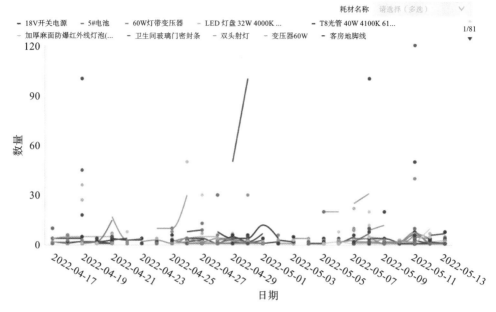

图4-34 每日耗材出仓趋势

第七节 客房清洁质量的控制

如前所述,客房部的首要任务是生产干净、卫生、舒适的客房,客人对酒店产品的需求主要表现在食、宿两个方面,无论是食还是宿,其都有很高的卫生要求。从心理学的角度来看,整洁、卫生的酒店客房可以给客人一种安全感和舒服感,因此,做好卫生管理对于提高客房产品质量、满足客人需要来说,具有头等重要的意义。

做好客房清洁质量的控制要从以下几个方面入手。

一、强化员工的卫生意识

做好卫生管理,首先要求服务员及管理人员要有卫生意识,对于卫生工作的重要性要有足够的认识,为此必须经常强调、考核。此外,还要求管理人员及服务员注意个人卫生,可以想象一位不修边幅、不洗衬衣的领班要求服务员做好卫生,那只能成为天方夜谭,同样,对一位不勤剪指甲、不常洗澡的服务员来说,要他做好客房卫生,也是不可能的。

其次,强化员工的卫生意识还要求客房服务员要对涉外星级酒店的卫生标准有足够的认识,不能以自己日常的卫生标准作为酒店的卫生标准,酒店的卫生标准要与国际标准接轨。

二、制定卫生工作的操作程序和卫生标准

要做好客房卫生,还应制定一些服务规程、操作程序和卫生标准,这是确保客房清洁卫生的基础,也是对客房清扫员的工作进行考核、监督的依据。

在制定操作程序和卫生标准时,要注意体现两个原则:一是要依据酒店的档次确定,酒店的档次不同,其清扫标准和服务规格应当有所区别;二是"双方便"原则,即方便客人和方便操作。

三、严格检查制度

酒店应建立完善的客房检查体系实行严格的检查制度,这是做好客房卫生、确保客房产品质量的关键。

(一)建立客房的逐级检查制度

检查客房又称查房,客房的逐级检查制度主要是指对客房的清洁卫生质量检查,实行领班、主管及部门经理三级责任制,也包括服务员自查、领班普查和主管、经理、总经理抽查。实行严格的逐级检查制度,是确保清洁质量的有效方法。

1. 服务员自查

要求服务员每整理完一间客房,要对客房的清洁卫生状况、物品的摆放和设备家具是否需要维修等进行检查。服务员自查不仅可以提高客房的合格率,还可以加强服务员的责任心和检查意识,同时,减轻领班查房的工作量。

不过,服务员自查的重点是客房设施设备是否完好、正常,客用品是否按规定的标准、数量摆放。自查的方式是边清扫边检查。此外,在清扫完房间,准备关门前,还应对整个房间进行一次回顾式检查。

2. 领班普查

领班检查是服务员自查之后的第一关,常常也是最后一道关。因为领班负责 OK 房的报告,总台据此就可以将该客房出租给客人,客房部必须加强领班的监督职能,让其从事专职的客房某楼面的检查和协调工作。有的酒店既让楼层领班担负客房清扫的检查工作,又给领班规定一定数量的客房清扫任务,这是不合理、不科学的(个别情况,如用房紧张或人手不够时,领班帮忙清扫客房则另当别论),会影响其检查职能的发挥。

1)领班查房的作用

领班查房不仅可以拾遗补漏,控制客房卫生质量,确保每间客房都属于可供出租的合格产品,还可以起到现场监督作用和对服务员(特别是新员工)的在职培训作用。

领班查房时,对服务员清扫客房的漏项、错误和卫生不达标情况,应出返工单,令其返工。

2)领班查房的数量

领班查房数量因酒店建筑结构(每层楼客房数的多少)、客房检查项目的多少以及酒店规定的领班职责的不同而有所不同。一般而言,日班领班应负责约 80 间客房的检查工作(负责带 5~7 名服务员)。而夜班领班的查房数量一般为日班领班数量的两倍,

要负责约160间客房的检查工作。需要说明的是,上述工作量标准基本上是满负荷的,查房数量比较多,酒店对领班的工作定额一般不应超过上述标准。

日班领班原则上应对其所负责的全部房间进行普查,但对优秀员工所负责清扫的房间可以进行抽查,甚至免检,以示鼓励和信任。

3)领班查房的顺序

一般情况下,领班查房时应按环形路线顺序查房,发现问题及时记录和解决。但对下列客房应优先检查:

(1)首先检查那些已列入预订出租的客房;

(2)尽快对每一间整理完毕的走客房进行检查,合格后尽快向总台报告;

(3)检查每一间空房和VIP房;

(4)检查维修房,了解维修进度和家具设备状况;

(5)检查每一间外宿房并报告总台。

楼层领班查房表如表4-3所示。

表4-3 楼层领班查房表

floor(楼层):_____ supervisor(主管):_____ date(日期):_____

room number(房号)	status(房态)	time(时间)		remarks(备注)
		checked(检查)	released(放房)	
01				
02				
03				
04				
05				
06				
07				
08				
09				
10				
……				

status:O=occupied   V=vacant   OOO=out of order   R=released   SO=sleep out   LB=light baggage   NB=no baggage   ED=expected departure

VIP in house(已入住贵宾):_____

expected VIP(将入住贵宾):_____

group arriving(将入住团房):_____

loan items(借物):_____

jobs today(特别工作):_____

lost and found(遗留物品):_____

hand over(交班注意事项):_____

3. 主管抽查

楼层主管是客房清洁卫生任务的主要指挥者。加强服务现场的督导和检查，是楼层主管的主要职责之一（见图4-35）。

图 4-35　楼层主管在检查房间卫生情况（刘伟　摄）

主管检查的方式是抽查。抽查的好处在于这种检查事先并未通知，是一种突然检查，所以检查的结果往往比较真实。

主管抽查的意义在于：① 检查、督促领班工作，促使领班扎扎实实地做好工作；②进一步保证客房卫生质量；③确保客房部经理管理方案的落实；④ 为客房部管理收集信息。

楼层主管对客房清洁卫生质量进行抽查的数量一般可控制在20间客房左右。

1）检查的内容

主管主要检查领班实际完成的查房数量和质量，抽查领班查过的房间，以观察其是否贯彻了上级的管理意图，以及领班所掌握的检查标准和项目的宽严尺度是否得当。主管在抽查客房卫生的同时，还应对客房楼层公共区域的清洁状况、员工的劳动纪律、礼节礼貌、服务规范等进行检查，确保所管辖区域的正常运转。

2）检查的重点

主管检查的重点如下：

(1) 每一间VIP房；

(2) 每一间维修房，促使其尽快投入使用；

(3) 长住房、住客房和计划卫生的大清洁房。

4. 经理抽查

楼层清洁卫生工作是客房部工作的主体。客房部经理也应拿出1/2以上的工作时间到楼面巡视和抽查客房的清洁卫生质量。这对于掌握员工的工作状况、改进管理方法、修订操作标准、更多地了解客人意见，具有十分重要的意义。

经理抽查房间应每天保持一定的数量，应特别注意对VIP客房的检查。

客房的逐级检查制度应一级比一级严，所以经理的查房要高标准、严要求，亦被称为"白手套"式的检查。经理的检查宜不定期、不定时，检查的重点是房间清洁卫生的整体效果、服务员工作的整体水平，以及是否体现了自己的管理意图。

5. 总经理抽查

酒店总经理要控制客房的卫生和服务质量,也必须充分运用检查这一手段。检查的方式为不定期、不定时,或亲自抽查,或委派大堂副理或值班经理代表自己进行抽查,以获得客房部管理水平和服务质量信息,激励客房部经理的工作。

除上述方式外,酒店还可以组织其他方式的检查:

(1) 定期检查。

定期检查是一种有计划的公开检查,一般事先有布置,有明确的检查时间和检查内容。目的是制造声势、创造气氛、促进工作。酒店对客房的定期检查,一般采取由总经理办公室主任、质检部经理、工程部经理、客房部经理、前厅部经理及大堂副理组成检查小组,在总经理或驻店经理的带领下,每月定期对客房清洁卫生进行检查,或当重要任务来临前进行检查。

(2) 邀请第三者检查。

酒店可聘请店外专家、同行、住店客人等,检查客房的清洁卫生质量乃至整个酒店的服务质量。这种检查看问题比较客观,能发现一些酒店管理者自己不易觉察的问题,有利于找到问题的症结。

(二) 客房检查的内容和标准

检查房间时,除了检查房间是否整理完毕、擦洗是否干净、是否合乎要求,用品配备是否齐全等卫生情况,还要检查客房设施设备及各类机器是否完好,具体检查项目和内容如表 4-4 所示。

表 4-4　客房检查的内容和标准

项	目	内容和标准
(一) 卧室	门	是否擦洗干净,把手上有无污渍; 门转动是否灵活,有无吱呀声; 房间号码是否清楚,窥镜、安全链是否好用、安全; 门锁后是否挂有"请勿打扰"牌和"请速打扫"牌; 门后磁吸是否起作用
	壁柜	有无灰尘,衣架及衣架杆是否有积尘; 门轨有无损坏,柜门是否好打开; 衣架、衣刷、鞋刷,以及洗衣袋、洗衣清单是否配备齐全; 柜内的自动开关电灯是否正常
	天花板	有无蜘蛛网; 有无裂纹和小水泡(如有说明天花板漏水,应及时报修)
	墙壁	墙纸有无不洁或脱落之处; 墙上挂的画是否摆正,有无灰尘

续表

项 目		内容和标准
（一）卧室	窗户	窗框、窗台有无灰尘，窗玻璃是否已擦干净； 窗帘有无破损，是否干净，窗帘轨、钩是否完好
	灯	天花板灯、台灯及壁灯等灯具有无落灰； 开关是否完好
	空调	运转是否正常； 开关上有无污渍
	床	床铺得是否匀称、平展； 床罩、床单、枕套、床头板及床架是否干净； 床脚是否稳固
	床头柜	有无灰尘； 音响、床头灯及电视等的开关是否正常； 叫醒钟是否准时，电话机是否正常、干净； 台面上是否放置禁止在床上吸烟的卡片
	茶几	茶几部位是否擦净； 茶叶是否备好，茶杯是否干净、足数
	写字台	桌椅及沙发各部位有无灰尘，抽屉内外是否干净； 文件夹内的欢迎词、酒店简介、疏散图、信纸、圆珠笔等是否配齐； 电话号码簿及电视节目单等是否按规定放置
	电视机	荧光屏、外壳及电视机架是否干净； 音响是否良好，图像是否清晰、稳定
	电冰箱	内外是否干净，工作是否正常； 饮料是否按规定配齐，是否已备好饮料签单及开瓶器
	行李架	行李架是否干净、稳固
	垃圾桶	垃圾有无处理，桶内外是否已清洗干净
	地毯	地毯是否干净，有无污渍或破损
（二）卫生间	门	门锁是否清洁、正常
	灯	天花板灯、镜灯有无落灰； 开关、插头是否正常，有无损坏
	地板	地板是否清洁，有无打蜡
	墙壁	瓷砖是否干净，有无破损
	浴缸	缸内是否擦洗干净，有无污渍或毛发； 冷、热水龙头及浴缸放水用塞子是否正常（由服务员检查）

续表

项目		内容和标准
（二）卫生间	毛巾架	毛巾架是否牢固、干净
	抽水马桶	有无消毒、有无异味； 马桶盖、座圈及桶内外是否刷洗干净
	垃圾桶	垃圾有无处理，桶内外是否已清洗干净
	洗脸盆	内、外侧有无污渍、水珠
	化妆台	台面有无落灰，镜面有无污渍或水珠
	排风口	排风口是否干净
	用品配备	手巾、面巾、脚巾、浴巾、香皂、卫生纸、卫生帽、浴帽、牙刷、牙膏、漱口杯、刀片盒等卫生用品是否配备齐全，并按规定放置

以上是房间检查时的内容和项目。特别对楼层领班而言，一定要严格检查制度，把好卫生工作的最后一关，卫生不合格的客房要重做，不能心慈手软。

第八节　客房清洁质量检查的数字化管理

一、客房检查数字化管理的意义

（一）操作流程的简化

传统的主管查房模式，主要通过楼层主管对纸质报表的记录、客房服务员和楼层主管的报表交接来完成，存在容易产生工作疏漏、纸质报表保存困难等缺陷。使用房务工作系统可以减少报表交接的环节，楼层主管和客房服务员可以直接通过系统查看工作内容、接收工作信息，这大大简化了工作流程，更加方便快捷。

（二）信息的及时更新

楼层主管可以通过系统查看实时房态和客情，以落实自己的工作任务。抛弃了传统的固定电话和对讲机，消息的传递速度加快。这样的信息更新模式，可以极大地便利楼层主管的查房工作。

（三）便于员工考核和提供针对性培训

系统后台自动记录楼层主管的查房率、查房的一次性通过率等相关数据，并在系统中生成分析报表。一方面,这些数据和报表可以量化工作内容和工作情况,更加直观地反映员工的工作效率,便于后期对员工进行绩效考核。另一方面,数据的记录落实到个人,系统详细地记录每个员工的工作情况,通过观察和总结这些数据,主管可以对员工进行针对性的培训。

(四)提高工作效率以及员工的责任感

楼层主管查房的操作流程应严格遵循系统的步骤,这种逐级检查的制度是确保酒店清洁质量的有效办法,体现了酒店检查工作的规范化、制度化和标准化,使得酒店在人员管理方面有章可循,由此可提高工作效率以及增强员工的责任感。

二、清洁质量检查的数字化管理流程

客房清洁质量检查的数字化运用,是客房数字化管理中的一个重要组成部分,其操作程序在很大程度上依靠系统的支持。楼层主管的查房工作,由系统自动记录次数,生成检查率,并自动测算查房一次性通过率。两者是反映客房服务人员工作效率的重要因素,也是酒店考察员工绩效的重要指标,同时为做房时间标准化、操作程序标准化以及人员安排合理化提供参考性的建议。

(一)主管收到待检查工单

客房服务员完成清洁工作后,在手机端向相应的楼层主管提交待检查工单。楼层主管根据收到的待检查工单(见图 4-36),在查看实时房态之后,进入房间开始检查。

(二)实施检查

1. 检查遗留

楼层主管进入房间检查客人是否有遗留物品。如有遗留,则在系统中登记遗留物品的详细信息,方便后续联系客人。

2. 检查维修

楼层主管复查设施设备的状况,检查已维修的设施设备是否能够正常使用,其他设备是否需要报修。若有需要维修的设施设备,则在系统中提交报修单。

3. 检查清洁

楼层主管根据酒店客房清洁要求检查房间清洁卫生状况,为避免遗漏,可通过系统中提供的客房质量管理要求明细逐一检查。若发现问题,则进入以下流程。

(1)返工:楼层主管点击检查不通过并注明原因(见图 4-37),客房服务员在系统中收到返回通知(见图 4-38),根据主管反馈的清洁问题,重新进行打扫。

(2)复检:客房服务员再次提交检查工单,楼层主管收到待检查工单(见图 4-39),重新进入检查程序。

若以上三项均无问题,则楼层主管点击检查通过,并通过系统对房间状态进行实时更改,利用权限对外(总台)放房,具体的操作流程如下(见图 4-40)。

图 4-36　主管收到待检查工单

图 4-37　楼层主管返单

图 4-38　客房服务员收到返单

图 4-39　楼层主管收到返单

第四章 数字化技术与客房卫生管理

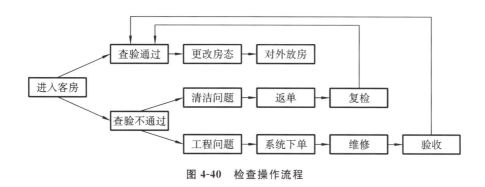

图 4-40 检查操作流程

三、客房清洁检查情况统计

包括检查率、检查一次性通过率及其月趋势等(见图 4-41、图 4-42)。

图 4-41 客房清洁检查情况

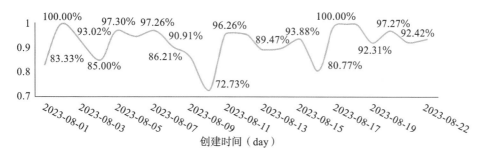

图 4-42 客房清洁检查一次通过率

本章小结

- 干净卫生,是住店客人对酒店客房的基本要求,也是酒店客房管理的三大主要任务之一,无论是五星级的豪华酒店,还是经济型酒店,都应做好客房的卫生管理。
- 客房部的卫生工作主要是按照酒店的要求和标准,做好客房的清洁整理工作,确保出租给客人的客房保持干净、整洁的状态。
- 房间清洁的具体卫生标准:眼看到的地方无污渍;手摸到的地方无灰尘;设备用品无病毒;空气清新无异味;房间卫生达"十无"。
- 为了确保楼层客房的卫生标准,除了做好日常清洁卫生工作,客房部管理人员还应组织和安排好客房的计划卫生工作,定期对一些卫生死角、难清洁的部位以及长住客人离开后的客房,进行彻底清洁。
- 除了做好楼层客房的卫生工作,客房部还要负责整个酒店公共区域的卫生工作。公共区域的卫生工作包括酒店大堂的日常保洁,电梯、门窗的清洁,以及酒店外墙的清洁等,甚至还要负责餐厅、厨房的除污工作。
- 为了确保客房的卫生质量,酒店必须建立严格的卫生检查制度。卫生检查包括楼层领班的全面检查、主管及客房管家的每日抽查以及酒店质管部门的不定期检查等。
- 做好对客房设施设备的清洁保养工作。

 课堂讨论

酒店一般都要求客房服务员在做房时要把房门打开,可是世界顶级的四季(Four Seasons)酒店集团却要求服务员清洁客房及工程部员工维修客房设施时都必须关上房门,说这是出于对酒店及员工的安全和客人的隐私考虑。打扫房间时,员工会在门外挂上牌,上面写着"我们正在为您打扫房间"。

到底怎么做才对呢?是关上房门打扫房间好?还是开着房门好?

 复习思考题

1. 如何做好客房计划卫生的管理?
2. 怎样控制客房清洁质量?
3. 试述数字化对于客房卫生管理的意义。

 案例聚焦

当 DND 灯亮着的时候

按照香格里拉酒店的标准,每间客房每天至少要进入一次,以确保客房内的状况,而 DND（请勿打扰）灯是无论房间内是否取电都可以亮的，而且 DND 灯亮的时候，门铃是不响的。在楼层服务员做房时，每天都会遇到客房亮着 DND 灯的情况，这有可能是客人在里面确实不想被打扰，也有可能是客人不在房内，而是之前亮着的 DND 灯忘记关闭。对于这情况，香格里拉酒店的标准程序是等到下午 4 点，如果客房还是亮着 DND 灯的话，由客房部打电话到客房，确定属于哪种情况，如果是客人不在忘记关闭的话，还是要进入客房打扫清洁，同时必须要有主管或以上级别的人员一同进入。

在广交会期间，楼层服务员的工作量大，有时会遇上自己负责的客房有多间亮着 DND 灯的情况。在楼层服务员已经做完其他客房，但又没到处理亮着 DND 灯的客房的时候，为了能早点完成工作任务，楼层服务员会自己打电话到客房，以确定客人是否在里面。如果客人在里面，他们会问有无洗衣之类的话，有时是预退的客房，还会询问客人什么时候退房。对于那些还不能进入的客房，到了下午 4 点，客房部又会打电话到房内，这样就会很容易造成客人的不满，甚至投诉。

问题：

1. 面对这种情况，你认为该如何解决？

2. 对于分到多间 DND 房的客房服务员，主管可否做出必要的调整，以便减少上述不良状况的出现？

 补充与提高

扫描二维码，观看可以直接对酒店床上用品进行消毒的智能机器人的视频。

视频
▼

客房消毒机器人

第五章
客房服务质量管理

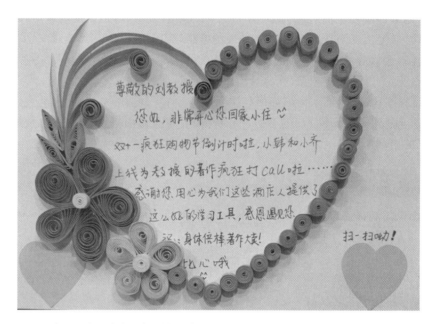

中国服务业标杆：广州从化碧水湾温泉度假村客房员工的贴心服务

"我知道自己每年都会遇到一种令我抓狂的酒店。比如要不就是找不到开灯的键，要不就是开着的灯你关不掉。又比如，房间的照明不够，令你根本无法读书，甚至连床头灯都不够亮。还有就是电源插座藏在床下或者家具后面，你要是想给手机或者笔记本电脑充电，还得先来一番搬家具的运动。冰箱里堆满了价格高昂的食品，害得你都放不进一瓶自带的矿泉水。还有凌晨三点会闹的闹钟——前一个客人因为要赶一大早的飞机而设定的时间忘记被取消，这让我对酒店的好感顿时烟消云散。"

——一位"一年中有超过 100 个夜晚在酒店度过"的商务客人

酒店客人大部分时间是在客房度过的，因此，客房服务质量在很大程度上反映了酒店的服务质量。服务质量管理是客房管理的三大任务（服务、卫生、安全）之一。客房部应努力为客人提供方便、舒适、热情、主动、高效、个性化的服务。

学习目标

了解客房服务工作的组织模式。
了解客房服务项目及其服务规程。
认识个性化服务的重要性和了解客房部提供个性化服务的思路。
掌握提高客房服务质量的途径。
学会客房服务和管理中常见问题的处理方法。
了解客人遗留物品与租借物品的管理方法。

关键词

房务中心 housekeeping center　　服务质量 quality of service
遗留物品 lost & found　　　　　　服务项目 service item
个性化服务 personalized service

经理的困惑

客人的要求合理吗？

入住××酒店1808房的客人张先生昨天登记时提出需要酒店今天早上7点钟叫醒他，以免贻误飞机。早上7点整，房务中心文员小孙根据前台下达的morning call通知单，准时给张先生打叫醒电话。可能是张先生旅途劳累，睡得太沉，打了几次都没人接，于是，小孙便通知楼层服务员前去敲门提醒。楼层服务员来到房门口，看到门上悬挂着"请勿打扰"牌，便一声不响地回到了自己的岗位。

8点多钟，客人一觉醒来，发现已经耽误了航班，不禁大发雷霆，马上向大堂副理投诉酒店叫醒服务不及时、不到位，给他造成了经济损失，要求酒店赔偿。作为客房部经理，我该怎么办？客人的要求合理吗？

酒店经理人的答复
▼

客人的要求合理吗？

第一节　房务中心的管理

客房部除提供客房清洁、整理服务外，还需提供宾客入住客房期间所需的其他服务，这就是对客服务。一般而言，清洁服务并不直接面向宾客，而对客服务大多直接面向宾客。因此，提供高质量的对客服务是让宾客对酒店产生良好印象的重要契机。

房务中心是客房部管理中心，也是客房部对客服务中心。

一、房务中心的职能

房务中心的主要职能如下。

（一）信息处理

凡有关客房部工作的信息几乎都要经过房务中心的初步处理，以保证有关问题能及时得到解决或分拣、传递。

（二）对客服务

由房务中心统一接收服务信息，并通过对讲机、手机等现代化手段，向客房服务员发出服务指令。即使房务中心不能直接为客人提供有关服务，也可以通过调节手段来达到这一目标。

（三）员工出勤控制

所有客房部员工的上下班都要到此签到，这不仅方便了考核和工作安排，还有利于加强员工的集体意识。

（四）钥匙管理

客房部所使用的工作钥匙都集中于此签发和签收。

（五）失物处理

整个酒店的失物都由房务中心负责，这大大方便了失物招领工作的统一管理，提高了工作的效率。

（六）档案保管

房务中心保存着客房部所有的档案资料，并必须做及时的补充和更新整理，这对于保持有关档案资料的完整性和连续性具有十分重要的意义。

为了及时了解和处理客房服务和管理中随时出现的各种问题，掌握宾客和员工的动态，客房部管理人员，特别是主管，应将自己的办公室设在房务中心内。一些客房主管将自己隔绝起来,根本不管每天发生什么事情,也不知道宾客、员工出现的各种各样的问题,不利于管理工作。

二、房务中心的运转

(一) 房务中心员工的岗位职责

(1) 接听电话,随时回答客人的提问,满足客人的要求。
(2) 负责客房钥匙的收发。
(3) 负责各组的签到。
(4) 协助客人借还接线板、吹风机。
(5) 随时接收、登记与包装遗留物品并每月清点上报客房部经理。
(6) 管理各种表格。
(7) 向工程部提出维修请求。
(8) 记录酒水使用情况。
(9) 分派鲜花、送洗地毯。
(10) 做好开门情况的记录。
(11) 接听电话,完成上级交给的各项任务。
(12) 负责房务中心的清洁工作。
(13) 做好各种交接及一切工作记录。

(二) 房务中心的主要工作

房务中心 24 小时为客人提供服务。可设一名领班或主管负责日常事务。房务中心每天三班倒,根据酒店规模的大小和客房数量的多少设置岗位人数,以接听电话及处理相应问题。

另外,从某种意义上讲,房务中心的主要工作是接听客人有关客房服务需求的电话。因此,在房务中心工作的员工必须具备话务员的素质,能够用礼貌、悦耳的声音来接听客人电话,回答客人问询。否则,必将影响服务质量,损坏酒店的形象。

 经典案例

"你的声音听上去太硬……"

(刘郑红)

今年五月,因为身体的原因我从楼层调到了房务中心工作。初来房务中心时,我想自己已经在楼层工作五六年了,而且房务中心也是客房部的,应该没什么问题。谁知,没多久主管就找我谈话了,非常委婉地对我说:"房务中心虽然只有简单的三部电话,但却像窗口一样反映了整个客房部的精神面貌,声音的把握和调节非常重要。你的声音听上去太硬、太直了。回去调整一下好吗?"

初听主管的话,我心里还挺疑惑,觉得不可能吧!因为自我感觉蛮好的。回到家以

后,我利用手机的呼叫拨号功能,把声音录下来听了一下。天哪,竟有一些"大老爷们"的感觉。知道自己的问题后,我就在业余时间利用手机不停地练习与调整。慢慢地我从中总结出了一些心得:①如果音调过高,会给人不成熟及情绪冲动的印象;②声音太弱,会给人不肯定的感觉;③语速过快,会降低人们的重视程度;④发出呼吸声,会让人有不稳重的感觉;⑤粗声粗气,会给人粗俗之感;⑥语调末尾上扬会给人信心不足、有恳求他人的感觉;⑦声音颤动(有时因呼吸不规律而造成)会让人误以为紧张或害羞。

而要想克服以上的问题,就要注意:①音调适中,不可过高或过低;②声音浑厚,不要很轻、很弱;③说话清晰,要毫不含糊;④要有节奏感,不单调。

当把这些心得运用到工作中以后,我再去询问主管的意见时,我从主管的微笑中已经知道了答案。

三、房务中心与各部门的沟通和协调

(一) 沟通和协调的原则

房务中心是客房部的"控制指挥中心",很多工作内容需要与各部门的各个岗位进行沟通和协调。

房务中心与其他部门、岗位的沟通和协调应遵循以下原则。

1. 与对方无法沟通和协调时,应向其上一级主管沟通

当需要沟通和协调的对象无法沟通和协调,如服务员通知不到、信息阻塞或中断时,应与上一级领班沟通和协调,领班无法沟通和协调时,再与更上一级主管沟通和协调,以此类推,直到沟通和协调有效为止,并且要说明与更上一级沟通的原因,以免双方误会(与其他部门沟通也一样)。

2. 与对方沟通和协调时,提供必要的帮助

沟通和协调前,要尽量掌握对方的职责能力,并提供必要的帮助,以防对方事情处理不妥而引起麻烦。

3. 保持良好的态度,心平气和,有耐心

无论任何情况,沟通和协调的态度必须心平气和、有耐心,尽量多用"请"字、"谢"字和用商量的口吻,即使对方不耐烦、态度不好,也不要受其感染,仍然要保持冷静,以免事情向不好的一面发展。

4. 遇到沟通障碍时,先解决问题,不可推卸责任

遇到沟通和协调的事情难以分清责任时,要先尽力解决,后报告上级进行区分,千万不要在有能力处理的情况下不处理或推卸责任。

(二) 沟通和协调的艺术

房务中心协调和沟通的对象很多,沟通讲究的是迅速、愉快。如何才能做到这两点呢?

首先,房务中心员工要把自己当作一名内务公关人员来看待。面对各色各样的人,为了达到沟通愉快、有效的目的,就得采取不同的应对手段。很多酒店的房务中心员工

不要说有什么手段，其自身的心理素质这道门槛还没有跨过，害怕、畏缩、妒忌、不服气、不愿受委屈、喜欢斗气、相互攻击、出言不逊、不耐烦、易受不良情绪感染等心理不健康因素还未能解除，房务中心管理人员应该鼓励房务中心员工平时多看一些自助、励志方面的书籍、资料，把沟通、协调的对象当客户看。

其次，要学习酒店的公关人员为了客户或相关人员的沟通顺畅、愉快，而采用了哪些基本、必要的公关手段，掌握这些手段，即便今后离开此岗位，也会对自身的人际交往大有裨益。

(三) 沟通和协调的内容与方法

1. 房务中心与楼层的沟通和协调

房务中心与楼层同属客房部管理，相互之间沟通和协调更是频繁、紧密。日常工作除了自身要提供直接信息给楼层，还要充当其他部门为楼层传递信息的"二传手"。具体而言，房务中心通常有以下事项须与楼层沟通和协调。

(1) 要获得楼层实际房态时：发现前厅部与房务中心电脑房态有差异时可呼叫楼层领班或服务员亲临房间进行检查核实。

(2) 客房维修、保养时：客房的工程维修事项、地毯清洗及各类坏房不能开出时，要详细记录，并通知相关人员前往处理（维修事宜下单通知工程部维修，地毯、沙发清洗通知 PA 部领班处理）。

(3) 前厅部向房务中心报 C/I、C/O 时：要立即记下对方工号、房号、时间并立即通知楼层，不得延误。在办理 C/O 时则要根据时间做相应的跟踪、跟催工作。

(4) 客房有遗留物品、损坏事项时：如果客人未离开酒店，应立即通知前厅部派人至楼层将物品拿到前台交予客人，不可延误并做好记录。如果客人已离开酒店则应立即通知领班交到房务中心登记保管，有损坏事项时，须立即记录并通知领班前往处理。

(5) 收到客人服务信息时：要问清客人地点、房号、姓名、要求，并立即做好记录；马上通知该区域服务员提供服务；在规定的 3~5 分钟内需再确认一次此服务是否完成。

(6) 接到会议订单时：要根据订单时间、级别、要求、人数等通知楼层领班做好茶水（茶杯、杯垫、纸杯、纸巾、茶叶、茶壶、托盘、电热水壶）及派员准备，通知 PA 领班做好卫生、台、椅、派员等准备，会议结束时，要提醒领班检查会场。

(7) 接到 VIP 入住及特殊人员入住时：要通知楼层领班了解信息，按要求派发鲜花、水果、赠品并及时做好检查、迎送、布置等工作。

(8) 天气变化，大风、阴雨、潮湿、闷热时：刮大风及下雨时要提醒楼层员工关窗，提醒领班到酒店外围观察、检查住店客人的窗户及外挂物，并及时做好相关布置工作。

(9) 上级有关指令需通过房务中心传达到楼层时：应立即做好记录，通知到楼层员工和领班予以执行。

(10) 为楼层发放酒水时：要下午 3 点准时通知楼层领班到前台收银处拿酒水单，然后由楼层领班到楼层酒水仓将酒水单上所消耗酒水领取、发放到各楼层，房务中心收回酒水单做当日酒水统计时，要进行核对。

2. 与前厅部的沟通和协调

(1) 房务中心接到前厅部各类订单时：预览订单、表格上各个项目是否填写完整，了解各类注意事项后,在订单、表格上签名,并写上签名时间,然后归类挂在信息板上,根据时间、日期做好提示、布置。

(2) 到前厅部为客人查询遗留物品时:迅速查阅遗留物品登记本,根据客人反馈的时间、品名、特征,检索登记本上的结果,如果检索到有此客人描述的物品,则按遗留物品处理程序进行处理;如果没有检索到此客人描述的物品,应请客人稍等一下,向其他人员(如楼层领班、员工、主管)了解情况;若确实没有,则应向主管报告,同时请客人留下联系电话,待次日把主管的处理结果反馈给客人。

(3) 接到前厅部送来的文件、资料时:清点数量并检查是否分类,然后签上时间、名字以示签收;在规定的时间内若没送来,应跟进并问明原因。

(4) 收到前厅部送来房务中心需中转给客人的物品时:检查中转单上的物品名称、数量、双方客人姓名、留言、资料是否齐全,与实物是否相符,核实无误后签收、暂存(不明物品及违禁物品一律不得转递、暂存),再根据中转单上的资料、时间通知领班做相应的转递处理。如果在注明的时间内未能中转到指定方,则应立即反馈到前厅部,由前厅部联系客人请示意见。房务中心对中转三天内无结果的,要暂存登记到客人的遗留物品簿,以便追溯并记下时间、工号、序号及有关内容。对于 VIP 鲜花、水果的派送也属中转之例,应及时通知领班、主管跟进。

(5) 前厅部向房务中心报 C/O、C/I 时:要求向对方重述房号、工号,以免听错,然后迅速通知楼层,若在规定的时间内(3 分钟)楼层没完成,则必须重催、跟进,以免耽误客人时间。

(6) 接到入住紧张需要赶房的信息时:要立即与楼层领班沟通,反馈房态情况供前厅部参考,并通知主管,组织人力跟进。

3. 与 PA 部的沟通和协调

(1) 调拨、借送较多、较重物件时:呼叫 PA 领班提供协助,并告知对方沟通对象、地点、时间、所需人力等情况(此情况暂限于客房部本部)。其他部门有此情况需要协助时,可告知对方同本部门主管、经理沟通和协调。

(2) 楼层及其他部门报洗地毯、沙发时:做好专用记录,把地点、性质转告 PA 领班,经 PA 领班确认后,回复对方处理时间和需要协助的有关事项。

(3) 接到有关区域来电求清洁的信息时:了解对方人物、地点、事物性质并做好记录,立即把详情通知 PA 领班做好准备派员前往处理。若中班无领班,先通知楼层领班跟进,再直接通知 PA 服务员到达现场。

(4) 有会议接待、团体用餐,以及上级来店检查、督导时:有会议接待时,提前通知 PA 领班按要求摆设台椅、备齐用品(如台布、围裙),做好洗手间和会场卫生;团体用餐时则提醒餐厅洗手间储水、重点清洁;上级来店检查、督导时,应提前提醒 PA 领班尽快做好各岗位清洁卫生工作,做好检查、完善工作,做好重点岗位(大堂、外围、洗手间等)巡查、保洁工作。

4. 与工程部的沟通和协调

(1) 有会议接待时:根据会议要求,检查灯光及各种设备,通知工程部调试音响、麦克风,调试视听设备,悬挂横幅,开启空调设备,以保会议召开期间设备运转正常。

(2) 客房部维修项目:客房的维修项目,影响开房的要在当班时间内跟踪并提醒领班跟进后转 VC 房。让工程部尽快处理并报告主管，以免维修房过夜。住客房产生的维修，要第一时间通知楼层领班和工程部前往查看维修处理；不能在短时间内解决的，要征求客人意见与前厅部协商是否换一间客房，尽力满足客人。其他公共区域的维修要及时传达到工程部，做好记录和跟踪。

5. 与餐厅的沟通和协调

（1）有会议接待时：有些会议安排餐厅服务员或大堂吧服务员提供茶水服务，借用围裙、台布等布置用品。房务中心要提前通知餐厅管理人员做好物品及派员准备。在会议召开期间员工用餐及离岗时一定要通知楼层领班或主管调配人员顶替，方可让其离岗。

（2）接到客人要求送餐的电话时：在餐厅营业时间内先建议客人参考服务指南中的点餐单，若没有合意的餐食，则可了解客人房号、姓名，请客人稍等，说明马上派人为其点餐，并做好记录。立即打电话到餐厅，由餐厅致电或派服务员到房间为客人点餐。5 分钟内再致电餐厅咨询此事是否办妥，客人用餐后立即通知餐厅服务员前去收餐具（无餐厅服务员时可安排楼层服务员收餐具）。如果客人未通知收餐具，应在送餐后的 1 小时左右，致电该客人，询问什么时候方便可以进去收餐具。尽量在客人用餐后收拾餐具、残羹，以防食物过夜产生异味而影响环境。

6. 与保安部的沟通和协调

（1）接到楼层有醉酒客人的通知时：无论醉酒客人在过道上，还是在客房内，都应在接到此信息的第一时间把情况告诉保安部，由保安部派人到楼层协助楼层服务员和领班处理问题，保障员工的职业安全和客人安全。加强巡视，以及预防破坏、消防事故发生。

（2）接到楼层有闲杂人员逗留或房间内有聚会，人员过多或嘈杂的投诉时：通知保安部派人至该区域了解情况，对闲杂人员或嘈杂声要及时制止；房内聚会、人员过多要重点巡视管理，了解情况，防止安全事故发生。

（3）深夜有客人叫女服务员进房服务时：在通知服务员的同时要通知保安部立即派人陪同服务员前去服务，服务员进房时，保安员可在门外观察，遇有客人关门而服务员仍在房内时，要婉言制止不让关门。服务员服务完毕后，方可让保安员离开。

7. 与财务部的沟通和协调

（1）酒水统计报表与房态表：每天上午 10 点前房务中心核实这两项报表并呈送财务部，对于财务审计出的问题，要认真解答并找出原因给予修正。

（2）请购物件和领料时：请购单要列明物品的规格、生产商、数量、使用部门。对于可能混淆的物品，要在备注栏内说明清楚，并与采购沟通讲明；对于三天内未购回的急用物品，要询问原因并上报本部门经理，以免误事。

（3）物资、酒水报损事宜：食品酒水即将过期时提前一个月撤出，提醒楼层每月 1 号到 3 号做此项工作，过期未撤出报损的，由楼层负责按进货价认购。物资破旧不能用时，每月 5 号前集中填写报损单，经部门经理核实并签署后交副总经理认可，然后由财务派人鉴定，对报损后另作他用的应打上"已报损"标志，并与其他物资分开，以免混淆。报损后作为废品处理的，在盘点报表相应栏进行消数处理。

经典案例

叫醒失误的代价

小杨是刚从旅游院校毕业的大学生,分配到某酒店房务中心是为了让他从基层开始锻炼。今天是他到房务中心上班的第二天,轮到值夜班。接班没多久,电话铃响了,小杨接起电话:"您好,房务中心,请讲。"

"明天早晨5点30分叫醒。"一位中年男子沙哑的声音。

"5点30分叫醒,是吗?好的,没问题。"小杨知道,叫醒虽然是总机的事,但一站式服务理念和首问负责制要求自己先接受客人要求,然后立即转告总机,于是他毫不犹豫地答应了。

当小杨接通总机电话后,才突然想起来,刚才竟忘了问清客人的房号!再看一下电话机,把他吓出一身冷汗,这部电话机根本就没有号码显示屏!小杨顿时心慌,立即将此事向总机说明。总机称也无法查到房号。于是小杨的领班马上报告值班经理。值班经理考虑到此时已是三更半夜,不好逐个房间查询。再根据客人要求一大早叫醒情况看,估计十有八九是明早赶飞机或火车的客人。现在只好把希望寄托于客人也许自己会将手机设置叫醒。否则,只有等待投诉了。

早晨7点30分,一位睡眼惺忪的客人来到总台,投诉说酒店未按他的要求叫醒,使他误了飞机,其神态沮丧而气愤。早已在大堂等候的大堂副理见状立即上前将这位客人请到大堂咖啡厅接受投诉。

原来,该客人是从郊县先到省城过夜,准备一大早赶往机场,与一家旅行社组织的一个旅游团成员汇合后乘飞机出外旅游。没想到他在要求叫醒时,以为服务员可以从电话号码显示屏上知道自己的房号,就省略未报。

酒店方面立即与这家旅行社联系商量弥补办法。该旅行社答应让这位客人可以加入明天的另一个旅游团。不过今天这位客人在旅游目的地的客房预订金380元要由客人负责。接下来酒店的处理结果是为客人支付这笔预订金,同时免费让客人在本酒店再住一夜,而且免去客人昨晚的房费。这样算下来,因为一次叫醒失误,酒店经济损失共计1380元。

(资料来源:陈文生《叫醒失误的代价》,中国旅游报,2005-06-29。)

点评:

因为一次叫醒的失误,酒店竟为此付出1380元的代价,可谓:花钱买教训!

由本案例得出的教训和应采取的改进措施有以下三点:

一是缺乏岗前培训(或培训不到位)。所有新入职的员工,都应该接受部门安排的严格的入职培训,使其掌握部门服务程序、操作标准和规范。

二是所有新手上岗,都应当由老员工或领班带教一段时间,关注他们的工作情况,包括哪怕接一次电话的全部过程。比如与客人对话是否得体、完整,是否复述,是否记录,等等。必要时要做好"补位"工作。

三是所有接收客人来电的电话机都必须有来电显示屏,并有记忆功能。这样既利于提高效率、方便客人,也可防止类似事件的发生。

第二节 客房服务项目及其服务规程

楼层对客服务主要集中在两个环节:一是客人住店期间的服务;二是客人离店时的服务。

一、客人住店期间的服务项目及其服务规程

(一)客房小酒吧(mini bar)服务

为了方便客人,大部分酒店都在客房内安放了冰箱,一些高档酒店还在客房内设有小型吧台,向客人提供酒水和一些简单的食品(见图5-1)。

图 5-1 客房小酒吧(刘伟 摄)

为了加强对这些食品和酒水的管理,酒店应设计一份记有冰箱内(或吧台上)食品、酒水的种类、数量和价格的清单(见表5-1),并要求客人将自己每天吃过的食品、饮用的酒水如数填写。酒水单一式三联,第一、第二联交结账处作为发票和记账凭证,第三联作为补充酒水、食品的凭证。

客房服务员每天早晨对其进行盘点,把客人实际饮食用的数目通知前台收银

(cashier)处,随后,对冰箱中所缺酒水、食品予以补充。

提供客房小酒吧服务时,客房服务员应注意以下事项。

(1) 如发现客人使用过小酒吧,应核对客人新填的酒水单。

(2) 如客人填写有误,应注明检查时间,待客人回房时,主动向客人说明并更正;如客人没填写,应代客补填并签名和注明时间。

(3) 如客人结账后使用了小酒吧,应礼貌地向客人收取现金,并将酒水单的第一联作为发票交给客人,收取的现金连同酒水单的第二联记账凭证及时交给结账处。

(4) 领取和补充小酒吧的酒水和食品时,要检查酒水、食品的质量和保质期。

表 5-1　客房迷你吧酒水单

姓名:＿＿＿＿＿＿　　房号:＿＿＿＿＿＿　　日期:＿＿＿＿＿＿

数量	品名	价格/元	消耗数量	金额/元
2	Martell VSOP　金牌马爹利	28.00		
2	VSOP Remy Martin　VSOP 人头马	28.00		
2	JW Black Label　黑牌威士忌	38.00		
2	JW Red Label　红牌威士忌	38.00		
2	Gordon's Dry Gin　哥顿毡酒	28.00		
2	Grant's　格兰威士忌	38.00		
2	Imported Beer　进口啤酒	15.00		
2	Juices　各式果汁	8.00		
2	Coca Cola　可口可乐	8.00		
1	Sprite　雪碧	8.00		
2	Watsons Water　屈臣氏蒸馏水	8.00		
2	Chocolate　巧克力	20.00		
4	Mineral Water(Imported)　进口矿泉水	20.00		
1	Local Beer　本地啤酒	8.00		
2	Wine　葡萄酒	25.00		

第一联:客户(白)　第二联:前厅(红)　第三联:存根(黄)

Plase indicate daily the number of items you have consumed and kindly sign this form and leave it on your mini bar. The amount will be added to your room account.

请将您每天消费的饮料记入本账单并把账单放在吧台上,收费金额将记入贵账户。

＿＿＿＿＿＿＿＿＿＿　　　　　　　　　　　　＿＿＿＿＿＿＿＿＿＿
　　客人签名　　　　　　　　　　　　　　　　　客房服务员签名

（二）房膳服务（room service）

房膳服务在欧美国家旅馆业中称为"room service"，它是指应客人的要求将客人所点的餐食送至客房的一种餐饮服务。常见的房内用餐有早餐、便饭、病号饭和夜餐等项目。

提供房膳服务时，酒店要设计专门的房膳服务餐牌，摆放在床头柜或写字台上，上面标明房膳服务电话号码。另外，提供房膳服务，通常要收取20%~30%的服务费。

房膳服务的方式有好几种。在一些大型酒店里，这项服务是由餐饮部负责的，餐饮部设有房膳服务组，由专职人员负责提供房膳服务，在另外一些酒店里，房内用餐则是由餐厅服务员送到楼层，再由楼层服务员送进客房，采用这种服务方式的酒店，要求客房服务员必须熟悉菜单，并掌握一定的餐厅服务技能。

房内用餐可以用托盘提供，也可以用餐车送上（见图5-2），这要视所送餐食的多少而定，如用餐车送餐，要小心谨慎，以免因地毯不平或松动而翻车。另外，送餐时必须要保温、保冷和保持用具的清洁卫生。

提供房膳服务时，要注意及时将客人用过的餐具和剩物撤出（一般在1小时后，征得客人同意后撤出），以免影响房内卫生和丢失餐具，收东西时，要注意清点餐具并检查有无破损，同时还要注意随手更换烟灰缸、玻璃杯，擦净桌上的脏东西，以保持房内清洁。最后，用餐完毕，不要忘记请客人在账单上签名。

图5-2　珠海来魅力假日酒店为客人提供的房膳服务（刘伟　摄）

（三）洗衣服务（laundry service）

大型酒店一般都设有自己的洗衣房。

酒店向客人提供的洗衣服务，从洗涤方式上讲，有三种类型：干洗（dry cleaning）、水洗（laundry）和熨衣（pressing）。其中，干洗的一般是一些高档衣料以及毛织品、丝织品等。从洗涤速度上，可以分为普通服务（regular service）和快洗服务（express service）两种，每种服务都要在规定的时间内完成，普通服务一般在早上9点以前收取衣服，当天送回，快洗服务则要求收到客衣后3~4小时内洗完送回，由于快洗服务会为洗衣房的工作带来不便，因此，一般要加收一倍的服务费。

无论是干洗、水洗还是熨衣，也不管是普通服务还是快洗服务，都要求客人预先填好洗衣单（见表5-2）。

表 5-2　洗衣单

laundry 水洗　　dry cleaning 干洗　　pressing 熨衣

for services please touch 3（洗衣请按内线 3）			
room number 房号	name 姓名	signature 签名	
	date 日期	time 时间	A.M./P.M. 上午/下午
special instructions 特别指示			
□same day service: collected by 11:00 delivered on same day □普通服务: 上午 11 时前收取的衣物即日可送回	□express service (4 hours): latest collection by 14:00 delivered on the same day, 50% surcharge □加快服务(4 小时): 下午 2 时前收取的最后的衣物，即日可送回，50%附加费	□pressing service (1 hour): pressing is available from 7:00 to 18:00 □熨衣服务: 早上 7 时至晚上 6 时收衣 1 小时内送回	□overnight pressing returned by 8:00 □隔夜熨衣于早晨 8 时归还
guest count 贵客点数	hotel count 酒店点数	laundry items 水洗项目	price/RMB 价目/元	shirts return 恤衫交回	□on hanger 挂起
		normal shirt 普通恤衫	26		□starch 浆
		blouse 女装恤衫	26		□folded 折叠
		sport/T-shirt 运动衣/T 恤	20	plus 15% surcharge 加 15%服务费	
		jacket 外套	38		
guest count 贵客点数	hotel count 酒店点数	laundry items 水洗项目	price/RMB 价目/元	amount 金额	
		dress 连身裙	43		
		skirt 短裙	26		
		pants/jeans 西裤/牛仔	32		
		shorts 短裤	20		
		pyjamas(2pcs) 睡衣裤(二件/套)	26		
		night gown 睡袍	26		

续表

guest count 贵客点数	hotel count 酒店点数			
		undershirt 内衣	12	
		underpants 内裤	12	
		socks/stockings (pair)短/长袜(对)	8	
		handkerchief 手帕	8	
		dry cleaning/pressing items 干洗/熨衣项目	price/RMB 价目/元	
			dry cleaning 干洗	pressing 熨衣
		suit(2pieces)西装(二件/套)	78	42
		jacket/coat 外套	48	26
		slacks/pants 西裤	32	16
		shirt/blouse 恤衫	32	16
		skirt 短裙	32	16
		skirt(full pleated)有褶短裙	62	36
		dress 连衣裙	68	36
		dress(evening)/tuxedo 晚礼服	85	45
		vest 背心	20	10
		sweater 毛线衣/羊衣衫	38	16
		tie/scarf 领带/领巾	16	10
		overcoat/long coat 大衣	88	36

Remarks：
(1) Should the list be omitted or not itemized, the hotel count will be taken as correct.
(2) All laundry/valet/dry cleaning, is accepted by the hotel at the owner's risk. While the utmost care will be exercised by the hotel, the liability of the hotel is limited to ten times the value of the laundry/valet/dry cleaning charges. The hotel shall not be responsible for any further loss or damage howsoever arising.
(3) Shirts will be folded and blouses will be on hanger unless otherwise requested.

说明：
(1) 如客人未填写衣物数量,将以本酒店所计数量为准。
(2) 本酒店在正确的洗涤操作下若造成衣物的任何损坏,最高赔偿额不超过衣物洗熨单价的10倍。衣物上的装饰品和衣兜里的物品损坏或遗失,酒店概不负责。
(3) 送衣时,除有特殊要求外,男装衬衫将以折叠方式送回,女装衬衫将挂架送回。

洗衣单可置于写字台上或与洗衣袋一起放在壁橱里,客人有洗衣需求时,要在上面注明自己的姓名、房号、日期、所需洗涤各类服装的件数,并标明要求提供普通服务还是快洗服务。服务员进房收取衣服时,要仔细核对表中所填需洗涤衣服的数目是否与客人放进洗衣袋的衣物相符,同时检查一下口袋内有无物件,有无脱线、严重污损、褪色、面料不堪洗涤等情况,发现问题时应向客人指明,并在洗衣单上注明。

为了避免一些麻烦,酒店方面还应在印制的洗衣单上注明在洗涤过程中出现某些情况时的处理方法,如关于洗涤时客衣缩水或褪色的责任问题以及如出现洗坏或丢失情况时的赔偿问题(按国际惯例,赔偿费一般不超过该衣物洗涤费的10倍)。鉴于很多客人待洗衣服的价值远远超过洗涤费的10倍,如衣服损坏或丢失,按洗涤费的10倍进行赔偿远远不能弥补客人的损失,酒店可考虑推出"保价洗涤收费方式",即按客人对其所送洗衣物保价额的一定比例收取洗涤费。

洗涤干净、熨烫平整的客衣送回时,应根据洗衣单存根联仔细核对清楚,比如衣物的件数、房号、客人姓名等。随后,将客衣送至客房,请客人查收,待客人清点检查清楚后再离房,并向客人道别。最后,在存根联上注明送衣日期、时间并签名。

(四)托婴(baby-sitting)服务

住店客人外出旅游时,带婴幼儿有时会感到不方便,为了解决这个问题,很多酒店都为住店客人提供托婴服务,客人外出或有商务应酬时,可以把婴幼儿交托给客房部,由客房部委派专人照管(或由客房女服务员兼管),并收取适量服务费。

照看婴幼儿时要注意按客人的要求进行,不要随便给婴幼儿吃东西,尤其要注意婴幼儿的安全。

(五)擦鞋及其他服务

高级酒店一般都为客人提供擦鞋、钉纽扣和缝补等服务,以此为客人提供方便,并提高服务质量。

客人需要擦鞋服务时,会将鞋放在壁橱内的鞋筐内(或打电话到房务中心),服务员做房时,应将鞋筐里的鞋子收集起来,并在擦鞋服务单上写清房号。擦完后,按房号将鞋子连同鞋筐放回客人房门口或壁橱内。

图5-3 带电话功能的固定式
　　　充电器(刘伟　摄)

另外,若遇雨雪天气,客人外出归来,鞋子上易沾有泥泞,此时,服务员应主动要求帮客人擦鞋,这样做不仅会使客人满意,还可以避免弄脏酒店和房内地毯。

(六)手机充电服务

在当代社会,手机已经成为人们的生活必需品,酒店为客人提供手机充电服务已经成为酒店必不可少的服务项目。

为了方便客人,同时也为了节省为客人送充电器的人工费用,酒店的最佳选择是在客房内直接放置能为各主要品牌手机提供充电服务的手机充电器,这样既无须客人等待,又无须安排服务员或机器人为客人送充电器到客房。

为了防止一些客人带走手机充电器,给酒店造成损失,酒店可在客房提供固定式充电器(见图5-3)。

（七）叫醒服务

叫醒服务通常由酒店总机房话务员（或房务中心文员）提供，但在很多情况下，当话务员叫醒无效时，客房部应通知楼层服务员上门叫醒。

二、客人离店时的服务规程

客人离店时的服务规程包括以下三个方面。

（一）客人离开楼层前的准备工作

（1）确切了解客人的离店时间。

（2）检查客人有无委托代办事项，是否办妥，该送总台的账款单是否已结清，以免错漏。

（3）如有清早离店的客人，要问清是否需要准备早餐，是否需要叫醒。

（4）如客人要求代办行李员搬送行李，应问清何时搬送以及行李件数，并立即通知前厅部行李组做好准备。

（二）客人离开楼层时的送别工作

（1）客人出房时，服务员应向客人微笑道别，并提醒客人是否有遗忘物品。

（2）服务员要为客人按电梯铃，当电梯到达楼面时，应用手挡住电梯活动门，请客人先进入电梯并协助行李员将行李送入电梯内放好。

（3）当电梯门即将关闭时，服务员要面向客人，微笑鞠躬告别，欢迎客人再次光临并祝旅途愉快。

（三）客人离开楼层后的检查工作

（1）客人离开楼层后，服务员应迅速入房仔细检查。

（2）如发现客人离房前饮用过小酒吧的酒水，应立即告知结账处，并将酒水单送至前台。

（3）同时检查房间物品有无丢失、设施设备有无损坏，如有则应立即报告大堂副理，以便及时妥善处理。

（4）如发现客人有遗留物品，应立即追送，如来不及，应按有关程序处理。

（5）做好离店客人情况记录，送客房部存档备查。

三、遗留物品与租借物品管理

（一）遗留物品管理

客房部要负责登记客人遗留物品的拾获情况、处理情况、认领情况（见图5-4）。

（二）租借物品管理

除了遗留物品，客房部还要负责登记客人租借物品及归还情况（见图5-5）。

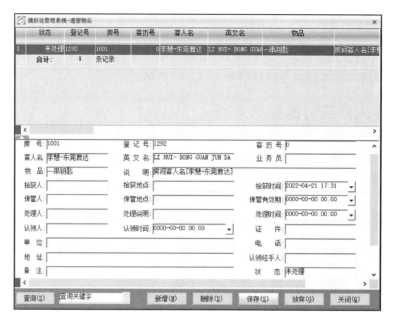

图 5-4　遗留物品管理

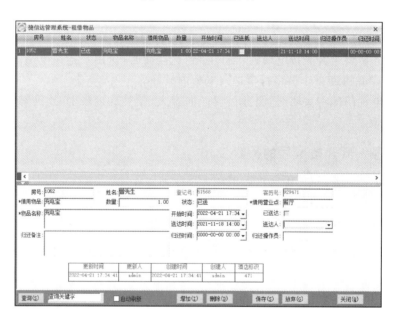

图 5-5　租借物品管理

租借物品通常由房务中心统一管理,客房部为客人提供的租借物品通常包括以下内容(见表 5-3)。

表 5-3　客房租借物品

茶具(tea set)	吹风机(hair dryer)
电熨斗(iron)	剪刀(scissors)
烫衣板(ironing board)	指甲刀(nail-clippers)

续表

充电器(charger)	各类枕头(pillow),如软枕头、荞麦皮枕头等
转接器(adaptor)	活动衣架(hanger)
插座(socket)	音箱(sound box)

 经典案例

我在丽嘉酒店提供房膳服务

我上班不久,订单便接踵而至,今夜的任务似乎异常艰巨,尤其是一位服务生没有打电话解释一下就不来上班,这让我们有点措手不及。斯蒂芬和我开始为一位重要客人准备水果盘。这时,我们发现一位服务生在房间里检查煤气壁炉是否出现什么问题。当我们返回厨房时,我对斯蒂芬说应该找一位工程师进行检修,以确保壁炉安然无恙。对于自己能够想到这一点,我略感欣慰。不过,对于当晚稍后出现的一个问题,我未能做到尽职尽责。

其间,某位客人订购了一些开胃小吃、一碗汤、半瓶价格相对价廉的酒水。由于知道我曾有过开瓶失败的经历,斯蒂芬认为,这对我而言是一个大好机会,我可以借此练习开启酒瓶。为保险起见,酒吧侍者建议我事先用一瓶自酿葡萄酒进行演练。当我成功地开启了酒瓶之后,斯蒂芬和我便朝客人房间走去。

"哈哈,两个人来就为送一碗汤!"客人说道。这是一位女士,也是本酒店的常客。

"坦率地说,我们中有一位正在接受培训,请您猜猜是哪一位。"我笑着说,揣摩着自己的诙谐能否恰如其分地体现出一种从容。随后,我一边开启酒瓶一边和她聊起她的孙子。她品了品酒,然后我为她倒了满满一杯,并向她介绍送来的各种餐饮。对于自己所做的一切,我有些洋洋自得。就在这时,这位女士对我们说:"你们当中正在接受培训的这一位,盘子和银器不应该放在桌子中央,这样客人用餐时够不着。"她说得对,等我展开桌面拼板,她的晚餐就会距离其座椅超过一臂之遥了。我对此表示歉意,并迅速进行了相应调整。

我的第一次独立送餐在不知不觉中到来,这是我一直期待的重要时刻。通常,新员工在独立送餐之前应接受一段时间的培训。但由于订单堆积过多,而斯科特和迈克尔正在餐厅里负责为歌唱家艾尔萨·凯特举行75周岁生日宴会做准备,我必须独立为客人送餐。当然,对此我很乐意。仅仅是一份简单的汉堡包而已,我成功地将其送至一位身着牛仔服、赤着脚,非常和蔼的客人那里。这一次,我记得将他的餐盘放在适宜的位置。

下楼途中,我发现大厅里有一位客人茫然地站在那里,便走上前询问:"您好,请问能为您效劳吗?"

客人用结结巴巴的英语问道:"请问投币电话机在哪里?"幸好我非常清楚电话机的位置,便将客人带到电话机旁,而不是仅仅为客人指一指方向。客人高兴地说:"谢谢你!""别客气。"我回答道,一种为客人提供帮助的自豪感油然而生。这时,我突然想起,丽嘉酒店的首选回答方式是"愿意为您效劳"。看来,我还有许多东西要学。

随着订单像雪花一样纷纷而至,我正式开始独立承担送餐任务。其中大部分任务我都顺利地完成了。但是,当我为一位年长的绅士送餐时,我手忙脚乱,简直像围着客人跳了一圈舞。首先,我走到客人面前,以便为他让开床边的狭窄过道;其次,他走到桌子旁边签单时我又绕到他身后;最后,当我离开时,我意识到自己在给客人单据时没有给客人笔,客人是用自己的笔签的名,而我现在正拿着客人的笔离开房间,为此我又折回去,伸手将笔递给客人。完成这场"双人舞"后,我深深地鞠了一躬。

斯蒂芬不在身边跟着,心里又异常兴奋,于是我接受了马利安的指示,独自送一份相对复杂的东西,其中包括半瓶葡萄酒。当我到达客人房间时,面带倦意、身着西服、脚穿短袜的客人声称自己记得是订了一整瓶酒。我知道此时此刻进行过多解释无济于事,很明显他只想马上喝下第一口葡萄酒。尽管他可以先吃色拉,但牛排很快就会凉了。

于是,我火速下楼取了一整瓶酒,并且途中一直在思考如何对客人加以补偿。是否应该为其免费提供这瓶酒?我觉得自己没有这个胆量。我在走廊内匆匆咨询了另一位服务生帕特里克。我问道:"我还能做些什么来弥补过错?"帕特里克认为,如果客人没有订购甜点,可以免费送他一份。但是,他补充说:"道歉就足够了。"

带着整瓶酒返回客人房间的途中,我遇到了斯蒂芬,他提议与我一同前往客人房间开启酒瓶。我婉言谢绝了,因为我想自始至终独立完成这项任务。返回客人房间时,我深表歉意,客人说"没关系",并且客人似乎的确并不在意。我提议开酒瓶,客人婉言谢绝了。天哪,客人是否了解我的开瓶经历?我想不太可能。客人可能仅仅希望轻松一下,不希望有人打扰。毕竟,他的房间给人一种家的温馨感。

我为他留下了瓶塞钻。回到厨房后,我仔细检查酒水单,发现了产生错误的原因:酒水单中半瓶酒的酒箱编号很容易与整瓶酒的酒箱编号混淆。之后的数天内,我一直想通过正规的质量事故报告单或打电话告知迈克尔,以提醒同事们注意上述可能出现的混淆。遗憾的是,我始终无暇顾及这一点。

当夜的送餐工作渐近尾声,斯蒂芬和我开始准备早餐餐桌。之后,我们上楼去巡视走廊,一边清理散放的餐桌,一边闲聊着今夜发生的事情。

第三节 对客服务的数字化管理

酒店档次不同,提供的服务种类和规格也有差异,但总体而言,对客服务一般围绕服务安排和服务实施两项子任务开展。

一、对客服务安排及实施

随着社会经济的发展和科技信息的进步,新时代消费者的多元化需求催生了酒店行业的数字化。数字化的运用能够有效地简化工作流程、提高客房服务员的工作效率和服务质量。对客服务系统可以全面提高宾客的住房体验,使得客房服务员能够快速响应宾客需要，进而提升宾客的忠诚度和满意度。

相对于传统的对客服务模式，数字化对客服务系统可以极大地减少客房服务员的工作时间，服务流程也得到一定的优化，具体流程如下（见图 5-6）。

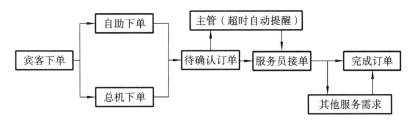

图 5-6　数字化对客服务流程

（一）宾客下单

1. 宾客电话下单

宾客打电话至总机说明需要进行的服务事项，总机负责记录宾客需求，并礼貌回应宾客。待宾客挂断电话后，总机工作人员将宾客需求录入系统，并注明宾客有无其他特殊要求（见图 5-7）。

图 5-7　总机系统入单

2. 宾客线上自助下单

宾客通过酒店自助下单系统平台(如二维码、微信小程序和酒店 APP 等)选择自己所需的客房服务。宾客确定下单后,该服务工单通过系统发送至与客房匹配的相应处理人(见图 5-8)。

图 5-8　宾客自助下单

(二) 服务员接单

1. 直接接单

总机工作人员将宾客需求录入系统后,客房服务员通过系统收到待确认订单,点击确认接受订单即可根据宾客的需求进行客房服务(见图 5-9)。

2. 超时系统自动提醒

客房服务员在规定时间内未确认订单,系统会通过自动语音和弹出信息提醒主管有待确认订单(见图 5-10),请主管进入系统确认订单并告知客房服务员,确保对客服务的及时性。

图 5-9　员工接单

图 5-10　订单超时提醒

客房服务员在服务过程中,宾客还有可能产生新的服务需求,新的服务任务也需要该客房服务员去完成。原则上,客房服务员应在规定时间内完成对客服务,时间也可随宾客需求不同而进行相应调整。

（三）完成服务订单

客房服务员完成对客服务后,在手机端进入系统确认自己已完成相应订单（见图5-11）。

二、线上服务的口碑管理

（一）网络点评

随着互联网的快速发展和移动互联时代的到来,越来越多的消费者通过网络获取信息、发表评论。中国饭店协会联合北京众荟信息技术股份有限公司发布的《2021年中国住宿业市场网络口碑报告》显示,2020年共产生点评2455多万,分析观点0.9亿多个。网络点评、在线口碑越来越受到企业的重视。

图5-11 客房服务员完成订单

酒店对点评的管理也不再局限于及时回复好评与处理差评,很多酒店对点评内容进行更深入的分析,从宾客的体验反馈中发现管理、服务、设施的不足,找到改善的地方,从而不断优化管理与服务,提升酒店的品牌力和竞争力。例如某宾馆根据网评,更换了淋浴系统,洗漱用品更换了品牌,大堂增设了休闲设备,早餐添置了很多宾客需要的东西。加强客房消毒工作,电视遥控器一客一消毒,床垫每两周消毒一次,每半个月进行房内空气净化,赢得了住客的好评。在服务方面,推行服务质量前推制度。把宾客到总台登记作为服务的开始,前推两步,从停车开始,保安、迎宾的服务就要让宾客感动等。

（二）点评回复

《2021年中国住宿业市场网络口碑报告》统计显示,80%的宾客在预订酒店之前会先看6~12条评论,他们中有99%会仔细查看酒店的点评回复。恰当的酒店回复是酒店专业态度的展示,尤其是针对非好评内容的恰当回复,能避免差评负面效应的扩大。调研显示,62%的消费者表示,相比那些对客户评论置之不理的酒店,消费者更愿意选择积极回复客户评论的酒店。由此可见点评回复的重要性。酒店管理人员一定要及时回应宾客的在线评论,尤其是差评。

三、对客服务数字化改造的意义

客房数字化系统是一个以宾客需求为中心的跨部门协作工具。对客服务数字化改造可以很好地覆盖宾客在酒店期间全场景的服务需求,客房数字化系统可通过智能派单、自动跟催等方式帮助酒店减少内部沟通中转，提高运营效率。具体表现在续住通知、布置水果、物品派送、宾客换房等方面。相对传统对客服务模式而言，数字化改造具有以下几点优势。

（一）对客服务零失误

客房数字化系统使宾客服务需求以文字的形式呈现，相对于传统模式的对讲机或电话等语音形式，该系统不会产生因信息纰漏而导致服务失误的情况。

（二）减少宾客等待时间

客房数字化系统可以有效减少中转环节和话务量，减少客房服务流程的时间，宾客需求实时通知和服务智能跟催能够大大提高服务效率。

（三）明确工作分配

客房服务员能清楚地了解自身工作安排，这样系统化的工作分配能够有效预防"一单多人做和多单无人做"的情况。一单一人，合理清晰地安排工作任务，能够使客房服务省时高效；同时，工作任务责任到人，有利于酒店管理人员加强工作管控。

（四）用统计数据分析宾客需求

搜集并分析宾客对客房服务的网络评论意见，内部统计并分析宾客的客房服务需求，内外渠道结合能够更好地了解宾客需求特点（见图5-12和图5-13）。

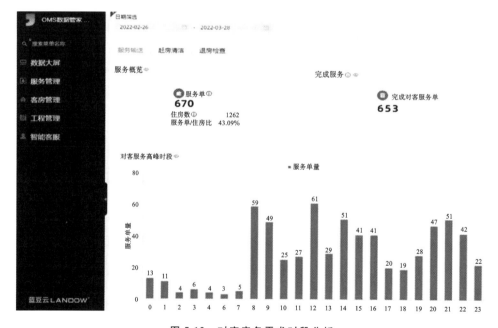

图5-12　对客房务需求时段分析

图 5-13　客房高频服务项数据分析

第四节　提高客房服务质量的途径

"踏入金棕榈,从大堂到房间、从泳池到空中花园,你所能碰到的每一个服务员,不管他(她)在做什么,都会稍停下手上的工作,望向你,然后,给你一个或灿烂、或羞涩、或恬淡,但却透出无比真诚的微笑……正是这一笑,使你对这个酒店亲切了许多,一下子放松了,有了回家的感觉……"

一、客房服务质量的基本要求

客房服务质量的基本要求有以下四点。

(一)真诚

是否真诚,能够反映出服务员的服务态度。要为客人提供最佳服务,首先要突出"真诚"二字,要实行感情服务,避免单纯的完成任务式的服务。客房服务员为客人提供的服务必须是发自内心的,要热情、主动、周到、耐心、处处为客人着想,即"暖"字服务。酒店许多服务质量差的现象发生,究其原因,都是由于服务员的态度不好造成的,服务态度不好,主要是缺乏真诚和热忱,表现在实际工作中,就是对待客人没有微笑,不使用敬语，甚至与客人争辩。这里有一个心理因素，即服务员认为客人是人，自己也是人，我为什么要服侍他，将人与人之间的关系和社会角色之间的关系混在一起。客房部的每一个员工都要调整好自己的心态，把酒店的客人当成自己请来的朋友一样，以主人的身份来接待客人，替客人着想，这是提供优质服务的保证。

真诚服务，实际上也是感情服务，是在用"心"为客人提供服务，体现在细枝末节之处和服务过程的各个环节之中。下面这一案例可以很好地说明这一点。

一只没有清洗的茶杯

某大学的刘教授出差去桂林，住在四星级的桂湖饭店，在参加完一整天的会议之后，晚上回到房间，发现床头柜上有一张留言条（见图5-14），仔细一看，是客房服务员留给自己的。

```
                    桂林桂湖饭店
                   GUILIN PARK HOTEL
                     电访阁下
                   YOU WERE CALLED

先生/太太/小姐
MR./MRS./MISS  尊敬的刘教授
房号
ROOM No. 224#
于                      上午              下午
AT      11:00          A.M.             P.M.
由：先生/太太/小姐
BY: MR./MRS./MISS  管家部办公室
电话号码
TEL. No.：  内线 "80"
  请回复电话
□ PLEASE RETURN CALL
  再来电话
□ WILL CALL AGAIN
  留言
MESSAGE:  您好！
  因不知您是否保留杯里的茶，故没有帮您清洗杯子，如需清洗，请随时与我们联系。
给您带来不便，敬请谅解。
  祝您在我店入住愉快！
日期
DATE:                                  202×年3月27日
当值职员
CLERK:                                        李丽
```

图 5-14　留言条

看了这张留言条和放在一旁自己只喝了一口的茶，刘教授心里非常感动，心想，这里的服务员可真心细，工作这么认真，处处替客人着想。又一想，服务员是怎么知道这杯茶不是酒店提供的普通茶叶泡的，而是客人自己带来具有特殊功效的保健茶呢？噢，肯定是从茶杯里茶水的颜色上判断的！这么一想，他更为服务员的细心、真诚所感动。刘教授在国内外住过很多高星级酒店，几乎每一家酒店的房间里都有一张"客人意见表"，他从来没有填过，可这次，他忍不住提起笔来，在"客人意见表"上表达自己对服务员的感激和对酒店服务的赞赏之情。

（二）微笑

微笑服务是客房服务员为客人提供真诚服务的具体体现，是服务工作所要求的基本礼貌礼节，是优质服务的基本要求。微笑不但是热情友好的表示、真诚欢迎的象征，而且是客人的感情需要，能给客人带来宾至如归的亲切感和安全感（见图5-15）。

（三）礼貌

客房服务中的礼貌礼节，是客房服务质量的重要组成部分，也是客人对客房服务员的基本要求之一。

图5-15　微笑是热情友好的表示，是真诚欢迎客人的体现（广州从化碧水湾度假村提供）

礼节和礼貌是两个不同的概念。礼节是向他人表示敬意的某种仪式，礼貌是待人谦虚、恭敬的态度。礼节、礼貌就是酒店员工通过一定的语言、行为和仪式向客人表示欢迎、尊敬、感谢和道歉。

礼貌待客表现在外表上，就是客房服务员要讲究仪容仪表，注意发型和服饰的端庄、大方、整洁，挂牌服务，给客人一种乐意为他（她）服务的感觉；在语言上，要文明、清晰，讲究语言艺术，注意语气语调，服务中始终以从内心发出的微笑相迎；在举止姿态上，要文明、主动、彬彬有礼，坐、立、行和操作均有正确的姿势（见图5-16）。

（四）高效

效率服务就是快速而准确的服务。客房对客服务中的很多投诉都是由于缺乏效率而引起的。因此，国际上著名的酒店集团都对客房各项服务有明确的时间限制。例如，希尔顿酒店集团对客房服务员的要求是在25分钟内整理好一间符合酒店卫生标准的客房。

图5-16　客房服务员工作要注意礼貌礼节（刘伟　摄）

二、提高客房服务质量的基本途径

提高客房服务质量的基本途径如下。

（一）培养员工的服务意识

员工的服务意识是员工的基本素质之一，也是提高服务质量的基本保证。很多情况下，客房部服务质量上不去，服务员遭到客人的投诉，并不是因为服务员的服务技能或操作技能不熟练，而是因为缺乏作为服务员所必需的服务意识，不懂得"服务"的真正含义和服务工作对服务员的要求，这正是我国很多酒店员工所欠缺的。客房部很多工作是有规律性的，客房部管理人员可以将这些有规律性的东西制定为服务程序和操作规范来保证服务质量，但也有很多问题或事件是随机的，要想正确处理这些问题，就要求服务员必须具有服务意识，必须掌握服务工作的精髓。

丽思卡尔顿酒店员工的服务意识

《世界酒店》杂志曾采访过丽思卡尔顿酒店区域副总裁兼上海浦东丽思卡尔顿酒店总经理 Raniner J. Burkle 先生，谈到丽思卡尔顿酒店员工的服务意识，他说道："我常跟员工们分享的一个小故事，当有顾客推门进入酒店的瞬间，这个时候刚好我们酒店的工程人员爬上一个梯子准备换灯泡，而恰好此时门童因故不在。那么请问，这个工程人员是马上放下手中的工作，去接待进门的顾客，还是继续自己手头换灯泡的工作？我们想通过这个小故事教导员工，在此类情况下，我们的首要任务是要照顾好客人，换灯泡这些工作可以等服务完客人之后再进行。"

这就是倡导"以绅士淑女的态度为绅士淑女服务"的世界顶级酒店员工的服务意识。

（二）强化训练，掌握服务技能

客房服务员的服务技能和操作技能是提高客房服务质量和工作效率的重要保障，也是客房服务员必备的条件。管理人员应通过加强训练，组织服务技能竞赛等手段，提高客房服务员的服务技能。

（三）为客人提供"微笑服务"

一位酒店管理专家曾对我国酒店员工评价道："多数员工的面部表情是'冷冰冰、木呆呆、阴沉沉'的。平时员工之间的交谈笑意盎然，一见到客人就立即板起面孔。"

要使员工为客人提供微笑服务，必须使员工认识到以下几点。

（1）微笑服务是客房服务质量的重要组成部分，是客人对酒店服务的基本要求。

（2）为客人提供微笑服务是对酒店员工的基本要求。

（3）笑脸常开会使你的服务绽放光彩。

(4) 微笑服务会讨得客人的欢心,使你工作愉快。
(5) 是否为客人提供微笑服务,反映一个人的礼貌礼节和整体素质。
(6) 微笑服务会使你保持良好的心态,使你永葆青春。
(7) 面带微笑会帮助你建立良好的人际关系,助你事业成功。

(四) 为客人提供"无 no"服务

服务要说"no",很容易,要不说"no",则非常不容易。但若能把"无 no"服务上升为一种企业文化,成为一种员工行为准则,那就是酒店在竞争中的一把利器。

"无 no"服务

一天,上海某酒店一位客人着急地来到大堂,问是否可以提供苹果手机的充电服务。可惜,酒店没有配备这种充电器。按照一般的服务原则,有则有,无则无,最多告诉客人附近哪里有可能买到这种充电器。但在大堂经理陈文盈眼中,这恰恰是"无 no"服务的好机会。那位商务客人如此着急,意味着手机电池耗完后无法与外界联系,也许会失去一笔大生意。陈文盈不仅一一致电工程部、IT 部寻求解决办法,还积极寻找有苹果手机的员工。当一名员工气喘吁吁地把自己的充电器送到大堂时,这位客人感动不已,在连声道谢的同时,也确定了下次入住酒店的日期。

"无 no"服务一旦成为每个员工的行动准则,那么就形成了酒店的核心竞争力。

一天,客房部接到一个客房送餐电话,其实接电话的员工只要告诉客人再重拨一个电话,直接打到送餐部即可。但接电话的员工按照"首问责任制",立即协调厨房等相关部门,卡着时间把送餐车推进了客房,并在一小时后到客房收餐盘时才告诉客人,以后客房送餐可以直接拨 1,而不用拨 6 找客房部。这时,客人才明白刚才的送餐是"分外服务"。

(五) 为日常服务确立时间标准

服务质量是与一定的服务效率相联系的,服务效率是衡量服务质量的重要标准之一,客人所需要的服务,必须在最短的时间内提供,尤其是商务客人,惜时如金,时间观念极强。因此,为了提高服务质量,客房部必须为各项日常服务确立时间标准,并将此作为对服务员进行监督、考核的标准。

某酒店客房服务项目及其时间标准如表 5-4 所示。

表 5-4 客房服务项目及其时间标准

服 务 内 容	标准时间/分钟
补充客房用品(如茶叶、信纸等)	2～3
取冰块	4
特别用品	5(如电源适配器等)

续表

服 务 内 容	标准时间/分钟
客房送餐服务	10
加床(含婴儿床)	8
请速打扫房(赶房)	30
领取客人遗留物品	15

经典案例

金海湾大酒店客房服务"六快"

五星级的汕头金海湾大酒店通过强化服务的时间观念来提高服务质量,推出了充分体现服务效率的"六快"服务,其中,涉及客房服务的有以下几点。

(1) 接听电话快:铃响两声内接听电话。

(2) 客房传呼快:凡客人向房务中心提出的任何要求,服务员必须在2分钟内送到客房,如送茶叶等。有些在2分钟内提供不了的服务,服务员也必须在2分钟内到达客房向客人打招呼,然后尽快解决。

(3) 客房报修快:5分钟内处理好小问题,如更换灯泡、保险丝、垫圈以及设施设备运转中的各种操作性问题等。这就要求酒店设有24小时分班值岗的"万能工",了解水、暖、电、木、钳等各个工种。对于重大问题,一时不能解决的,也要安慰客人,并给予明确的回复。

(4) 客房送餐快:酒店规定,员工电梯必须首先保证送餐服务,即使有员工想去低于送餐的楼层,也必须待送餐完毕后再前往。

(5) 回答问询快:当客人提出问题时应尽快回答。为此,酒店应就客人常常问到的问题,对员工进行全员培训。

(6) 投诉处理快:小问题,10分钟内圆满解决;大问题,先安慰客人,稳住客人,10分钟内给予回复。

(六) 搞好与酒店其他部门的合作与协调

要提高客房服务质量,还应做好与酒店其他部门的合作与协调,特别是前厅部、工程部、餐饮部、保安部等部门。客房部与这些部门的联系密切,客房部的对客服务工作必须得到上述部门的理解和支持。同样,客房部也必须理解和支持上述部门的工作,同时,加强与这些部门的信息沟通。

(七) 征求客人对服务质量的意见,重视与客人的沟通

客人是服务产品的消费者,对服务产品的质量最有发言权,最能发现客房服务中的薄弱环节,因此,征求客人意见,重视与客人的沟通,是提高客房服务质量的重要途径。

征求客人意见,可通过以下两种途径进行:

1. 通过新渠道征求客人意见

为了及时征求客人意见,让客人有机会对客房服务质量发表意见,酒店传统的做法是在客房放置"客人意见表",请客人填写。但因批评意见可能直接涉及当事服务员,不一定能够传递到酒店管理层,或者传递效率很低,客人一般不愿意以这种方式对酒店或服务员提意见,结果是形同虚设。在当代信息技术十分发达的情况下,酒店可通过二维码、微信等新渠道征求客人意见,效果和效率都会大幅提高。

2. 设置表扬卡

表扬卡(见图5-17)不同于意见卡,是对酒店服务工作和服务人员提出表扬,因此,填写表扬卡,客人不会有所顾虑。为了激励员工为客人提供更加优质的超值服务,可在客房放置一张针对员工的表扬卡,对于收到表扬卡的员工,管理人员应以某种特殊的方式给予表扬或奖励,使其成为其他员工学习的榜样。

尊敬的客人:

您好!

感谢您下榻××酒店。我们很想知悉在您逗留本酒店期间,是否得到了超前服务。如果您能抽出时间填写此表扬卡,以帮助我们认可及鼓励为您提供超前服务、令您喜出望外的员工,我们将不胜感激。这对于被您提名表扬的员工有着极其重要的意义,谢谢!

您得到的超前服务是 ＿＿＿＿＿＿＿＿＿＿＿＿＿＿＿＿＿＿＿＿＿＿＿＿＿＿

＿＿＿＿＿＿＿＿＿＿＿＿＿＿＿＿＿＿＿＿＿＿＿＿＿＿＿＿＿＿＿＿＿＿＿＿

为您提供该服务的员工是 ＿＿＿＿＿＿＿＿ 提供该服务的日期是 ＿＿＿＿＿＿＿

您的名字是 ＿＿＿＿＿＿＿＿＿＿＿ 房间号或联系电话 ＿＿＿＿＿＿＿＿＿＿

为您方便起见,您只需将此卡交给您下榻酒店的任何员工即可,

他们会非常乐意为您将卡片投入指定的信箱。

图5-17 表扬卡

3. 拜访客人

客房部经理定期或不定期地拜访住店客人,可以及时发现客房服务中存在的问题,了解客人的需求,便于进一步制定和修改有关清洁保养的标准和计划。同时,这种拜访也会增进与客人的感情交流,是客房部改善宾客关系、提高客人满意度的重要途径。

(八)重视细节服务,做好留言工作

酒店服务说到底都是细节服务,细节服务是客房服务质量的重要体现。其中,重视并做好对客人的留言工作,则是细节服务的重要内容。客房服务员要通过"客房留言条",加强与客人的沟通。

未经您许可,就把您的剃须刀清理干净了

某酒店小管家在未经客人许可的情况下,帮客人清理了剃须刀,并写了一张客房留

言条(见图 5-18)。

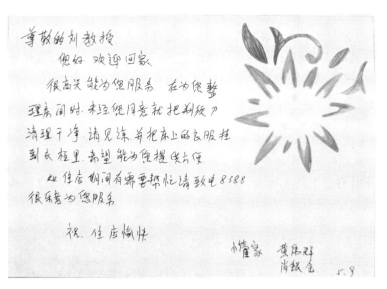

图 5-18 客房留言条

客房服务的特点是"暗服务",与餐厅服务员面对面的服务不同,客房服务员通常不接触客人(客房清洁卫生工作要求服务员在客人外出时进行),这就减少了与客人沟通的机会。实践证明,通过在客房放置"客房留言条"这种书面形式,加强与客人的沟通,是一个非常行之有效并且能够从内心感动客人的情感沟通方法,对于提高服务质量、增强客人对酒店的好感、加深客人对酒店的良好印象,都具有重要的意义。国内很多酒店通过这种方法,鼓励客房服务员与客人进行沟通,都取得了良好的效果,心与心之间的沟通,拉近了客人与服务员之间的距离,使服务员的服务增加了感情色彩,也使他们的服务更加专注、用心和细微化。

（九）加强员工在仪表仪容与礼貌礼节方面的培训

服务员的仪表仪容与礼貌礼节不仅体现员工的个人素质,而且反映酒店员工的精神面貌,是客房部对客服务质量的重要组成部分。管理人员必须加强对员工在这方面的培训。

（十）强调"隐性服务"

客房服务应以不打扰客人为原则,强调"隐性服务"和"暗服务"。丽思卡尔顿酒店的创始人 Ritz 常说：人们喜欢有人服务,但是要不露痕迹。

经典案例

小木棍的妙用

泰国一些好一点的酒店都有一种跟踪服务,即客人入住后,楼层服务员会在客房门底处立上一根火柴棍大小、与房门颜色接近的小木棍。巡查的服务员以小木棍立着还是倒了来判断客人是否在客房里,当小木棍立着的时候,服务员一般不会去敲门整理客房,而只有当小木棍倒了,客人不在房间里,服务员才会进入客房整理房间。

(十一) 为客人提供感情化服务

服务质量的高低是由客人评价的,只有感情化服务才能感动客人,客房部为客人提供感情化服务已经成为很多酒店制胜的法宝,也是未来酒店服务和管理的发展趋势。

贝尔大酒店的情感化服务

去年,我去内蒙古出差,住在海拉尔的贝尔大酒店。午休时,服务员小伊看我开着房门便进来问候:"您今天太累了吧,岁数大了还要多注意休息。"一回头,她看到我放在电视机上的冠心病药,马上说:"您该吃药了吧?"我说:"不忙。"她说:"我把水给您凉上吧!"我说:"不用,一会儿自己来。"就在这个时候,我看到服务员转过身去,手拿两个茶杯,把其中一个倒上半杯开水,用两只手轻轻将水从左手杯倒到右手杯,再从右手杯折到左手杯。我看着看着,视线不禁模糊了。心想:我有两个女儿,我吃了五年药,孩子们从来都没为我做过这样的事,但服务员小伊却做到了,真比自己的女儿还亲啊!我眼里充满了泪水……后来,我暗暗地下定决心,无论走到什么地方,都要把贝尔大酒店的深情厚谊介绍给大家。

(十二) 为客人提供个性化服务

为客人提供个性化服务,不仅是提高客房服务质量的重要途径,还是酒店管理的发展趋势。

要使顾客高兴而来,满意而归,光凭标准的、严格的、规范化的服务是不够的,只有在规范化的基础上,逐渐开发和提供个性化服务,才能给客人以惊喜,才能让客人感觉到宾至如归,才能使客人流连忘返。

客房个性化服务可以从以下几个方面开展:

1. 注意观察客人的需求特点

要为客人提供个性化服务,客房服务员必须在日常服务中,注意观察客人的需求特点,还应加强与前厅部的联系,建立并充分利用客史档案。

2. 称呼客人姓名

称呼客人姓名也是为客人提供个性化服务的一个重要方面。对客人以姓氏相称,是对客人的一种尊重,体现客人的与众不同,表明酒店对客人的一种特殊关照。

3. 了解、识别和预测客人的需求

满足客人提出的需求,不足为奇,能捕捉到连客人自己都没想到而又确实需要的需求,才体现服务的真功夫。了解、识别和预测客人的需求,是为客人提供个性化服务的基础。"客人想到了的,我们替客人做到,客人没想到的,我们要替客人想到并且做到",

只有这样的服务,才能使客人感到意外的惊喜,才能体现个性化服务。

发现客人的需求之后

(孙丽君)

这是我们酒店一个真实的个性化服务案例。

进入一间续住房,房间状态是这样的:有好多书籍堆放在写字台,桌面上有许多凌乱的文件,书桌下有一些卷成团的面巾纸;房间没有打开冷气;电视机上放着客人的身份证;茶几上有几瓶啤酒;床头柜上有一份精美的小礼物;行李柜上有三个凌乱的塑料袋;一双皮鞋倒在房间的过道上;客人将放在迷你柜处的电热水壶拿到落地灯插座处使用……

客房服务员清理完房间后,回房的客人看到了另一番情景,非常感动。

服务员做了如下判断和服务:

(1) 书桌上的文件没有打乱顺序,而且依次适当整理好,还在此放置纸和笔,以便客人使用;

(2) 将垃圾桶移动位置(视客人的生活习惯需求而灵活地变动);

(3) 客人有可能感冒了,增配一盒纸巾;

(4) 礼品和啤酒说明会有小聚会,刚好客人的身份证放在电视机上,一看果然是客人的生日,请示上级,赠送鲜花和生日蛋糕;

(5) 增加一床棉被;

(6) 将鞋子整齐地摆放到行李柜前面容易看到的位置;

(7) 将塑料袋整齐折叠在行李柜上放好;

(8) 马上通知工程部师傅修复迷你柜处的插座,将电热水壶放回原来位置并烧一壶开水,之后还留言告诉客人该插座可以正常使用;

(9) 对客人房间进行喜庆的布置,如用小花点缀及折叠不同的饰物摆放等;

(10) 留下一张温馨的提示卡片,提醒客人注意休息,并建议客人感冒严重的话,可以到酒店医务室或附近的医院就诊。

从以上打扫续住房提供的服务来看,只要服务员在"情"和"细"上多下功夫,充分理解客人的需求,学会观察客人和分析客人,了解客人的喜好,就能推动客房个性化服务的开展。

由此可见,在酒店服务中,只要服务员有心,就能发现客人的服务需求,进而为客人提供更加细致、温馨的服务,使客人感受到酒店对他(她)的特别关怀。

4. 将自己的姓名留给客人

同样是为了增强个性化色彩和增加与客人之间的亲切感,客房部还可要求当天为客人提供客房服务的服务员将其姓名以某种方式告知本楼层客人,使客人真正感到宾至如归。例如,服务员可为客人送上一张欢迎卡(见图5-19)。

另外,服务员在服务过程中给客人的任何留言,都应签上自己的姓名。

> 欢迎回家!
>
> 　　尊敬的宾客,希望我为您整理的房间能使您在入住期间感到如在家般的舒适。为使您入住期间更加方便、愉快,欢迎您随时使用房间电话拨打"3"——酒店宾客服务中心,告诉我您对房间服务和清洁方面的个人要求。
>
> 　　再次感谢您选择入住××酒店!
>
> 　　最美好的祝愿来自您今天的房间服务员 ＿＿＿＿＿＿
>
> 　　　　　　　　　　　Welcome Home!
>
> 　　While you are here as our guest, I have taken great pride in preparing your room. It is my wish that you feel as comfortable here as you do in your own home. Pleaese let me know if there is anything I can do to make your stay more enjoyable.
>
> 　　I can be reached through our Guest Service Center at extension 3.
>
> 　　Thank you for choosing the ××Hotel.
>
> 　　　　　　　　　　　　　　　　　　　Your room attendant ＿＿＿＿＿＿

图5-19　欢迎卡

5. 不断挖掘和发现个性化服务中的好人好事

酒店实施个性化服务是一项系统工程,酒店不但要倡导员工为客人提供个性化服务,还要采取措施,不断挖掘和发现个性化服务中的好人好事并予以激励。香格里拉集团在其管理的酒店内放置"我听说的好事"推荐表(见图5-20),是一种很好的做法。对于提供了个性化服务的员工,这不仅是一种激励,还可以使其提供的个性化服务长期保持下去,同时,这种活动对部门和酒店其他员工也具有很好的带动和示范作用,有利于创造良好的个性化服务氛围和企业文化。

6. 谨防将"个性化"退化为"机械化"服务

提供个性化服务,还要注意与客人沟通,并根据实际情况进行调整。否则,不但打动不了客人,而且有可能让宾客不满,甚至出现服务笑话。

经典案例

"机械化"服务

　　有一位客人住在某酒店,感冒了,于是开会时不想喝茶水,要了一杯白开水。服务员将其记入客史档案,每次他来开会,服务员总是对他说,"李总,给您准备的白开水,请慢用。"看着员工用心的样子,这位客人不愿意打击服务员,于是每次都忍着喝白开水。

7. 个性化服务的全面实施

要使个性化服务在酒店全面落实,并取得切实的成效,必须采取以下措施。

(1) 完善一套激励机制。

保持个性化服务的持续性依赖于基层管理人员和员工高度的敬业精神和良好的职

Shangri-La hotel
GUANGZHOU

广州香格里拉大酒店

"GOOD THINGS I HEAR" NOMINATION FORM
"我听说的好事" 推荐表

NAME OF NOMINEE
被推荐人姓名：______________________________

DEPARTMENT
部门：______________________________

DATE OF EVENT/INCIDENT
事情发生的时间：______________________________

GOOD THINGS THAT I HEAR
我听说的好事：
____
____
____
____
____

IF YOU NEED ASSISTANCE IN COMPLETING THIS FORM PLEASE CONTACT
HUMAN RESOURCES DEPARTMENT
如果您需要帮助，请到人力资源部

YOUR NAME
您的姓名：______________________________

DEPARTMENT
部门：______________________________

图 5-20 "我听说的好事"推荐表

业习惯。而高度的敬业精神和良好的职业习惯需要酒店有一套行之有效的激励机制来保证。酒店采取"用心做事报告会"的形式，让用心做事的员工在报告会上宣讲自己的个性化服务案例，然后进行评比。这种形式的好处在于员工现身说法，用员工教育员工，同时，通过宣讲，其他员工可从中学到个性化服务的方法。对于宣讲的员工，这本身就是一种自我精神激励。随后通过评选，酒店给予物质奖励进行肯定。这种激励机制保证了个性化服务的持续性。

(2) 实现两个转化。

一是偶然性向必然性的转化。通过个性化服务案例的分析、推介，酒店可以实现由个别员工出于"偶然性"的个性化服务,向全体员工有意识的"必然性"的个性化服务的转化。个性化的服务案例为岗位员工提供了个性化服务的方法和学习的榜样。

二是个性化向规范化的转变。通过个性化服务案例的全面分析,酒店对于其中反映客人普遍需求的服务,实现由"个性化"服务向"规范化"服务的转变。往往,一些客人的个性需求也许是客人的共性需求。客房部管理人员应对个性化的服务案例进行认真分析,研究个性化服务是否为客人的普遍需求,衡量推广的难度和可行性。某酒店有一名客房部员工在清理房间时主动为客人脱落纽扣的衬衣缝补纽扣。客房部分析认为这是客人的共性需求,而且容易操作,随后便将其作为规范化服务在部门中推广。总之,个性化服务转化为规范性服务是服务质量的一个飞跃。

(3) 提倡"三全"。

"三全"即全员参与、全过程控制、全方位关注,提倡"三全"是做好个性化服务的必然要求。个性化服务不仅是对基层管理人员和一线员工的要求,也是对酒店全体员工的要求。一线员工的对客个性化服务离不开二线员工甚至管理人员的帮助。没有部门与部门之间的合作及其他员工的参与,个性化服务也许只能停留在员工的心里,很难实施。

(4) 注重"三小"。

"三小"即生活小经验、宾客小动向和言谈小信息。生活小经验是提供个性化服务的依据和源泉,掌握更多的生活小经验有利于采取正确有效的个性化服务。宾客小动向和言谈小信息是提供个性化服务的线索,客人的一举一动和客人的谈话能够提供许多有价值的信息。

(5) 强调"五个环节"。

五个环节,即客史档案的建立和使用、宾客信息的快速反馈、创建优质的内部服务链、关注长住客人和续住客人的生活习惯、不断激励和培训。应做好这五个环节,使员工养成良好的职业习惯。

三、提高客房服务质量的其他途径

客房服务工作具有一些特点,针对这些特点,采取相应的措施就可以提高对客服务质量。

(一) 客房对客服务工作的特点

1. 客房服务需求多且高峰时间段集中

随着酒店行业的不断发展和服务质量的不断提高,宾客服务需求更趋于多样化和频繁化,并且客房服务需求也都集中在高峰时间段。

2. 客房服务响应有待提高

由于宾客服务需求较多且高峰期更加明显,在同一时间段客房服务员收到多个服务工单,客房服务员及时响应宾客需求变得极为困难。

3. 宾客高频需求趋于固定

通过数字化平台收集和分析宾客客房服务的特点,不难发现,宾客高频需求明显趋同。

上海清水湾大酒店客房部员工的待客行为规范

(二) 对客服务的改进措施

1. 合理排班和调整班次

主管应合理排班，在客房服务高峰时间段内安排较多的客房服务员。依据酒店工作轮班制和弹性化的特点，主管可根据酒店运营的具体情况合理调整客房服务员的班次。

2. 优化工作流程

虽然酒店数字化在一定程度上优化了对客服务的工作流程，但是酒店对于数字化平台的使用仍处于探索阶段，为更大幅度地提高员工工作效率和服务质量，酒店管理人员和平台开发部门仍需对数字化工作流程进行相应的优化。

3. 提前了解宾客需求，前置高频工作内容

由于宾客需求出现趋同化和高频化的特点，酒店可以对宾客需求做好提前预知，并针对这些高频服务需求制定相应的解决措施，在员工培训过程中有意识地加强员工对这方面内容的理解。

> **本章小结**
>
> - 住店客人大部分时间是在客房度过的，因此，客房服务质量是保障客人在酒店获得舒适、方便的住宿体验的重要因素，也是客房管理的主要任务之一。
> - 客房服务项目主要包括迎送服务、客房小酒吧服务、房膳服务、洗衣服务、托婴服务、擦鞋服务、遗留物品及租借物品管理以及其他委托代办服务等，客房部管理人员要为每项服务确立程序和标准。
> - 客房服务的基本要求是：真诚、微笑、礼貌、高效。
> - 为了提高客房服务质量，必须加强对客房服务员的培训，确保员工具有良好的仪表仪容和礼貌礼节；同时，要不断提高员工的服务意识和服务技能，为不同类型的客人提供针对性的个性化服务；另外，还要与前厅部、工程部、销售部等相关部门做好信息沟通。
> - 客房数字化管理和感情化、个性化服务是酒店服务和管理的发展方向和发展趋势。

课堂讨论

如何提高对客服务质量？

复习思考题

1. 房务中心的职能有哪些？
2. 如何针对不同类型的客人提供不同的服务？

3. 客房部与其他部门沟通和协调的主要内容有哪些？
4. 数字化对客房服务管理会产生哪些影响？
5. 客房部员工如何为客人提供个性化服务？

 案例聚焦

"请勿打扰"牌的麻烦

1809房客人Smith先生向值班经理投诉他在房门上挂了"请勿打扰"牌，服务员还是来打扰他。客人表示他最近在公司经常需要加班到深夜，为了白天能安心睡觉，近段时间房门上一直悬挂"请勿打扰"牌。但还是受到了打扰。一开始，是接到电话询问他清理房间的时间。然后是服务员来敲门，按门铃，没有应答就直接开门进入房间，看到他睡在床上，又什么也不说，关门走掉。之后又接到数次电话询问清洁房间的时间，他一气之下把电话拔掉后，几名工作人员又要进来检查房间。客人认为"请勿打扰"牌没有起到应有的作用。工作人员无视它的存在。值班经理如何处理？

参考答案（来自互联网）如下。

Henry：

这问题大了。首先，应查明事情真相，看是否如客人所言。然后，对于一般客人，酒店应免单，赠果盘、鲜花，致歉。对于重要客人，总经理还要亲自宴请，征询意见。

Peter：

一般客人就免单？Henry，你太大方了。可以多送一些小东西，提供一些额外服务，或送会员金卡，等等。

Jasmine：

后来也没送他什么东西，就是跟他道歉，叫管家部没什么事别打扰他。

他住了一个月。就是投诉的时候很凶，应该是非常生气了，差点把值班经理台上的花瓶打掉。发泄完了后，他好像好了一点。

每家酒店在下午都会由值班经理牵头去查挂"请勿打扰"牌超过24小时的房间，主要是为了房客的安全。跟他解释清楚后，他就明白了。

James：

值班经理应对客房服务员无视"请勿打扰"牌就直接进入房间向客人表示道歉，并向客人表示酒店对挂"请勿打扰"牌的房间是持尊重态度的，在没有客人的许可下不会私自进入客房，但是对于一些长期悬挂"请勿打扰"牌的房间，酒店会在挂牌后的24小时之内与客人联系确定客人在房间内是否安全。这个程序通常在每天下午4点左右执行。首先致电客人，若电话无人接听，工作人员会检查房间，检查房间的主要目的是了解客房内的情况，假如客人在房间内发生意外的话，还有时间可以挽救。像案例中那样长时间挂"请勿打扰"牌，而且电话又打不进去的话，很容易引起工作人员的担心。其实例行检查是为了保障住客的安全，希望客人能够理解。值班经理向客人表示会特别交代管家部重视他的房间不受打扰。同时建议客人在不需要"请勿打扰"的情况下，取下牌子，避免造成房间长期勿打扰的假象而引起工作人员的警觉，亦可让服务员有时间清洁房间。

Sunshine：

这个问题应该出在前台，因为客人经常在晚上加班，如果是这样，酒店客房应该有相关设备一直在使用的信号，前台让工程部查一下就明白了。

Alan：

有的酒店不仅用牌子，还用"DND"指示灯。用牌子的话，一面是"请勿打扰"，另一面是"请即打扫"，有的客人不小心挂错了，就出现麻烦事了。用指示灯的话，开关又都在电控柜上，有的客人喜欢把所有的开关都打开，这样也会造成误会和投诉。

这方面的问题确实挺让人头痛的！

Lucky：

以前有的客人挂了"请勿打扰"牌却忘了摘，结果服务员没敢打扰，客人投诉说没打扫房间，后来，服务员吸取经验，先打个电话问一下，如果没人在房间就视为客人忘了摘牌，结果一次服务员正在打扫房间，客人回来了，说挂着牌还进房间要投诉……

补充与提高

客人类型和服务方法

酒店的客人来自世界各地和社会各个阶层，他们的身份地位、宗教信仰、文化修养、兴趣爱好、生活习惯、社会背景等各不相同，因此，对酒店的服务有不同的要求。了解他们的需求特点，采取针对性的服务，是客房部管理人员和服务员做好对客服务的前提。

（一）按旅游目的划分

1. 观光旅游者

特点：这类客人以游览为主要目的，对自然风光、名胜古迹较感兴趣，一般的要求就是住好、吃好、玩好。喜欢购买旅游纪念品，喜欢照相，委托服务较多。

服务方法：应根据客人进出店时间，注意做好早晚服务工作。例如：早上叫醒服务要准时，晚上调节好室温。接受客人委托服务要主动热情、保证质量、及时周到，努力为客人创造一个良好的居住环境，使他们有充沛的精力、愉悦的心情完成他们的旅行活动。另外，要主动介绍自然风光、名胜古迹、风味餐馆，以及本地区、本城市和酒店内商店的工艺美术品、土特产品和旅游纪念品等，便于客人购买。

2. 商务散客

商务散客是酒店非常重要的客源市场。

特点：这类客人对酒店的设施设备要求很高，如完备的商务中心、先进的通信设备，喜欢高档、单人客房，同时希望房间的布置有特色而非千篇一律。消费水平较高，对服务要求高，希望酒店提供的服务快速、高效、个性化。这类客人有公务在身，注重仪表仪容，常常要早出晚归；有的客人则在客房办公，住店时间一般较长。这类客人的文件较多，且要求严格保密；来访客人较多；他们最怕打扰，工作时要求安静。他们比较富裕，对生活品质的要求较高，晚上需要娱乐活动，常利用公务之余外出游览参观，委托服务多。

服务方法：对于这类客人的房间，设备设施应充分考虑办公条件，如宽大的办公桌、舒适的座椅、明亮的灯光(写字台的台灯最好为60瓦。一般来说,写字台的台灯如果采用普通灯泡,其功率必须超过40瓦。一些酒店为了节能,采用25瓦的灯泡,光线昏暗,客人无法正常工作)、充足且种类齐全的文具用品和个人卫生用品(最好有发胶、摩丝类用品)、先进的通信设备、传真机。尽量向他们推销高档客房,要为他们提供优质的洗衣服务和美容美发服务,洗熨衣服、擦皮鞋等服务速度要快。服务员不要乱翻乱动他们放在房内的文件,否则会引起抱怨。外来客人到访必须事先征得其同意。不要将商业竞争对手分在同一层楼。茶水供应要及时。不要轻易进房打扰他们。若有舞会或其他夜间娱乐活动不要忘记告诉他们。

目前,国内这类客人大多为企业的营销人员和管理人员。他们对酒店客房档次的要求因职位的不同而不同,要能为他们解决各种交通工具的订票业务,喜欢住熟悉的酒店和曾住过的房间。住店期间,一般访客比较多,希望酒店能提供热情、周到、适时的访客服务。

3. 会议旅游者

特点:人数较多,住店时间较长,客人活动集中、有规律,会场使用多,时间抓得紧,客房服务任务重,要求严格。这类客人地位较高,有专长,生活上要求较高,爱买旅游纪念品,希望会议间隙或晚上有娱乐活动。

服务方法:分房要根据主办单位要求,尽量售出高级客房,但要集中,一般要安排在同一楼层或按照组别安排房间。会议期间,要分派有关人员和客房班组专门负责,讲清任务、要求、方法等,妥善安排好会议室或会场。有时一天同时召开若干小组讨论会,会出现会议室周转不开的情况,酒店要充分挖掘潜力,利用客房或公共场所临时布置代替。要根据人数和需要,安排好茶水,放好桌椅,布置好主席台和设备,清扫并整理好会议室。两次会议间隙,要做好清扫工作,保持会议室干净整洁。客房布置打扫要及时,保证茶水供应和房间整洁,室内信封、信纸、墨水等要保证供应,便于客人会议期间使用。客人用过的会议文件和抄件要严格保密,不得随便乱翻乱动。若要在会议室或客房签订合同,服务员要事先布置好,主动增添桌椅。夜晚有娱乐活动不要忘记告诉他们,以便调节客人生活。多介绍名胜古迹、旅游纪念品(包括工艺美术品、文物复制品)和其他高档商品。

另外,会议结束后众多客人几乎在同一时间回到房间,此时,服务要求较多,因此设房务中心的酒店最好能提供短时的楼层值台服务,对回到楼层的客人表示欢迎,同时回答客人的问询,并应客人的要求,为客人提供各项服务。

4. 蜜月旅游者

特点:这类客人要求住"蜜月房"(大床间);房间干净、卫生、僻静、不受干扰;对当地风景名胜及旅游纪念品感兴趣。

服务方法:为这类客人安排"蜜月房"(切忌安排有两张床的标准间),客房整理一定要做到整齐、美观、怡静。必要时,按照客人的要求和风俗习惯,布置好"洞房",房间布置要气氛热烈、美观、大方,举行婚礼时要送结婚纪念品,组织服务员向客人表示祝贺。

5. 休闲度假者

这类客人一般住店时间相对较长,消费水平较高,比较喜欢房间布置有家居氛围,服务要求比较多,洗衣、客房送餐、小酒吧、委托代办、托婴服务等均会出现。他们喜欢丰富多彩的娱乐项目，喜欢同服务员打交道，希望得到热情、个性化而非一成不变的服务。另外，度假酒店多为开放式建筑布局，客人来度假都很放松，希望酒店在为他们提供一个轻松自由的休闲环境的同时，能保证其人身和财产安全，因此要求客房服务和管理工作外松内紧，防止不法分子混入酒店对客人造成伤害。

（二）按宾客身份划分

1. 体育代表团

随着各种国内、国际体育赛事的频繁举行，运动员也成为酒店经常接待的客源之一。体育代表团是客源类型中比较特殊的一种，这种特殊性主要是因为他们所从事的职业特殊。体育代表团入住一般人数较多、行动非常统一，他们在参加比赛前一般要聚集在一起进行战术讨论，观看比赛录像，因此需要有宽敞的、配备录像设备的会议室。另外，紧张的比赛会使他们特别需要一个安静、舒适的休息环境，这就需要服务员在工作中坚持"三轻"（说话轻、走路轻、操作轻），减少进入客房的次数，打扫房间要及时；同时还应配合酒店保安员保护他们免受记者及追星族的骚扰。

2. 新闻记者

由于职业关系，新闻记者的生活节奏比较快，因此要求服务讲究效率，并且对服务比较挑剔。他们把房间既当卧室又当办公室。各种稿件、传真机、复印件比较多，东西摆放比较杂乱，希望房间里有完备的通信设施、齐全的办公用品，能准时得到当天的报纸等。考虑到这类客人一般都比较敏感，服务方面要特别留意。

3. 政府官员

政府官员入住，服务及接待标准要求较严格，重视礼仪，店外活动比较多，店内活动较少，服务要求一般由随行人员传达给酒店，经常会出现一些即时需要，要求酒店尽快做出反应，安排妥当。住店期间不希望服务员过多进入房间。其安全要求极高，任何安全隐患都应避免。要求有高质量的个性化服务。

4. 长住客人

一般来说，居住时间超过一个月的客人都称之为长住客人。一些国内外公司在酒店长期包租客房来建立办事机构，派有常驻人员，有些甚至提出特别的设施摆设和安装要求，希望一切都舒适方便。长住客人不但将客房作为住宿场所，而且作为接待客人、办公、商务洽谈的场所，期望得到清洁、舒适、安静、安全以及热情、周到的服务，希望有"家"一样的感觉。

为长住客人服务，应注意以下几点：

（1）细心观察客人的生活习惯，熟知他们的房间、姓名、性格、爱好等。

（2）做好来访客人的接待工作，要像对待住店客人一样热情有礼。如果来访客人较多，要主动送上座椅，并主动询问被访的住店客人还需要提供什么服务，同时迅速提供。要记住：尊重来访客人，就是尊重住店客人。

（3）在服务细节上多下功夫，比如节日送鲜花、水果，生日送蛋糕。

（4）服务员要相对稳定，以便客人熟悉，产生亲切感。如员工有替换和新员工上岗，也要做好交接和培训，不使客人感到陌生。

（5）对长住客人的服务要主动、热情，为他们创造良好的工作和生活条件。

(6) 客房部管理人员要经常征询意见，发现问题，及时解决。

(三) 按年龄划分

1. 儿童客人

儿童客人虽然在酒店中的比例不高，但服务好、关注好儿童客人，对提升客人满意度和规避风险会产生积极作用。安全、卫生、舒适是让客人满意的重要标准。

儿童客人根据年龄可以分为婴儿、幼儿和儿童，酒店服务的重点也有所不同。比如婴儿入住，酒店可以增加浴盆、消毒器、奶瓶及奶瓶保温器等，并做好床铺、沙发的保护措施，避免便溺污染。幼儿和儿童入住，都要特别关注安全：可用安全防碰条做好桌面、家具边缘的防护工作，以免碰伤他们；将安全插头插入他们容易碰到的电源插座，防止触电；多与家长交流，提醒设施设备存在的安全风险，共同做好防护措施。除安全外，客房内还需配备一些生活用品，比如儿童用的小马桶、儿童玩具、儿童洗漱用品等。为防止儿童涂鸦污染墙壁和家具，可配备小黑板或多准备一些纸张。

2. 青年客人

特点：青年客人一般以观光、修学和增长见识为目的，暑假期间人数最多，往往三五人结伴而行。他们精力旺盛，白天多外出活动，晚上也喜欢出去走走看看，手里钱不多，对饮食和住宿条件要求不高，服务员为他们提供服务的速度要快。

服务方法：注意叫醒服务。另外，服务员要有多方面知识，能够正确回答他们的各种问题。

3. 老年客人

特点：老年客人一般动作迟缓、行动不便，住宿要求舒适、安静，服务要求热情、周到、亲切。

服务方法：客房楼层要保持安静，住店期间要热情迎送、帮拿行李，上下楼时服务员要多搀扶，多介绍著名历史古迹和美酒佳肴。

(四) 按性别划分

按性别划分，可以划分为男性客人和女性客人。酒店在为女性客人提供服务时，应注意以下几点。

（1）除客人事先约定同意接听的电话外，总机为每位女性客人提供电话保密服务。

（2）在女性楼层内配备女性服务员和女性保安员。

（3）告诫员工不向外界透露有关本酒店接待的单身女性客人的饮食、住宿、娱乐等方面的习惯、癖好，切实维护客人的个人隐私和人身安全。

（4）对有需要的女性客人选派经验丰富的服务人员提供"贴身管家"服务。

（5）举办各种生活时尚聚会。单身职业女性较热衷于参加各种社会活动和社交活动。举办各种生活时尚聚会，定期邀请著名专家、学者举办系列讲座，内容包括个性化形象设计、社交礼仪、美容健身、家庭园艺、厨房烹饪等，甚至还可延伸到心理咨询、医疗保健、家庭理财、法律顾问等，以满足其个人涵养和生活情趣。

（6）女性客人由于性别原因与男性客人在消费习惯上存在一些不同。在服务上应该有所区别，比如女性入住客房，要撤出剃须刀等非女性用品，适当添加化妆棉、擦手纸、毛巾等物品；根据头发的长短，决定是否添加梳子、扎头绳；根据客人衣服的多少，适当增加衣架数量；卫生间云台上准备一个小盘子放置客人的化妆品；明显位置可设置温馨天气提示，提供穿衣指数。发现女性生理周期时，可配备红糖、红枣、暖水袋等。

（五）按国别划分

1. 外国客人

外国客人对客房卫生及设施非常敏感，尤以年长一些的女宾较为突出；消费水准高，服务要求也较多，如洗衣服务、擦鞋服务、房膳服务等；房内小酒吧消耗量较大，外国客人还特别喜欢喝冰水；习惯电话服务，希望服务要求能尽快满足；重视个人隐私，不希望有楼层服务台；另外，希望保持楼层绝对安静。因此，为外国客人服务时要特别注意尊重客人的隐私，注意服务时的各种礼貌用语。同时，在服务过程中要注意做到"三轻"，还要注意服务的效率问题，以及注意为客人供应冰水（外宾楼层可设制冰机）。另外，为外国客人排房时，不要安排烟味重的房间。

在为外国客人服务时，还应注意语言沟通艺术，避免因文化背景的差异，引起客人误会。

2. 国内客人

大部分国内客人对楼层服务台的依赖性较强，不善于使用房内的服务指南和通过电话要求酒店提供服务，希望有楼层值台人员，并希望值台人员随叫随到。特别是因公出差的国内客人，常需会客服务，因此，对于国内客人住宿的房间，要注意多观察，随时准备为客人提供服务。

此外，国内客人大都有午睡习惯，因此在这段时间，绝对不要进房打扰客人，否则，将引起客人极大的不满，甚至惹怒客人，影响客人一天的学习、工作、生活。

第六章
棉织品与洗衣房管理

干净整洁的某酒店洗衣房（刘伟 摄）

棉织品（又称"布草"）是对酒店经营所需床单、台布等各类布草的总称。棉织品管理主要包括对这类物品的采购、保管和发放等工作。目的是减少浪费，降低酒店经营的成本费用。

对棉织品的管理还包括员工制服的设计、采购、保管、发放、更换和补充等各项工作。

此外，大型酒店一般都设有洗衣房，承担着对客衣、布草及员工制服的洗涤任务。洗衣房不仅要按质保量地完成各项洗涤任务，保证酒店经营活动的顺利进行，减少客人投诉，还要厉行节约，降低洗涤费用，实现绿色环保型经营，为社区及旅游业的可持续发展做出贡献。

学习目标

了解棉织品的储备标准。
掌握棉织品储存与保养的方法。
掌握员工制服的管理方法。
了解洗衣房的组织结构及员工的岗位职责。
熟悉洗衣房工作程序及质量标准。
掌握客衣纠纷的预防与处理技术。

关键词

棉织品 cotton goods　布草房 linen room　洗衣房 laundry room

经理的困惑

酒店洗衣服务对客人的赔偿是无底洞吗？

为客人提供洗衣服务是酒店洗衣房的主要任务之一，在此过程中经常会发生客房纠纷问题，主要是在洗涤过程中产生损坏时的赔偿问题。按照行业的惯例，赔偿金额不超过该客衣洗涤费用的 10 倍，这一点在客衣洗涤单中都有明示。可一旦发生纠纷，很多客人对此并不理会，声称自己的衣服价值昂贵，要求照价赔偿，否则，就要向法院起诉或向媒体曝光，对此，我们应该怎么办？曾有一次，我们也应诉过，但令人遗憾的是，地方法院并不承认"赔偿金额不超过该客衣洗涤费用的 10 倍"这一国际惯例，认为没有法律依据，属于"店堂告示"，以违反消费者权益保护法为由，判我们败诉。难道，我们只能按客人要求赔偿吗？

酒店经理人的答复
▼

酒店洗衣服务对客人的赔偿是无底洞吗？

第一节　棉织品管理

做好对棉织品的控制和管理,是酒店客房管理的主要任务之一。作好对酒店棉织品的管理,对于降低客房经营的成本和费用,具有重要的意义。遗憾的是,很多酒店往往在付出昂贵的代价之后才会意识到这一点。

一、布草的管理

(一) 布草房

1. 布草房的职能

酒店对棉织品的管理,主要由布草房负责。布草房具有以下职能:

(1) 发放客房供应物品。

(2) 处理洗衣业务,发出棉织品的计数,送洗棉织品的清点检查。

(3) 分发餐饮部棉织品。

(4) 分发酒店员工制服(以脏换净)。

2. 缝纫室

酒店可以根据需要,聘用一名兼职缝纫女工,负责改做制服或缝补棉织品织物,这对酒店节约成本费用而言,是相当重要的。

缝纫室的主要工作包括:

(1) 改做制服。

(2) 修补台布、床单等。

(3) 缝补窗帘、床罩、沙发套以及任何价格较高而又需稍稍修补就能重新使用的物品。

(4) 用报废的餐巾等制作厨师用工作布。

(二) 棉织品的储备标准

客房部棉织品的储备标准为 3～5 套,取决于营业状况、客房出租率、洗衣房运转状况、部门预算等因素。一般最低的标准是 3 套:一套在客房使用,一套在洗衣房洗涤,一套储存在棉织品仓库备用。但在预算不是很紧的情况下,更现实一点的需要量则是 5 套:一套在客房内使用,一套在楼层储物室或工作车上,一套在房务中心棉织品仓库,一套已经脏了正送往洗衣房,一套正在洗衣房洗涤中。

(三) 棉织品的储存与保养

对于棉织品的储存与保养应注意以下要点:

(1) 棉织品必须避潮储存,如果棉织品仓库与洗衣房相连,那么相连处的门就必须具有较好的密封性能,并且应尽可能地少打开。

(2) 棉织品仓库必须保持良好的通风。

(3) 棉织品仓库的隔板、储存架边沿应光滑,不能锋利突出。

(4) 棉织品(尤其是混纺床单)在洗涤完并经过烘干机烘干以后,应放在储存架上"休息"一下,而不应直接拿去使用,这样可以延长棉织品的使用寿命。

(5) 不能将棉织品堆放在混凝土地面上(可放在乙烯基石棉地面上)。

(6) 撤下的脏布草应及时洗涤。

(7) 破损的床单等应及时缝补。

(四) 棉织品更新

在酒店经营过程中,很多布草会因使用时间过长而改变颜色、破旧,甚至破损,还有些布草由于管理不善、操作不当而出现斑斑点点的污渍,如黄色锈斑、黑色油污等,对于这类布草,酒店应及时更换,使其退出服务过程,而不应凑合着用,否则会严重影响服务质量,使酒店的利益遭受损失。

通常,各类棉织品使用到 8 成左右陈旧程度时就需要更换新棉织品。这时,棉织品的洗涤次数大约为床单、枕套 130～150 次;毛巾类 100～110 次;台布口布 120～130 次。

布草的退换应由酒店布草使用单位与布草房(洗衣房)共同把关,对于换下来的旧布草、脏布草,酒店采购部门应及时如数予以补充,保证一定的周转量。

(五) 棉织品的盘点

布草房对棉织品的管理,还应做好盘点工作。棉织品的盘点工作一般每月进行一次,楼层布草每月盘点表如表 6-1 所示。

表 6-1　楼层布草每月盘点表

年　　月

名称	结存	进入	总数	房间	工作间	仓库	布草房	报损	遗失	合计	单价	金额	备注
特大床单													
中床单													
小床单													
枕套													
浴巾													
面巾													
脚巾													
……													

二、制服的管理

(一) 制服的设计和选购

制服是员工工作时穿着的服装,包括套装、衬衫、领带(结)、厨师制服、厨师帽等。设计良好的制服不但可以方便员工的工作,而且能够体现酒店的个性、风格和经营特色,因此,员工的制服之于酒店的形象、员工的士气及工作效率具有重要意义。制服设计差会有损酒店的形象,制服不讲究则会有损员工的工作干劲,影响员工士气,并最终危及酒店的服务标准。

设计和选购制服时,应考虑以下因素:舒适、实用、美观、耐用、易保养。

其中,舒适、实用是设计和选购制服时应考虑的首要因素。酒店应根据部门、各岗位的工作性质和特点来设计和选购员工制服,使员工便于操作。例如,客房服务员要经常弯腰做清洁工作,因此,其工作服的设计就应宽松一些,不能太紧、太短,以免弯腰时露出身体的某一部分。

除了舒适和实用,员工的制服还应美观、耐用和易保养。此外,最好的设计还应使员工不会在家穿着,不鼓励员工穿着制服从事酒店以外的工作,以减少对制服的过度损耗。

(二) 制服的订购量

一般来说,每位员工3套制服是最起码的订购量,但明智一点的酒店经理会要求额外再加一些,以备更换之用。

(三) 制服的日常送领

制服的收取和发放均在布草房的专用窗口进行。员工每天上下班前,应将制服送到布草房,制服管理员收取后,将干净的制服发放给员工(制服管理员在收取制服时,必须检查制服上的编号或姓名有无脱落,以免混淆)。

制服管理员在将收取的脏制服送洗衣房洗涤前要进行登记,洗净后再由制服管理员验收入库。

(四) 制服的入库保管

1. 分类保管

制服应按质地、用料、使用部门等进行分类保管。例如,厨师制服为棉织品,洗涤频率高,应将它们放在最容易拿取的地方;而全毛套装保管要求高,换洗频率则较低,可悬挂在高处,既干燥又不易被污染。

2. 制服上架

洗净后的制服经检查和修补后,要用衣架挂起,衣架杆上最好有固定挂钩并标有员工工号或姓名,制服按工号放好。工号和姓名可按姓氏的第一个字母顺序排列,以方便存取(见图6-1)。

图 6-1　制服的入库保管（刘伟　摄）

3. 统一修补

制服若出现破损，如开裂、脱线、脱扣等，由缝纫工统一修补。对于无法修补的制服，应由主管检查确认后签字，从后备制服中补发新制服。

（五）制服的更新和补充

1. 建立制服消耗记录卡

各部门的员工制服应做好消耗记录，定期汇总。对于制服的非正常损坏、遗失等，应要求员工适当赔偿。因破损、丢失而补发的制服，要按部门登记入账，定期将账单交财务部。

2. 制服的更新、补充

由于洗涤、磨损等自然原因造成的更新需求，要按有关规定和程序，办理有关更新手续。由于损坏、丢失等原因而需要补充的，待部门主管查明原因，员工本人填写制服申领单，经部门经理签字后，由布草房负责报销和补充新制服。

第二节　洗衣房管理

一、洗衣房的任务

酒店洗衣房的主要任务是负责洗涤、熨烫酒店客房部、餐饮部（厨房、餐厅、酒吧等）的布草，保证客房、餐厅等的清洁卫生，从而确保酒店经营活动的正常进行。

洗衣房的第一个任务就是洗涤客房布草。高档酒店一般每天要清洗一次，也就是说，如果一家酒店有1000间客房，共计2000张床位，按每张床上两条床单计算，那么在客满的情况下，该酒店洗衣房每天就担负着洗涤4000条床单，此外还有4000只枕套、2000条面巾、1000条脚巾和2000条浴巾的繁重任务，再加上餐饮部撤下的台布、餐巾等，其工作量之大是不言而喻的，不仅如此，洗衣房还要对这些布草进行整理和分类。

洗衣房的第二个任务是负责提供客衣的洗涤、熨烫服务。这既是酒店为客人提供的一项服务内容,同时,也是酒店取得经济收入的一个重要途径。

洗衣房的第三个任务是负责酒店员工制服的洗涤工作。

除了上述三大任务,一些大型酒店的洗衣房还对社会开放,接受市民的衣物以及其他小型酒店布草的洗涤要求,因此,洗衣房不仅是酒店的后勤保障部门,还成为酒店重要的创收部门。

二、洗衣房的组织结构及岗位职责

（一）洗衣房的组织结构

洗衣房的组织结构如图 6-2 所示。

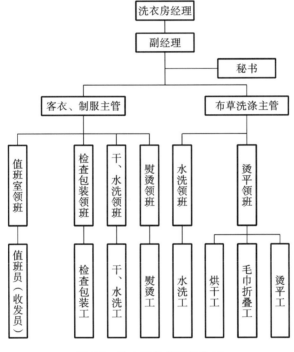

图 6-2　洗衣房的组织结构图

还有些酒店的洗衣房分为水洗组、干洗熨烫组、大烫组、客衣组、布巾组、工服组等。其中：

水洗组,主要负责酒店各类布草以及适合水洗的客衣及员工制服的洗涤工作。

干洗熨烫组,完成客衣和工服的干洗和熨烫工作。

大烫组,负责经水洗后布草的烫平、烫干工作。

客衣组,负责客衣的核对、打号、包装和收发业务。

布巾组,负责布草的收发、分拣工作。

工服组,负责工服的收发业务。

(二) 洗衣房员工的配备标准

洗衣房的工作是比较繁重的,因而需要配备足够的人员。如果酒店洗衣房不对社会开放,则酒店客房数与洗衣房所需人员之间在客观上存在着一定的比例关系,一般来说,这一比例约为 1∶0.12,也就是说,拥有 1000 间客房的酒店,洗衣房所需人员约为 120 人。而如果酒店洗衣房同时对外开放,则要根据洗衣房的大小和实际业务量的多少,适当增加人员。

(三) 洗衣房员工的基本素质要求

洗衣房员工应具备以下基本素质:
(1) 有一定的工作经验。
(2) 身体健康,能吃苦耐劳。相对酒店其他部门而言,洗衣房的工作比较辛苦,劳动强度较大,工作环境较差(温度高、噪声大),因此,员工必须具有健康的体魄和能够吃苦耐劳的精神。
(3) 有强烈的工作责任心,工作耐心细致。
(4) 熟悉洗涤设备的使用和保养,熟悉各种布料的洗涤要求和标准,熟悉各种洗涤化学药品的用途。

(四) 洗衣房各主要岗位的职责

洗衣房的岗位职责是根据洗衣房设备和洗衣业务范围及其管理体制来制定的(见表 6-2)。

表 6-2　洗衣房各主要岗位的职责

岗　位	职　责
洗衣房经理	在行政管家(客房部经理或客务总监)的领导下,全权负责洗衣房的日常运行和管理工作。 (1) 制定本部门各类规章制度和各项工作程序与标准。 (2) 制定本部门消防及生产安全措施,确保员工人身和公共财产安全。 (3) 决定员工的奖惩,任免下级管理人员。 (4) 督导并检查下属员工的工作内容及工作质量。 (5) 计划并组织全部门员工的培训。 (6) 处理客人投诉及各类洗涤差错和损坏赔偿事宜。 (7) 选购洗衣原料,保证仓库中有合理的储备量。 (8) 控制洗衣成本及其他开支。 (9) 定期与客房部、餐饮部进行沟通,听取他们意见。及时调整本部门的工作安排和工作程序,以满足他们的要求。 (10) 与工程部协作,搞好设备的维修保养,督促工程部及时申购、储存易损设备部件。 (11) 定期召开员工会议,做好与员工的沟通工作。 (12) 负责做好员工的思想教育工作。

续表

岗 位	职 责
洗衣房经理	（13）不断地学习和研究国际上有关纺织品及时装的洗涤知识，加强与国际上有关行业组织和协会的信息、工艺交流。 （14）根据酒店当年营销计划制定本部门经营指标，在保证酒店任务完成的同时，开拓市场，面向社会为酒店创收
洗衣房主管（领班）	（1）督促下属员工遵守店规店纪及部门规章制度（包括安全操作制度、机器保养制度、清洁卫生制度等）。 （2）负责本组内员工考勤和工作分配。 （3）督促所属员工安全生产，按时、保质、保量完成当日任务。 （4）指导下属对机器设备的使用，控制原料成本。 （5）填报生产记录。 （6）向经理负责，按时向上报告洗涤用品及消耗量；按月制作各类用品报表交有关部门，定期领取工作用品。 （7）对所属员工进行培训。 （8）对员工工作表现进行定期评估，向经理提出奖惩意见。 （9）与有关班组沟通，搞好协作。 （10）下班前检查洗涤熨烫设备、工作场地的环境卫生和安全情况
洗衣房文员	（1）记录员工每日出勤情况，做好每日生产统计（包括每日客衣洗涤收入的统计与入账）及其他固定性记录工作，制作每月经营报告等各类固定性报表。 （2）负责办公室各类文件的整理及存档。 （3）负责办公室的内务工作，如卫生、接听电话、接待来访客人等。 （4）管理部门财务及日用品储存库。 （5）完成经理交代的其他工作
客衣收发员	（1）接听房务中心或楼层电话，迅速收取客衣。 （2）按时与楼层服务员清点客衣，检查待洗客衣情况，按清点交接单内容签收。 （3）整理衣物并对所收衣物进行打码编号。 （4）衣物洗熨后，在装袋前检查质量、核对件数。洗烫不合格的退回有关洗涤组复洗或复烫。 （5）及时将装袋或上架衣物分送客房部，由楼层服务员签收。 （6）完成上级管理人员指派的其他工作
洗涤工（干洗、水洗）	（1）清点收洗的客衣、布草，分类整理，洗前去污等，并做好洗涤记录。 （2）按程序和注意事项进行干洗或水洗，并自查质量。 （3）做好机件保养工作及环境卫生
熨烫工	（1）鉴定各类不同织物的质地，将未洗净衣物退洗涤组返工，并做好记录。 （2）按规定的工作程序与标准熨烫各类衣物。 （3）做好清洁卫生
织补工	负责拆、缝衣扣，织补客衣和缝补员工制服

三、洗衣房的工作标准

（一）棉织品洗涤质量标准

（1）毛巾类：洗后的毛巾应洁净、蓬松、柔软。

（2）床单枕套类：洗后的床单、枕套应清洁、柔软、洁白。

（3）台布口布类：洗后的台布、口布应清洁、柔顺，有挺括感，无任何污渍。

（二）客衣洗涤质量标准

（1）干洗：洗涤后的客衣清净，无任何污渍，无掉色、脱扣等现象发生。

（2）水洗：洗涤后的客衣干净、完好、不褪色、不染色，无任何污渍。

（3）熨烫：整个客衣洗涤做到衣物洁净、无污渍、无异味，平整挺括，折线清晰，裤线无双线。

（三）工服洗涤质量标准

洗衣房将不同种类和面料的工服分类洗涤。洗后的工作服应清洁、美观、无污渍、无开线。需要补修的工服，交工服房补好。

四、客衣纠纷的预防与处理

（一）客衣纠纷的预防

对于客人衣物的洗涤，要求做到干净、整洁、送准、及时、不丢失、无损坏，否则将可能引发客衣纠纷。

为了预防客衣纠纷的发生，洗衣房管理人员应从以下几方面入手，加强对客衣流通及洗涤各环节的管理。

（1）收取客衣时，应认真细致地检查客人待洗衣物，若发现可能洗不净的严重污渍、衣服破旧可能洗坏、口袋内有物品等，要事先告知客人。

（2）分类处理。编号时要将客衣按干洗、水洗、熨烫和手洗等几种类型进行分类、登记，同时要严格检查，将需要去扣、装袋洗涤、先去油污、机洗和手洗的客衣严格分开。

（3）客衣洗涤、熨烫要严格按照操作规程办事。不同质地、面料的衣服要采用不同的洗涤方法，选用不同的洗涤剂，确保一定的洗涤时间，这样既可保证洗净衣服，又可避免损坏衣物。

（4）将洗好的衣物按不同的楼层、客房进行分拣。

（5）工作细致，质量检查、分号装袋不发生差错。

（6）为了防止丢失衣物或出现其他差错，要明确洗涤责任，客衣在流通过程中要做好交接记录，检查客衣的数量与质量。

（7）客衣在洗涤速度上可分为快洗和普通洗涤两种类型，无论是哪种类型，都要求洗衣房按时洗涤完毕，及时送还客人。

（二）客衣纠纷处理标准

1. 纠纷原因分析

当客人提出投诉，发生客衣纠纷时，主管首先要认真听取客人意见，态度要诚恳、耐心，接着迅速分析和查明具体原因，以便有针对性地处理。容易引起客衣纠纷的原因主要有客衣丢失，衣物破损，污渍未洗净，纽扣丢失，客衣染色、褪色等。

2. 客衣纠纷的处理

对于客衣纠纷，要在查清原因、掌握事实的基础上针对不同情况进行区别处理。凡属客衣洗涤过程中由酒店方面的原因引起的客衣丢失、洗坏、染色及熨烫质量差等客衣纠纷，酒店应主动承担责任，该赔偿的赔偿，该修补的修补，该回收的回收，该回烫的回烫。若需赔偿，赔偿费最高不超过洗衣费的 10 倍，具体金额应由双方根据具体情况协商确定。凡属客人或客人衣物本身原因引起的洗坏、口袋中的物品丢失、污渍洗不掉等客衣纠纷，酒店不负赔偿责任，但应向客人耐心解释。整个客衣纠纷处理过程中做到友好协商，事实清楚，原因明确，处理得当，让客人满意。

五、洗衣房与楼层职责的协调

为了保证能将客房布草，尤其是客衣按质保量，及时洗涤，并及时准确地送交客人，必须协调好楼层与洗衣房的职责。

一般来说，客房部可设若干名（依据酒店客房数量的多少而定）专职布草取送员，负责取送客房布草，将当日换下的旧床单、毛巾等布草，及时送交洗衣房洗涤，由洗衣房负责签收，同时，领回相同数量的干净布草，并将其分送至各楼层，由楼层当值服务员负责签收。在从洗衣房领取布草时，布草取送员要检查布草是否洗涤干净，无论是床单、枕套还是面巾、浴巾，有黄色锈斑或其他污渍的一律不得使用。

除上述专职布草取送员外，洗衣房还应委派一名服务员专门取送客衣。客人的待洗衣物由客房服务员取出送交至楼层储物室（或房务中心），再由洗衣房服务员来各楼层储物室（或房务中心）领取并签收，待衣物洗好后，再由该洗衣房服务员送回楼层储物室，楼层服务员则根据洗衣登记表一一核实并签收，填写楼层客衣洗涤控制表（见表6-3）。

表 6-3　楼层客衣洗涤控制表

日期：

编号	房号	客人姓名	件数	收客衣经手人	洗衣房送回点数人	送房人	备注

一般来说，收到洗好的客衣后应立即送还客人，为了便于客人查收，一般应将洗净的衣物置于客人的床上，切忌将衣物直接放入衣柜内，以免引起误会与麻烦。

如果服务员送还客衣时，发现客房门上挂有"请勿打扰"牌，应将特制的说明字条，从门下空隙处塞进客房,告诉客人"衣服已洗好,需要时通知楼层服务员",或通过电话向客人留言。

需要指出的是,酒店洗衣房的工作是很累、很辛苦的,工作环境、工作条件往往要比酒店其他部门差得多,尤其是在炎炎夏日,洗衣房机器运转嘈杂的声音,驱不散的"暖流",使得许多职工难以忍受,尤其是跟其他部门相比时往往会产生自卑感,进而消极怠工,致使洗涤任务难以完成,严重的会影响酒店经营活动的正常进行,对此,酒店管理层及洗衣房管理人员必须具有足够的认识,使员工树立"以店为家"的思想,同时,努力改善他们的工作环境,提高其待遇。此外,还要通过加强考勤、严格管理并采取必要的奖惩措施,使洗衣房管理严格化、正规化和科学化。

本章小结

- 酒店棉织品的管理主要是做好各类布草、员工制服等的设计、采购、保管、洗涤和发放工作。此外,住店客人衣物的收取、洗涤和发放也是棉织品管理工作的重要内容。
- 棉织品储备的最低标准是3套:一套在客房使用,一套在洗衣房洗涤,一套储存在棉织品仓库备用。但在预算不是很紧的情况下,更现实一点的需要量则是5套:一套在客房内使用,一套在楼层储物室或工作车上,一套在中心棉织品仓库,一套已经脏了正送往洗衣房,一套正在洗衣房洗涤中。
- 一般大型酒店都设有自己独立的洗衣房,负责酒店各类布草、员工制服、客衣等的洗涤工作。如果条件允许,洗衣房还可以对社会开放,为市民提供洗衣服务,从而成为酒店另一营利部门。
- 根据洗衣房的大小,可以将其划归客房部管理,也可以将其视为独立的经营部门。但无论如何,洗衣房要确保对布草,尤其是客衣的洗涤质量,尽量避免或减少客人的投诉。为此,洗衣房除了要与各楼层做好客衣的交接工作,还应严格按照操作规程,认真、负责地做好客衣的洗涤工作。

课堂讨论

图6-3 自助洗衣服务(刘伟 摄)

"城市客栈"(City Inn)酒店是一家准四星级酒店,为了方便客人,该酒店创新性地在其楼层为客人提供自助洗衣服务(见图6-3),客人只需交15元钱,就可在酒店楼层自助(也可交由服务员洗涤)洗衣一次,每次可装满一桶衣物。

讨论:对于这种经营手法和服务项目,你如何评价?

复习思考题

1. 洗衣房的任务有哪些?
2. 如何预防客衣纠纷的发生?

案例聚焦

棉织品管理不善造成的后果

表 6-4 为一家拥有 800 间客房的酒店在 6 年内对客房床单盘存数字的真实记录。

表 6-4　拥有 800 间客房的××酒店客房床单盘存清单(2016—2021 年)　　单位:条

项　　目	2016 年	2017 年	2018 年	2019 年	2020 年	2021 年
现有床单	10500	12159	15176	16006	16497	18193
新采购	3600	3600	3600	3600	4000	4000
共计	14100	15759	18776	19606	20497	22193
损失	−1941	−583	−2770	−3109	−2304	−1890
结余	12159	15176	16006	16497	18193	20303

2016 年该酒店开业之初共有 10500 条床单。在 800 间客房里,有床位 1200 张,外加存放在楼层棉织品储存室的 75 张折叠单人床,共有床位 1275 张。

该酒店每个床位床单的配备标准是 5 条,即 6375(1275×5)条床单已从储存室拿出来投入使用,剩下的 4125 条储存在仓库里。

酒店开业第一年,棉织品的丢失数字高得惊人(1941 条),这主要是由于酒店在开业前招收了许多临时工,而在正常运营前还没有制定管理措施,加上那种蓝色床单质地很好,所以偷窃现象非常严重。

除了偷窃现象,棉织品的损坏现象也很普遍,而且常常难以预料,因为管理层和部门负责人根本未料想到天气如此反常的潮湿,不知该如何处理。

此外,新的棉织品推车边沿锋利,极易钩破床单。加上缝纫室忙于制作桌布和赶制制服,因此那些破床单要等很长时间才能得到缝补。再者,洗衣房棉织品滑槽底下堆放脏棉织品的混凝土地面在人们发现它有碍存放并铺上乙烯基石棉以前,已经使上百条床单遭到腐蚀沾染而过早地报废。加上服务员有时候把垃圾槽与棉织品滑槽搞混了,污染了许多彩色床单,使床单沾上各色斑点而无法处理。

另外,储存室的一角过于潮湿,当发现时,已经有上百条床单发霉。

第二年,酒店采取并加强了许多管理和控制措施,情况大为改观,原先存在的大部分问题得到了解决。缝纫室也赶上来进行缝补。因此这一年的损失减少了一大半,不过也采购了同样数量的新床单。

直到 2018 年,常规的报损因素开始显露出来;大部分每天使用的床单预计仅可坚持 2~3 年。酒店客房出租率上升了近 23%,达到 90% 以上,使棉织品得到了最大限度的使用。但由于新来的员工不能正确使用棉织品,损失又上升到了2770条。

2019年,第一批使用的6375条床单全部报废,而酒店客房出租率仍然很高。到了2020年,高出租率持久不降,由此造成了酒店对当年形势的乐观估计,客房部管理人员唯恐床单不足,又订购了4000条。

2021年,缝纫室负责人辞职,酒店一直找不到像她那样能干的人来接替这一职位,导致破损床单不能及时得到缝补。加上对接待会议业务的乐观估计以及预测棉布和合成纤维织物将出现短缺从而有可能极大地影响床单的供应,客房部管理人员又要求酒店有关方面订购了4000条床单。

以上因素使这家酒店的棉织品严重供过于求,虽然供过于求远比供不应求要好,但在那种潮湿的季节,供应过剩会导致极大浪费。

补充与提高

布草的二次污染与预防

1. 二次污染产生的原因

酒店布草管理中较为普遍的问题,是对布草的管理不善,造成布草损坏严重,洗涤成本增加。

二次污染是指布草从客房、餐厅撤换下来之后,在收集、送洗过程中形成的新污染。这种污染主要表现在以下几个方面:

(1)布草随意乱扔,服务员不经意地在布草上踩踏,在布草上留下鞋印。

(2)用面巾或者浴巾擦卫生间的台面,用口布、面巾擦玻璃转台,擦水龙头上的锈垢,在毛巾上留下黑色污垢和黄色锈渍。

(3)客房服务员在收集布草时,用床单打包,在地上拖,布草与地面摩擦,产生污垢;餐厅服务员用口布、毛巾擦玻璃转台、托盘等。

(4)布草在装卸、运送过程中,随意乱扔乱踩,形成新的脏痕。

(5)布草在运到洗衣房后,不按规定分类堆放,造成客房布草与餐饮桌布交叉污染,或洗涤不及时,产生霉变现象。

二次污染的根本原因是洗衣房缺少严格的管理制度,同时部分员工存在不正确的认识,认为布草反正是送到洗衣房去洗的,弄脏一点无所谓,因此造成了二次污染的普遍性,形成了"见脏不怪"的现象。

2. 二次污染的危害

二次污染给布草带来的损害是很大的。布草从客房撤出时,一般来说,床上用品实行的是一客一换,长住客一周至少换一次。污痕不明显的布草基本上不脏,只需轻柔洗就可以达到清洁的要求。但二次污染就不同了,二次污染的污垢都是不容易清洗的顽渍,如锈渍附着在布草上,不容易除去,必须用专用的去锈渍剂才能洗掉。又如布草在地上的拖拉过程中,纤维与地面强力摩擦,污垢已深深嵌入纤维之中,普通的洗涤方法很难洗掉,必须经特殊处理才能洗净。据一些酒店洗衣房的统计,因顽渍没洗净返工重洗的布草中,有近80%是二次污染造成的。洗净二次污染的顽渍,不但加大了洗衣房人员的工作量,而且由于过多使用去渍剂,容易造成布草纤维的损伤,增加布草破损报废率,增加客房用品消耗和酒店成本。

3. 二次污染的预防

酒店必须完善布草管理制度,以防二次污染。具体可采取以下措施:

(1) 加强对员工的职业道德教育,增强客房、餐厅和洗衣房员工的工作责任心,使他们尽心尽责,爱惜布草。

(2) 制定严格、详细的操作规程,每一步操作都有规可循,避免操作中的不文明现象。

(3) 加大日常管理中的检查力度。洗衣部经理要经常对布草情况进行检查,与客房、餐厅等使用部门主动沟通、协调布草的洗涤质量问题,保证对客营运服务。

(4) 加大处罚力度,建立二次污染赔偿制度。对于造成二次污染的当事人,各部门应令其承担赔偿的责任。

(5) 改善工作环境与条件。改善工作环境,增加布草车、楼层二级库的布草摆放货架,在餐厅和客房增设布草存放容器、布草袋等,尽可能地配齐设备,解决布草存放、搬运中的具体困难,降低二次污染发生的可能性。

第七章
客房部预算与成本控制

客用品的管理是客房成本控制的重要内容(刘伟 摄)

预算是管理人员用来控制和指导经营活动(特别是采购设备、用品)的依据。制定客房部预算是客房部管理人员的基本职责之一。通过制定房务预算,酒店可以有效地控制客房部各项成本、费用,提高客房部经济效益。

客房成本控制主要是在严格执行客房预算的基础上,做好客房设备用品的采购、保养和管理工作。客房成本控制是客房管理主要任务之一。

学习目标

学会做客房部预算。
了解客房成本控制主要途径和方法。
了解和掌握客房物品与设备管理的任务和方法。
掌握客用品的控制方法。

关键词

客房设备 room equipment　　客房用品 room amenities　　预算 budget

经理的困惑

如何控制客房运营成本？

李伟是某酒店客房管家，今天早上，总经理找他谈话，要求他控制客房经营的成本和费用。他想来想去，除加强管理，防止客房低值易耗品的流失外，不知道还应从哪些方面、采取什么方法来节约成本和费用。而要控制客房低值易耗品就要加强对客房低值易耗品领用的管理，要求服务员根据每日实际需要的数量领用，并在做房时填写客用品配备清单，但李经理认为没必要这样，他相信服务员不会贪污或偷拿这些小东西，再者，即使想拿也带不出酒店。他开始考虑是否应该要求酒店采购部采购便宜一点的牙刷、牙膏、拖鞋等客房用品。

酒店经理人的答复
▼

如何控制客房运营成本？

第一节　客房部预算

预算是管理人员用来控制和指导经营活动(特别是采购设备、用品)的依据。制定客房部预算是客房部管理人员的基本职责之一,客房设备用品是编制客房部预算的重要内容(见图7-1)。通过制定客房部预算,酒店可以有效地控制客房部各项成本、费用,提高客房部经济效益;同时,也能使客房部管理人员为今后一段时间的工作做好详细的规划。不仅如此,预算管理也是评定各部门、各职工工作绩效的一个重要准绳。

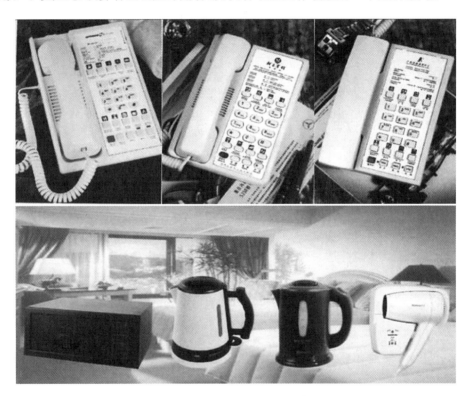

图7-1　客房设备用品是编制客房部预算的重要内容

预算的制定应力求谨慎,一旦制定出来,就必须成为指导开支的纲领。可以说,预算是整个客房经营管理工作的基础。

一、制定预算的原则

(一) 轻重缓急原则

制定预算时,所有预算项目必须分清轻重缓急,按以下先后次序排列:
第一优先——来年绝对必须购置的项目。

第二优先——提高享乐程度和改善外观的新项目。

第三优先——未来两年内需要添置的项目。

酒店在开业三年以后，总有必要对某些设施进行更新、改造和重新装饰，这些更新项目往往占了预算开支的一大部分，但是如果能将过去所购物品的购买和使用时间记录在案，那就会为客房部管理人员制订年度资金预算计划提供方便。

（二）实事求是原则

预算必须实事求是，按照客房部的实际状况和经营需要确定，否则，如果客房部管理人员为了得到预期的金额而在预算上报了多出两倍的金额，那么，将来的实际开支就将多出实际预算的两倍。事实上，如果按轻重缓急序列制定预算，也没有必要做这种"预算外的预算"。

（三）充分沟通原则

在绝大多数酒店，客房部要负责整个酒店的家具配备工作，因此，客房部管理人员必须与其他部门负责人（特别是工程维修部）保持联系，以便协商和确定客房部与这些部门预算有关的统一开支款项。

二、预算编制的程序与时间

（一）预算编制的程序

与其他部门一样，客房部管理人员首先自行编制部门的预算，然后由财务部门会同各部门反复研究、协商、修订和平衡，再送总经理审查，最后送交酒店董事会审核批准。这种从基层开始，让各部门管理人员（预算的执行者）亲自参加编制的预算比由上级编制好再交由下级强制执行的预算容易得到贯彻。而且，负责成本控制的基层管理人员与业务直接接触，他们编制的预算往往比较切合实际，经过努力可以达到。总之，这种预算编制程序能较好地得到广大预算执行者的支持，提高他们完成预算所确定的目标和任务的自觉性与积极性，从而最终使预算充分发挥其应有的作用。

（二）预算编制的时间

预算编制的时间应与酒店其他部门预算同步进行，具体可根据每个酒店的具体安排而定，但宜早不宜晚。有些酒店常在本年度开始以后好几个月，预算指标才确定下来，这样就影响了预算的作用。一般来讲，应从本年度下半年开始，就着手准备下一年度的预算编制工作。全年各项预算一般应在上年的 11 月份便全部编制完成。这样做既不影响年终结算又不妨碍下一年度开始后预算指标的执行，从而在时间上保证预算管理能够真正发挥作用。

三、制定预算的依据

客房部制定预算的依据主要有以下几点。

(1) 酒店在计划期内的经营预测(重点考虑市场的变化情况,包括国家公布的当地游客人数、新建酒店的数量及原有酒店的改造等情况)。

(2) 酒店经营的历史资料(见表7-1)。

表7-1 一家有120间客房的美国酒店的客房部收支情况一览表

项 目	金额/美元	百分比/(%)
客房销售收入(room sales)	2555110	100.0
部门费用(departmental expenses)		
工资	355160	13.9
员工用餐	10220	0.4
工资税与员工福利	76653	3.0
洗涤费用	38327	1.5
瓷器、银器、布草等	25551	1.0
佣金	38316	1.5
预订费	17886	0.7
其他支出	84312	3.3
客房部总支出(total rooms expenses)	646425	25.3
客房部利润(rooms-departmental income)	1908685	74.7

注:以上费用项目中不包括行政管理费用(administrative expenses)、酒店营销费用(marketing expenses)、资产经营费用(property operation expenses)、维修和能源费用(maintenance and energy costs)等酒店未分配之经营费用(undistributed operating expenses)以及折旧和摊提费用(depreciation and amortization expenses)、利息(interest)等资本成本(capital costs)。

(3) 客房部设施设备及人员现状。

(4) 计划期内物价及劳动力成本。

在分析了以上情况之后,客房部管理人员便可大致确定每月客房出租率是多少。然后根据本酒店客源结构分别来制定平均房价,进一步分解计算出各类客源的住房率,最后确定整个酒店的收入预算指标。

客房部其他部门如洗衣房、康乐中心的收入预算指标的编制,可根据以往的历史资料来确定占客房收入的比例,在考虑了价格指数变动以后,就可以确立其收入的预算指标。

客房费用预算的编制是在出租率和收入预算的基础上进行的。但在酒店经营的实际工作中,由于市场形势的变化或季节性等原因,各月份的实际销售量往往会产生起伏波动,致使实际的每月费用开支与原预算的每月费用开支不能互相比较。为了解决可比性的问题,客房费用的预算可采用弹性预算。所谓弹性预算,就是在编制费用预算时,考虑到计划期间销售量(出租率)可能发生的变动,编制出一套能适应多种销售量的费用预算,以便分别反映各种销售量所应开支的费用水平。这种预算随着销售量的变化做机动调整,本身具有弹性,故称为弹性预算。

有了费用的弹性预算,就可以根据实际的客房出租率选用相应的费用预算数与实际支出数进行对比,这样便于管理人员在事前严格控制费用开支,也有利于管理人员在事后细致分析各项费用节约或超支的原因。

四、预算的编制

（一）客房部预算总表

客房部预算所包含的项目及预算表的格式如表 7-2 所示。

表 7-2　某酒店 2022 年客房部预算总表　　　　　　　　　　单位：元

项　　目	上年实际	上年预算	本年预算	备注（原因）
第一优先项目				预计今年出租率上升 9%；补齐缺编 10 名员工
工资	338400	340000	430560	增加物价上涨因素（按 15% 计）
工作服	16920	17000	26000	增加员工；今年需发皮鞋每人一双（70 元/双）
医药费	25560	23560	27960	240 元/(人·年)×104 人 +3000 元重病超支保险费
床单			57600	补充两套，30 元/床，急需补，否则会影响周转
洗衣房洗涤剂	36000	35000	45000	业务量增加，洗涤剂价格上调 15%（已接到通知）
客房、PA 洗涤用品	15000	18000	9600	部分改用国产产品替代合资、进口产品
客房易耗品	245000	230000	226000	去年还有一部分。3.3 元/间×240 间×82% 出租率 ×365 天×95% 消耗率
维修保养费	70000	75000	38000	去年增加烘干机（4 万元/台）
第二优先项目				
清扫工具等	9000	15000	11000	考虑上涨因素
临时工工资	12000	10000	6000	去年人手不足，今年旺季用些临时工（5—10 月）
差旅、培训费	4800	5000	4500	去年批量实习，今年少数骨干学习培训
邮电通信费	2100	2000	2100	
第三优先项目				
办公用品及印刷品	4000	5000	3000	有些报表已够用
员工生日及生病等	2700	3000	2800	每个员工生日及病假达三天者的探望
奖金	293280	280000	330000	增加员工，业务增加，争取增长 10%
劳保用品	16920	18000	18720	101 人×15 元/(人·月)×12 个月
		累计	1238840	

说明：第一优先中，床单须在旺季之前（3 月底之前）解决；工作服中夏季服装及皮鞋在 5 月前解决，冬季服装在 9 月底前解决。

共需资金壹佰贰拾叁万捌仟捌佰肆拾元，当否，请审批。

（二）预算总表的分解

为了做好预算的控制，还应对预算的有关项目按月进行分解（见表7-3）。

表7-3　月度预算表　　　　　　　　　　　　　　　　　　　　　单位：元

项　目	一月		二月		三月		……		十二月	
	本年	去年	本年	去年	本年	去年	本年	去年	本年	去年
工资										
客房用品										
清洁用品										
……										

五、预算的执行与控制

客房部年度预算一经批准，客房部管理人员应严格执行，将经营活动控制在预算范围之内。为此，客房部管理人员必须对预算执行情况进行检查，一般每年检查不得少于两次，最好是每月检查一次，并填写预算执行情况控制表（见表7-4）。

表7-4　预算执行情况控制表　　　　　　　　　　　　　　　　　　单位：元

项　目	本月实际		本年累计		
	本年	去年	本年	预算	去年
工资					
客房用品					
清洁用品					
……					
直接开支合计					

因为预测不可能准确无误，所以预算指标与实际业务运行发生较大误差是不足为奇的，管理人员可以通过修订预算进行弥补。

在预算与实际状况发生较大误差时，客房部负责人应立即召集所有管理人员通报情况，寻找切实可行的办法来消除因开支过大造成的赤字，或寻找利用剩余资金提高效益的其他途径。

第二节　客房部成本控制

一、客房用品和设备管理

数字化系统的运用在客房用品和设备管理方面具有重要意义。在流程上,数字化系统突破了复杂烦琐的传统步骤;在制度上,数字化系统方便了相关部门的管理和监督。

客房用品和设备管理的数字化是酒店数字化进程中的关键一步,其内容可以分为以下两个方面。

(一) 客房用品的选择与设备采购计划

相关部门根据实际情况,提前制订客房用品和设备的选择以及采购计划,从而达到预期的效果。客房用品的选择与设备采购在数字化运用中主要集中在实用性和经济性方面。在实用性方面,相关部门可通过酒店运营管理系统(OMS)中记录的客房用品消耗的排行以及设施设备的维修频率和耗材数量,量化各项工作的实际情况,进一步判断客房用品的使用、设施设备的清洁保养与维修制度是否合理,并以此为依据开展相关用品的采购计划。在经济性方面,相关部门可通过查看酒店运营管理系统中各项客房用品的消耗数量、耗材排行榜以及金额,综合考虑价格、使用寿命、售后服务的便利程度,制订相关用品的采购计划。

(二) 客房用品与设施设备的管理

客房用品与设施设备在管理方面主要是审查与领发的过程,传统形式的用品审查和领发依赖纸质报表,人工成本很高。通过数字化系统的运用,员工在进行用品领发的过程中,只需要在酒店的操作平台中进行登记,系统就能自动录入其使用客房用品的数量和金额。这不仅简化了工作流程、节省了时间,还方便了后期进行相关的成本测算和用品选购,同时便于后勤部进行物品审查时实现责任到人。

二、客房易耗品的控制

(一) 客房易耗品的申领与盘存制度

客房服务员在客房清扫整理前的准备过程中,应根据实际消耗情况,在系统中对布草、酒水等客房易耗品进行申领,并在系统中对实际的客房用品消耗进行录入。系统保证提交的每一项操作都责任到人,便于后期管理。后勤部以系统提供的物品消耗数据作为参考,定期进行盘存,便于充分了解客房物资的消耗情况。

（二）客房易耗品的管理制度

客房易耗品的数字化运用体现在管理制度方面。相关部门可以根据系统中客房易耗品的消耗情况，对比与标准使用量的差距，监测耗用的异常情况，抓好物品的节省和再利用工作，做到物尽其用，发挥其最大利用价值。另外，还可以将此数据作为员工绩效考核和奖惩制度的依据。

三、物品消耗与数字化技术运用

（一）物品消耗的数字化内容

在酒店客房的运营和管理中，物品消耗的数字化内容主要为客房物品的消耗记录和设施设备维修保养的耗材记录。

在酒店客房清扫的过程中，客房服务员使用物品的消耗和补足，从过去的填写纸质报表转换为通过系统加以记录（见图7-2、图7-3），记录下来的物品流水消耗数量和出入仓数量会通过系统直接反馈到后勤部，便于后续工作的开展和落实。

图 7-2　酒水消耗

图 7-3　酒水消耗历史记录及数量统计

在工程人员进行维修保养的过程中，使用的耗材数量和出入仓数量，同样会通过系统进行记录，形成的数据统计报表便于后续的统计分析，极大地便利了酒店的运营管理。

（二）物品消耗的数字化运用

1. 成本测算

客房服务员在清扫客房过程中，对客房内消耗的布草、酒水和易耗品进行盘点，并在系统中记录消耗和补足的数量（见图7-4）。在这一过程中，应减少纸质报表的使用，

第七章　客房部预算与成本控制

图 7-4　客房用品消耗

利用系统直接填写，减少疏漏。同时，客房用品消耗的系统化记录，便于后勤部对申领项目和数量进行提前计划，是进行物资盘存和成本管控的前提和基础。

工程人员在进行设施设备维修保养时，通过系统记录耗材使用情况。每一项耗材的使用情况都会进行详细记录，比如耗材的种类和使用数量、经手人的信息等，这便于后勤部对酒店运营的成本进行精准把控。

2. 用品选购

客房服务员在系统中记录布草、酒水、易耗品的消耗情况，从而在系统中自动生成相关数据以便于统计分析。其中，将布草、酒水的消耗前 10 项和客房消耗月趋势通过统计图直观呈现（见图 7-5），便于后勤部直观地了解到相关信息，并综合考虑宾客的喜好、季节性差异等因素，来提高用品选购的准确性和针对性。

工程人员在系统中记录耗材的使用数量和具体用途，并在系统中生成相关的数据报表，后勤部相关人员利用权限查看各项耗材的使用情况，以此为依据进行耗材用品的选购。

布草消耗 top10				易耗品消耗 top10				酒水消耗 top10			
排序	布草	消耗量	金额	排序	易耗品	消耗量	金额	排序	酒水	消耗量	金额
1	枕套	5.423万	0	1	矿泉水	7.123万	0	1	冰红茶	443	450
2	浴巾	3.875万	2001	2	小垃圾袋	5.639万	0	2	沉香杯茶	443	0
3	面巾	3.43万	891.5	3	棉拖鞋	2.65万	0	3	可乐	442	675
4	地巾	2.162万	911	4	咖啡	1.983万	0	4	雪碧	423	577
5	客房用品家具已消毒	2.087万	0	5	梳子	1.724万	884.5	5	白沙杯茶	404	0
6	消毒间已消毒	1.887万	0	6	牙具B	1.585万	0	6	小瓶百岁山矿泉水	137	141.1
7	1.35米被套	1.883万	0	7	牙具A	1.52万	0	7	农夫山泉41	95	3610
8	1.35米床单	1.075万	326.6	8	大垃圾袋	1.438万	0	8	橙汁	59	224.8
9	方巾	9194	0	9	卷纸	1.418万	1843	9	乐事薯片	56	218.4
10	外枕套			10	抽纸	1.111万	0	10	可口可乐	50	100

图 7-5　客房用品消耗 top 10 及月趋势

（三）物品消耗数字化运用的管理优化

物品消耗的数字化运用可以极大地优化酒店的管理制度，具体表现在以下几个方面。

（1）在物品的使用周期方面，后勤部工作人员可以通过系统实时管理物品的出入仓情况，并根据物品的消耗情况灵活安排物品的使用周期，从而极大地提高物品管理的效率。

（2）系统上物品消耗单的填写内容包括物品的数量、物品的用途，这些信息具体到个人，便于相关部门进行核查，并及时发现物品消耗的异常情况，有针对性地进行处理。

（3）相关部门可以根据物品消耗的情况，合理控制物品的出入仓数量，达到节能降耗的效果。

> **本章小结**
> - 预算管理是客房部管理人员应该掌握的一项技能。制定预算的原则是分轻重缓急，讲究实事求是，进行充分沟通。
> - 客房部制定预算的依据包括：酒店在计划期内的经营预测；酒店经营的历史资料；客房部设施设备及人员现状；计划期内物价及劳动力成本。
> - 预算一经批准，客房部管理人员应严格执行，将经营活动控制在预算范围之内。为此，客房部管理人员必须对预算执行情况进行检查，并填写预算执行情况控制表。
> - 客房成本控制是提高酒店经济效益的重要途径和客房管理的主要任务之一，客房成本控制的主要途径是做好客房预算及客房设备用品的采购和管理工作。做好客房设备用品管理不仅可以降低客房经营成本，还可以保障客房服务质量。
> - 数字化为客房成本控制提供了方便。

 课堂讨论

参考本章"案例聚焦"，请问总经理要求将客房中的"财产清单"撤下，这种做法妥当吗？

 复习思考题

1. 如何做好客房预算工作？
2. 如何做好客房成本控制工作？
3. 数字化对客房成本控制的作用表现在哪些方面？

 案例聚焦

总经理要求将客房中的"财产清单"全部撤下

安徽淮南某一酒店总经理在某次向客人索赔之后，引起了他对客房放置"财产清单"的思考并做出一个决定：撤走放在《服务指南》里的那份"财产清单"。为什么会做出如此决定呢？还得从某次索赔事件说起。

一天，一位客人在床上一边看电视一边喝茶，不小心将茶水洒到了床单上。这位客人立即将床单受污部分自行洗涤，但就是洗不干净。客人主动找到客房服务员说明情况并表示愿意赔偿。赔偿多少钱，服务员做不了主，于是请来大堂副理处理。大堂副理找出放置于客房的《服务指南》中的"财产清单"，对客人说："就按照清单标的价格吧，一条床单120元。"话音一落，就引起了客人的强烈反应："那么贵！宰人啊？就算是一条新的床单也不值这么多钱嘛！再说，这床单也用旧了，赔20元意思一下吧？"大堂副理拿不定主意，只好将此事直接向总经理做了汇报。

总经理接到报告后陷入了沉思。一是，若按规定，要收客人120元，客人则无法接受。勉强索赔，有可能因此断了与这位老客户的关系，而稳住老客户比发展新客户更重要。二是，现在使用的这种规格的床单确实不必花120元就能买到，清单中的定价无形中给客人的印象是带有处罚性质的。再细看财产清单中其他物品价格也普遍高于实际价格。很显然，清单中"照价赔偿"的规定不合理，有损客人对酒店的感情，必须改正。三是，客人所说不无道理，床单折旧后的价值肯定低于原价格，况且受污床单还可以改作他用。即便向客人收取一定的补偿费用也算合理，但酒店未免显得小气。于是该酒店总经理就这一事件指示大堂副理免予向客人索赔，同时通知客房部将《服务指南》中的"财产清单"撤下。

酒店成本管理不是简单的数学题

客房易耗品的采购是客房部的日常工作之一，但如何科学地做好易耗品的采购计划和成本管理对部门的管理者而言是一项必要的管理能力。

一天，酒店新升职的客房部李经理提交申请单，申请采购酒店下个季度（每月按30天计算）的客房洗漱用品。按酒店500间客房，每间客房每天消耗1套洗漱用品的用量，他一共申请采购45000套用品，但当总经理审批这个申请单的时候拒绝了他的申请。

李经理觉得很费解，但很快总经理便把他请到了办公室，并向他提了几个问题：

"李经理，根据你平时住酒店的经验和工作经验，你觉得住客是不是一定会用酒店的洗发水或沐浴露？"

"不一定用的，有些客人会自己带洗漱用品，不用酒店的洗发水或沐浴露。"客房经理回答道。

"这就对了，如果客人完全没有用过的、未拆封的洗发水，我们还需要更换吗？另外，是否全部续住的客人都需要每天更换洗漱用品呢？如果我们没有更换这些未使用的易耗品，是否会降低客人的体验呢？管理成本费用不是一道简单的数学题，请你统计一下实际的消耗量，再看看应该计划申请多少。"总经理说。

听完总经理的话，李经理陷入了思考。

第二天，李经理便制订了行动计划。在接下来的两周，他和主要打扫客房的服务员对酒店客房的易耗品使用量进行了调查、统计和分析。经过对客人使用数据的分析，最后得出酒店的洗漱用品的使用率为 48%～60%。两周后李经理把采购申请洗漱用品的数量由原来的 45000 套调整为计划采购 27000 套,按照每套 18 元的成本价计算。通过这次调查和调整,32400 元费用支出不会发生在下个季度,同时通过用量分析方法,客房部经理和服务员提高了对于客房易耗品的管理意识。

最后,总经理在新的采购申请单中批复时总结道:"酒店每月需要采购的大小物品非常多,用量分析方法和巧用使用率除了适用于大件物品采购,也适用于小物品用量分析,例如一张 A4 纸张、一双拖鞋等,管理成本不等于节约成本,也不能理解为一道简单的加减乘除的数学题,大家应该从日常工作中学习、使用和贯彻这种成本管理意识和方法,从而支持酒店发展。"

案例点评:

成本管理对于酒店的健康发展有着重要的意义,经营成本低了,管理基础巩固了,才有力量和资本去提高酒店软、硬件产品质量,促进酒店的发展。案例中的每套洗漱用品的价值虽不高,但是如果不加以管理,日积月累下,对于酒店经营也是一笔不小的费用支出。对优秀的酒店管理者而言,节约和管理成本并不是降低产品的质量或找同类的低档产品代替,而是合理且有效的管理成本,这不仅能为酒店节约资源和资金,还能保证客人的体验不会因酒店的成本管理而降低。

此案例对管理者的启迪:

(1)提高全员成本管理意识。水滴石穿,积沙成塔。成本无处不在,一点一滴的浪费,都会影响到酒店的发展。管理者要引导员工主动参与成本管理工作,注重培养员工的成本管理意识。管理成本既是酒店的管理要求,也是酒店管理的工作目标和管理者的岗位职责。

(2)成本管理不是简单的数学题,要巧用用量分析和总结使用率,用科学方法管理成本。

(3)管理成本不等于节约成本。酒店管理者进行成本管理时,如果以降低产品的规格或质量为手段,将会直接影响客人的体验,进而影响酒店的口碑和生意,科学管理物资的使用才是首要的选择方法,而不是以牺牲客人的良好体验作为代价。

视频 ▼

成本管理不是简单的数学题

第八章
客房部安全管理

客房管理人员查房,确保住店客人安全

　　安全,是住宿业的大前提,也是客人对酒店的最基本要求。而客房是酒店建筑的主体,酒店的安全问题也主要发生在客房部,因此,做好客房的安全管理对于保护客人生命财产的安全及酒店财产的安全具有极其重要的意义。安全管理是客房管理的主要任务之一。

学习目标

了解客房部的主要安全问题及其防范措施。

掌握火灾预防、通报和扑救的方法。

关键词

安全 safety　盗窃 larceny　火灾 fire　权利 right　义务 obligation

经理的困惑

有人冒充房客盗窃怎么办？

住在××酒店302房的刘小姐，见到隔壁304房的客人衣着光鲜、穿戴时尚，遂起歹意。当她看到并确认该房客人离开房间、房内无人后，就佯装成304房的客人，站在304房门口给房务中心打电话，要求楼层服务员送一瓶开水到304房。

服务员很快将水送到304房，见该小姐站在门口，就将水瓶递给她，刘小姐谎称，房卡忘带出来，请服务员开一下门。该服务员见状，立即为该小姐微笑着打开304房的房门，然后离去。刘小姐进房后，立即将房内客人携带的贵重物品拿走，并马上到总台办理了退房手续。

304房客人回来后，发现自己的贵重物品不见了，便打电话问房务中心，是否有人进他房间，房务中心告知，曾有一位小姐说304房要开水，该客人立即明白其东西已经被该小姐偷走，严厉要求酒店承担责任。

面对这样的问题，我该如何处理？另外，作为客房管家，我应该采取哪些措施来防止类似事件的发生？

酒店经理人的答复
▼

有人冒充房客盗窃怎么办？

第一节　客房部主要安全问题及其防范

客人对酒店的要求：提供热情周到的服务，以及舒适优雅、干净卫生的客房。但这些都是以安全为前提的，安全需要是客人的第一需要。

发生在客房部的安全问题，主要有以下几种类型。

一、各类事故

客房部所发生的各类事故通常因客房设施设备安装或使用不当而引起，经常发生的这类事故有：

（1）浴室冷、热水供应不正常，烫伤客人。

（2）设施设备年久失修或发生故障而引起的各种伤害事故，如天花板等建筑物掉落、倒塌，砸伤客人。

（3）地板太滑，楼梯地毯安置不当以及走廊、通道照明不良而使客人摔伤。

对于以上事故，酒店应给予足够的重视，要采取措施，确保浴室冷、热水供应正常，同时经常检查维修酒店的设施设备，消除隐患，如地板太滑可铺设地毯，照明不良可更换灯泡。若因地毯铺设不当而经常绊倒或摔伤客人，酒店就应考虑重新安置、调整地毯。

此外，客房部员工在工作时，还要严格按照程序进行操作，防止出现各种工伤事故。

二、传染病

传染病会危害客人和员工的健康，它的产生和传播大都与酒店的卫生工作有关，主要是食品卫生和环境卫生。如果说食品卫生是餐饮部的责任，那么，环境卫生则主要是由客房部负责的。

一般来说，客房部应该从以下几个方面着手搞好环境卫生，防止传染病的发生和传播。

1. 按预定的清扫频率，组织正常的清扫和消毒工作

如果酒店所在地气温较高就应注意潮湿问题，应经常检查潮湿的角落，并定期或不定期地喷洒杀虫剂。另外，要避免灰尘的堆积，角落、家具的底部时间一长就会成为灰尘集聚的场所，因而要采取系统有效的行动来清除灰尘。

2. 布草的清洁

无论是客人使用的布草还是员工使用的布草都应保持清洁卫生，无懈可击，对于那些可能染上病菌的布草应进行高温消毒。

3. 卫生间设施的特别清扫

浴缸、淋浴器、马桶及洗脸池是客人身体直接接触的物体，病菌容易通过这些设施传染给随后入住的其他客人，因此做卫生时应特别予以关注，尤其是那些患有传染病的

客人使用过的客房,客人离店之后,要使用消毒剂,对卫生间设施进行彻底清扫。

4. 消灭害虫

酒店经常会收到来自客人的这种投诉,他们气愤地说:"我不能与害虫同住一屋!"

事实上,像蟑螂、蚊子、苍蝇、白蚁、跳蚤等害虫,不但影响环境卫生,而且往往也是各种病毒的传播者,因此,稍一露头就要进行控制,在害虫容易出没的地方要经常喷洒杀虫剂。在此,做好客房的计划卫生具有重要意义。

此外,为了防止传染病的蔓延,保障住店客人的安全与健康,酒店方面也有权拒绝患有传染病的客人留宿。

三、偷盗及其他刑事案件

除了各类事故及传染病,客房部的主要安全问题是偷盗及其他刑事案件。

(一) 偷盗类型

发生在酒店的偷盗现象一般有以下四种类型。

1. 外部偷盗

外部偷盗即社会上的不法分子混进酒店进行盗窃,这些人往往装扮成客人蒙骗店方,盗取住店客人及酒店的财物,为防止这种类型的盗窃行为发生,酒店只能加强管理,提高警惕性。

2. 内部偷盗

内部偷盗指酒店员工利用工作之便盗取客人及酒店的财物,这种类型的偷盗在所有偷盗事件中占很大比例。因为他们对于酒店内部的管理情况、活动规律以及地理位置都了如指掌,所以作案也很容易。一般来说,酒店如发生失窃现象应先从内部入手进行侦破查找。

3. 内外勾结

这种类型的盗窃,一般是由酒店内部的员工向社会上的同伙提供"情报"及各种方便,由其同伙作案、销赃,这种作案方式容易成功,给酒店造成较大的威胁。

4. 旅客自盗

这种方式是指相识或不相识的客人同住一屋或住在相近的房间,其中一位客人利用这种"地利"与"人和"的方便,伺机窃取另一位客人的财物,这种方法虽然少见,但也时有发生。

(二) 偷盗及其他刑事案件的防范

除偷盗外,客房部有时还会发生以谋财害命为主要特征的其他刑事案件,有效地防止盗窃及其他刑事案件的发生,是客房安全管理的主要任务。

客房部盗窃及其他刑事案件的防范可从以下几方面入手。

1. 提高员工的安全意识,不能用"服务意识"代替安全意识

客房安全管理中的一个常见问题是服务员经常会用服务意识代替安全意识,从而给高智能犯罪分子以可乘之机。我们看下面的案例:

事情发生在某星级酒店,一天早上8时30分客房服务员正在做房,有两名男子嘱

咐其给 1303 房加两条浴巾,这两人并未进房,而是告知服务员他们要去餐厅用早餐了,从服务员身边擦身而过。服务员则遵照其指示,到 1303 房为其增配两条浴巾,并顺手清理床上凌乱的东西,此时这两位男子又忽然返回,看见服务员正在清理,忙对服务员说:"不用麻烦你了,我们自己整理就行了。"这时候,服务员看他们已在收拾物品了,就暂时退出。

这两名男子 3 分钟后从房间走出,刚离去一会儿,又来了两名男子,他们持 IC 卡进入房间后,随即发现房间被盗,他们损失了部分财物,原来前两人是小偷,后两人才是真正的客人。

上述案例中,犯罪分子相当熟悉和了解酒店的运作流程,他们知道,如果直接要求服务员为其打开房门,服务员势必要求他们出示房卡,并会询问他们的姓名,以便和总台核对,故而采用这种方式进入房间,使服务员失去判别的警惕性,从而达到偷盗的目的。

服务员对于一般的犯罪行为都较为警惕,但如果犯罪分子利用其服务意识,采用一些常规的行为,服务员就很难判别了。犯罪分子利用心理上这种"合乎常理"的惯性思维,会对服务员产生误导,使服务员认为对方就是此房的客人,没有对其进行身份核实,失去了判断力,从而给了犯罪分子入室盗窃的机会。碰到此情况,服务员理应礼貌地请客人出示证件,不能想当然地认为他们就是该房的客人。

2. 严格核对客人身份

以上案例告诉我们,小疏忽也会酿成大错,作为服务员,首先要记住每一位住店客人的外貌和房号,其次,在遇到类似情况时,不能放松警惕,要多记忆、多思考、多观察、多置疑,一定要先委婉地核对客人的身份,验证房卡或请其出示有效证件,切忌过于主观、盲目判断。

3. 加强对员工的职业道德教育

针对内部偷盗现象,客房部首先应对员工进行职业道德教育。其次还应采取各种有效的办法、手段(如合理排班、加强员工出入的管制检查以及设置检举控告箱等)杜绝管理漏洞,严格管理制度,不给作案者任何可乘之机,同时,一旦发现有人偷窃,应予以严厉打击,严肃处理,轻则留店察看,重则开除,甚至诉诸法律。

4. 做好客房钥匙管理

酒店的钥匙通常有以下几种。

(1) 客人用钥匙(guest key):只能开启该号房门,供客人使用。

(2) 通用钥匙(pass key):供客房服务员打扫房间使用,可开启十几个房门。

(3) 楼层总钥匙(floor master key):供楼层领班使用,可开启该楼层所有房间。

(4) 总钥匙(housekeeper master key):可开启各楼层及公共区所有房门,专供客房部及工程部经理使用。

(5) 紧急万能钥匙(house emergency key or great grand master key):只供总经理使用,也称酒店总钥匙。

(6) 楼层储藏室钥匙(floor pantry key):供楼层服务员使用。

(7) 公共区总钥匙(cleaning master key):供公共区领班使用。

酒店的钥匙是关系到客人生命和财产以及酒店本身安全的一个重要因素。钥匙管理是楼层安全管理的一个重要环节。一般应采取以下几个措施。

第一,做好钥匙的交接记录。

第二,因公需用钥匙时必须随身携带,不得随处摆放。

第三,禁止随便为陌生人开启房门,其他部门员工如需要进入房间工作(例如行李员收取行李,餐饮服务员回收餐具,工程部员工维修房间设施设备等),均须客房服务员开启房间。

第四,勿将房号印在门卡上。一些酒店为了方便客人,而将房间号码印在门卡上,殊不知,与此同时,也为小偷作案提供了"方便"。

5. 从来访客人和住店客人身上发现疑点

在日常工作中,应注意从来访客人和住店客人的证件审查、言谈举止中发现疑点。以下疑点需要引起员工的注意:

(1) 证件上照片与面貌不符;

(2) 印章模糊不清或有涂改迹象;

(3) 证件已过时失效;

(4) 交谈中神态不正常,吞吞吐吐,含糊其词;

(5) 谈话内容、方式与身份不相符合;

(6) 说话自相矛盾,或说东道西、夸夸其谈;

(7) 进出频繁,神情异常,行动鬼祟;

(8) 服装式样、质量与职业身份不符;

(9) 用小恩小惠拉拢服务员;

(10) 经常去其他客人房间;

(11) 打探店内其他客人情况;

(12) 客房内有凶器或麻醉剂之类的物品;

(13) 只登记一人住宿的房间却住了两个人;

(14) 住店客人没有行李或行李极少;

(15) 外来客人进出过多的客房;

(16) 在走廊或其他地方发现可疑的人或物(如行李);

(17) 与不相识的人乱拉关系;

(18) 过于挥霍;

(19) 起居不正常;

(20) 终日闭门不出,神态不自然;

(21) 匆匆离开,原因不明。

遇到上述情况,服务员应向管理人员报告。但以上仅是可疑点,客房服务员及管理人员只能对有以上特征的人提高警惕,注意观察,而不能主观臆断,以此定罪,以免得罪、冤枉好人,而给坏人造成可乘之机,使我们的工作处于被动状态。

6. 抓好"三个重点、三个控制、六个落实"

除在日常服务中对住店客人进行以上观察外,客房保安管理和内部防范还要抓好"三个重点"(重点部位、重点时间、重点对象)、"三个控制"(楼面的控制、电梯的控制、通道的控制)、"六个落实"(开房验证、住宿登记、来访登记、跟房——客人退房离去或来访者走后要入房安全检查、掌握客情、行李保管)。此外,还要加强对门卫及大堂保卫工作的管理,保卫人员应密切注意大堂内客人的动态,发现可疑的人或事应主动上前询问、处理,及时消除各种隐患。

7. 其他防范措施

客房还可能发生的一种不安全事件,即某些客人可能对应其要求进入房间为其提供服务的服务员进行非礼或性侵。对此,酒店管理人员也要做好防范工作。比如,可要求服务员为客人提供服务时,要把房门开着;深夜应客人要求进入客人房间为客人提供服务时,最好安排男性服务员,若为女服务员,则最好安排两个人,其中一个人(最好为保安员)在房外等候,以防不测。另外,还可采取其他防范措施。比如,纽约一些大酒店陆续为进入客房服务的服务员设置紧急报警按钮,以方便服务员在遇到紧急状况时呼救。

最后,酒店一旦发生不安全事件,作为客房服务员,要在报告领导及保卫部门的同时,注意保护好现场,不准无关人员无故进入现场,更不许乱动任何物件,这对调查分析、追踪破案极为重要。此外,案发后,在真相未明的情况下,不能向不相干的宾客等外人传播,如有宾客打听,应有礼貌地说:"对不起,我不清楚。"

四、发生偷盗现象时的处理程序

一天,在某酒店,两位外国客人找到大堂经理,满脸怒气地说:"我放在房间茶几上的 300 美元不见了,请立即给我查清,赔给我。"大堂经理向客人表示:"此事我们要先调查一下,进出客房是两位服务员同进同出,并且有时间记录。"同时,他委婉地提醒客人再仔细查找一下,并且询问客人是否需要报案。

发生任何偷盗现象均须首先报酒店保安部。接到通知后,同保安人员赶到现场,若发生在房间,则同时通知客房部的管理人员一同前往,请保安部通知监控室注意店内有关区域是否有可疑人员。查询被盗物品的客人是否有他人来访的有关资料,并做记录。询问专业问题最好由保安人员负责,大堂经理做好翻译。应视客人要求由客人决定是否向公安机关报案。

发生偷盗事件后,最好由保安部与大堂经理同时出面与客人交涉。

基于酒店作业规则,若客人有物品遗失,酒店不应轻言赔偿,在酒店的住房手册及客人签字确认的登记卡上,都有明确说明,"请将您的贵重物品保存在房间或前台的保险箱内,否则遗失酒店恕不赔偿"。

第二节 火灾的预防、通报及扑救

"我带队在验收优秀旅游城市时,去酒店重点检查了安全方面的问题,总共查了几十家酒店,80%的泡沫灭火器都是过期的;接着问员工怎么使用,员工说不上来;我们在房间里对着报警器吹烟,把它吹亮了,但是没有一个负责酒店消防安全的员工能够按时到达;有的报警器响了10分钟还没有人来,或者员工赤手空拳地来了,惊慌得不知道是怎么回事……"

除了上节所述的几种安全问题,客房部还有一种安全问题——火灾!实际上,火灾是客房部的头号安全问题。客房部员工应该具有火灾的防范意识,掌握火灾的预防、通报和扑救知识。

一、火灾的危害

如前所述,火灾是酒店的头号安全问题。现代旅游酒店设备先进、设施豪华,投资额巨大,小的投资上千万,大的投资往往上亿,一场大火旦夕之间就会使这些巨额财产化为灰烬。无情的大火不但会烧毁酒店建筑物,而且直接威胁着人们的生命。

因此,一位酒店总经理曾经深有感触地说:"作为酒店负责人,我最为关心的,而且常常使我坐立不安的就是'防火',客人的财物丢失,我可以照价赔偿,可是一旦发生火灾,建筑物付之一炬,客人伤亡,那么,我坐牢是小事,国家将遭受难以估量的巨大损失。"

二、火灾发生的原因

火灾发生的直接原因很多,据有关方面分析,酒店发生火灾的原因主要包括:
(1)因吸烟点火不慎造成火灾占33%;
(2)因电器事故造成火灾占21%;
(3)因取暖、炊事用具造成火灾占10%;
(4)因火炉上的食物和烟道的油造成火灾占6%;
(5)碎屑类着火占3%;
(6)自燃占2%;
(7)煤气泄漏占1%;
(8)纵火占17%;
(9)锅炉爆炸等其他原因占7%。

由此可见,酒店火灾主要发生在客房。其中,吸烟和电器事故不但是引起客房部火灾的主要原因,而且也是整个酒店火灾事故的主要诱因。国外火灾多发生在深夜到黎明这一段时间,其原因就是国外旅客大都习惯夜生活,在酒醉和疲劳时,深夜卧床吸烟,容易引燃被褥、床单等物品,或者乱扔烟头、火柴,使地毯、纸篓等起火。北京有一家酒店,一位外国客人因饮酒过量,又有睡觉前躺着吸烟的习惯,结果,人睡着了,小小的烟蒂致使这位客人丧生。

三、火灾的预防

除了在酒店的设计建设中,安装必要的防火设施与设备(如自动喷水灭火装置及排烟设备等)以外,火灾的预防还要从以下几方面入手。

(一)搞好职工培训,增强防火意识

酒店建成开业后,要对新上岗的员工进行安全培训,增强他们的防火意识,教会他

们如何使用消防设施与设备,并使他们懂得在火灾发生的非常时刻,自己的职责是什么,同时,组织消防知识竞赛,必要时,还可利用淡季组织消防演习。

(二) 在日常经营中采取必要的管理措施

(1) 针对客人躺在床上吸烟这一习惯,酒店应在床头柜上放置"请勿在床上吸烟"的卡片,提醒客人务必将未熄灭的火柴或烟头扔进烟灰缸。

(2) 对于醉酒及烟瘾大的客人所住房间要经常检查。

(3) 注意观察客人所携带的行李物品,如发现有易燃易爆等危险品,要立即向上级或总服务台报告。

(4) 服务员打扫房间时,注意不要把未熄灭的烟头扔进纸篓。

(5) 相关统计资料表明,酒店火灾多发生在夜间,因此,夜间值班人员应切实负起责任,加强夜间巡逻。

(6) 对维修人员因工带进的喷灯、焊接灯、汽油以及作业产生的火花等要充分注意,并且要对工作人员加以提醒。

(7) 发现客人在房内使用电热器时,要及时向总服务台报告。

(8) 太平门不能加锁,若发现太平门、急用电梯等处堆有障碍物,应及时排除。

以上是关于火灾的预防。为了把火灾所造成的伤亡降到最低,客房部还应利用时机,通过适当的方式向客人宣传安全常识,并向他们指出在非常情况下紧急疏散的路线等(一般酒店都有印制好的紧急疏散图,见图 8-1,通常都贴在客房门内侧)。

四、火灾发生时客房部员工的职责

火灾发生时,客房部员工的职责如下。

(1) 向酒店防灾中心报警(若火势过大,应同时向消防部门报警)。

(2) 按次序向客人发出通报。

(3) 提醒客人有关注意事项,包括:

①要求客人保持镇定,防止火未烧身而人已跳楼身亡,或由于恐慌、拥挤而造成其他意外伤亡事故。

②提醒客人穿好衣服或睡袍,勿将身体直接暴露在火焰之中,以免烧伤。

③提醒客人随身携带房门钥匙,以便在无法从安全通道出去时返回房间,等待救援或采取其他措施。

④最好能将一件针织衫用水浸湿,蒙在头上,当作"防毒面具"使用。

⑤如整个通道已被浓烟充斥,可提醒客人匍匐前进,在火灾中,浓烟比烈火更危险。浓烟质量较轻,一般先上升后下降,因此,爬行有可能逃生。

⑥提醒客人不要乘坐电梯,以免突然停电、电梯失控而被困在电梯内。

(4) 向客人指示安全通道,疏散客人,引导客人迅速撤离现场。

(5) 协助消防人员进行灭火,力争将酒店财产损失降到最低。

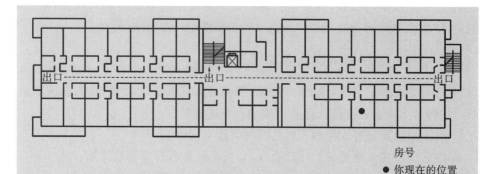

图 8-1 紧急疏散图

五、灭火的方法

（一）火灾的种类

依照国家标准，火灾分为六大类。

（1）A 类火灾：固体物质火灾，如木材、纸张、棉布、塑胶等固体所引起的火灾。

（2）B 类火灾：液体或可熔化的固体物质火灾，如汽油、酒精等引起的火灾。

（3）C 类火灾：气体火灾，如由液化石油气、煤气、乙炔等引起的火灾。

（4）D 类火灾：金属火灾，如钾、钠、镁、锂等物质引起的火灾。

（5）E 类火灾：带电火灾，物体带电燃烧的火灾。

（6）F 类火灾：烹饪器具内的烹饪物（如动植物油脂）火灾。

以上不同类型的火灾，应用不同类型的灭火方法和灭火器材进行灭火。客房部的火灾通常属于 A 类，即普通物品火灾。

（二）常用的灭火方法

常用的灭火方法有以下几种。

（1）冷却法，使用灭火剂吸收燃烧物的热量，使其降到燃点以下，达到灭火的目的，常用的这类灭火剂是水和二氧化碳。

（2）窒息法，阻止空气与可燃物接触，使燃烧因缺氧而窒息，常用的这类灭火剂有泡沫和二氧化碳等，也可采用石棉布、浸水棉被来覆盖燃烧物。

（3）化学法，使灭火剂参与燃烧过程而起到灭火的作用，这类灭火剂有二氟二溴甲烷、易安龙灭火剂、惰性气体灭火剂等。

（4）隔离法，将火源附近的可燃物隔离或移开，以此中断燃烧。

灭火的方法很多，但具体采用哪种方法，要视当时的实际情况、条件而论。

- 客房部的安全问题主要涉及因客房设施设备的安装和使用而引起的各类工伤事故和对客人造成的伤害，各类传染病，偷盗及其他刑事案件，火灾等。

- 客房部员工要有安全意识，针对不同的安全问题，采取不同的防范措施。客房部管理人员不仅要教育员工洁身自好，还要防止店外犯罪分子入室盗窃和伺机作案，要教育员工做好客房钥匙的保管和管理工作，制定客房安全管理制度，并教育员工严格执行。对重点区域重点防范，对可疑人员严格盘查和重点关注，不给其造成可乘之机。

- 火灾是酒店最严重的安全问题，直接危及客人的生命和财产，因而也是客房部管理人员最需要重视的。客房部员工不仅要在平时做好火灾的防范工作，还要在消防方面训练有素，一旦发生火灾，要能够正确履行自己的职责，迅速灭火。

课堂讨论

门卡上要写上房间号码吗？

神情沮丧的客人白先生对大堂副理小潘说：今天上街购物时，他放在上衣口袋的钱、身份证、寄存单以及酒店房间的门卡统统被小偷偷走，不知如何是好。小潘向总台查实白先生是住本酒店809房的客人后，即安慰他道："你寄存在总台保险柜里的钱，经我们酒店有关人员确认，你报出密码后即可领走。房间门卡丢失不碍事，可以重新制作一张供你使用，请你不要太难过。"

虽然客人一时得到安慰，但令这位客人难过的事情还没完。原来，当重新制作的门卡打开房门后发现，原先放在房间里的旅行袋被打开，一套崭新的西服不见踪影，昨天刚购买的三条本地产香烟也一起消失了。

问题出在哪里呢?接到白先生报案后大堂副理小潘陷入了沉思。小潘在保安部经理的建议下,查看了从白先生上午约9点离开酒店到下午约2点回到酒店这一段时间里八楼过道电子探头的录像,发现在中午12点左右,有一个男青年(不是酒店员工)进入过白先生的房间,不一会儿又拎了两个酒店的礼品袋离开。

大堂副理小潘询问白先生:"你有没有叫一个男青年到你房间取东西?"

"没有啊!"白先生睁大眼睛大声回答。

"那你发现上衣口袋东西丢失是什么时间呢?"小潘心里似乎已有了答案,仔细地查询白先生发现失窃的具体时间。

白先生不假思索地回答道:"在我到一家小餐馆想吃当地风味小吃时发现的,那时大概是下午1点了吧。不瞒你说,由于身上没钱了,我不但吃不上东西,而且还是走回酒店的哩!"

小潘立即带领白先生到咖啡厅用餐,然后说道:"回头我把分析的情况告诉你。"

如何将分析情况告诉白先生呢?小潘感到左右为难。她知道,丢失门卡的责任固然在于白先生,但酒店对失窃事件是否一点责任都没有呢?答案是否定的。因为酒店提供的门卡上不但有酒店标志,而且还明白无误地标有房号!显然,当白先生发现钱、门卡等丢失时,小偷已经按门卡上的酒店名称和房号"光顾"了白先生房间。平常头脑还算活络的小潘,这时真不知道该如何向白先生解释了。

讨论:你认为酒店房间的门卡上是否应写上房间号码?为什么?

复习思考题

1. 简述C类火灾和窒息灭火法的概念。
2. 客房部的主要安全问题有哪些?如何防范?
3. 酒店火灾发生的原因有哪些?

案例聚焦

用智慧赢回生命

据央视《时空连线》报道,吉林省吉林市20××年2月15日那场火灾对于亲历者来说无疑是一场噩梦,但是还是有人成功地利用自己的智慧赢回了生命。记者采访了一位成功的逃生者李先生。事发时,他和他的妻子正在商厦的三楼洗浴,现在他们俩都在医院接受治疗。

记者:李先生,你好,我想知道你最早怎么知道着火了?

李先生:着火的时候,当时有服务员在喊,说是发生火灾了,让浴客赶紧穿衣服离开场地,这个时候就知道外面有情况了。

记者:你当时的第一反应是什么?

李先生:我当时的第一反应是赶紧穿衣服离开场地,当时想马上找到我的妻子,因为她正在对面的女浴室里洗浴。

女浴客闯到男浴室里来

记者：你后来找到她了吗？

李先生：后来我出来正在穿衣服的时候，有几个女浴客，其中还有一两个小孩已经闯到男浴室里来了，我没发现我的妻子在这个行列中，于是非常着急，随便捡了几件衣服就穿上了，出去找她的时候，正好听见她在外面喊我，我就把她喊进屋，这样我们在屋里汇合到了一起。

记者：当时其他的工作人员或者浴客有没有明确的想法，怎么逃生？

李先生：当时听到有人喊赶紧把被子弄湿，赶紧找一些床单，大家拧起来，从窗户逃出去，当时窗户没打开，我认为从窗户逃出去非常危险，我的第一想法是从楼梯通道冲出去，但是出去以后一看烟已经很浓了，而且呛人的味道非常强烈，我感觉顺着楼梯往下走肯定不行了。所以我就返回来，想打开窗户，但找不着工具，最后找了一个竹枕头一样的东西，费了很大的劲，把所有窗户的玻璃全都打碎了，这样大家相继往下顺人、往下跳，这个场面就比较混乱了。

记者：当时你们接起来这个浴巾、床单有多长，能从三楼顺到地下吗？

李先生：当时好像整个的长度还不到三米，不能顺下去，但是手里有一些抓的东西，能够缩短跟地面的距离，而且当时我也记不住是第几个，把我的妻子放下去的时候，刚放到窗户口，她已经和浴巾脱落了，就摔下去了，所以也就不能成为救助的一个工具了，只能是往下跳了，因为浓烟已经很强烈了，再不跳的话，人承受不了。

从窗口跳下去是唯一选择

记者：当时在窗口，距离地面有多高？

李先生：这个距离大概有六七米。当时为了生存，为了脱离这种险境，从这个高度跳下去是唯一的选择。

记者：为什么你不在窗口求救，等着消防队员来救你，而要自己跳下去呢？

李先生：等着消防队员来救援，这个时间已经没有了，如果我们继续等下去，没有生路了。

记者：你怎么判断没有时间了呢？

李先生：因为浓烟已经顺着窗户呼呼地往上冲，人在窗户上已经承受不了了。当时呛得非常难受，有马上要窒息的感觉，要想活命必须跳下去，没有别的选择了。

记者：浴室里当时有多少人？

李：当时大概有20人，好像是这个数字。

记者：有没有人提出其他的逃生方式？

李先生：当时都是慌作一团，我离窗口比较近，把玻璃砸开之后，人相继都涌向窗口，有的用毛巾和浴单拧成绳子往下顺，有的干脆往下跳，当时地面已经有十多个人。

记者：我听说你是跳到二楼的平台上，然后再跳下去的，是吗？

李先生：对，当时这些人都是跳到二楼的平台，然后通过武警官兵搭的梯子，从这个渠道逃离危险境地的。

记者：消防战士已经把云梯搭到二楼的平台了？

李先生：对，搭在侧面的平台上了。

记者：当时浴室里20多人都是用这种方法下来的吗？

李先生：从那个窗口下来的都是那样的，当时的情况挺慌乱，我喊大家不要慌，大家有秩序地下去，先救助弱者，妇女和儿童下来之后，男同志就陆陆续续都下去了，一两分钟的时间。

成功地救了一个孩子

记者：你说浴室中还有一两个孩子？

李先生：至少有一个孩子，大约十岁的小男孩。

记者：那个孩子最后怎么样了？

李先生：等我把妻子送下去之后，我顺着梯子也下去了，下到一半的时候，就听到上面在喊"救救孩子"，结果我一看上面有孩子顺着梯子在往下挪，那个孩子当时非常慌张，不知道怎么下，我一看这种情形，就马上上去托着孩子的腿，往下顺那个孩子。因为上面的人员很慌张，下的速度比较快而那个孩子下得比较慢，上面的人下来的时候，差点伤及这个孩子。大约下到一半的时候，这个孩子就不动了，两手死死抓住梯子不撒手，不往下挪了，我一看这个情况，我就抓住他的后腰，连腰带和衣服拽下来，那时候离地面也就是三四米的高度，然后就顺着下来，底下救援的人就把他接住了，这时候我也下来了。

记者：你们从窗户跳的时候，楼底下的消防员有没有叫你们不要跳，等着救援？

李先生：没有，因为下面的情况比较乱，我分析那个情况，当时消防员刚到，刚展开工作，没有力量顾及这些人，四面八方都是逃生的人，还没有达到能够组织起来的程度。

记者：事后有没有人跟你说过，你这种逃生的方式对吗？

李先生：事后有一些人来看望我，说这种逃生方法还是挺果断的，如果顺着楼梯下去，恐怕这些人就都窒息了，没有逃生的可能了。

经历了一场生与死的考验

记者：你现在回头想起这件事，印象最深的是什么呢？

李先生：印象最深的是，在生与死的时候，人需要保持冷静，需要对其他人伸出援救之手。所以在这次火灾中，我觉得我经历了生与死的考验，我不后悔，我做了我该做的事情，通过这次死里逃生，我有很多人生的感慨。

补充与提高

滞后的发现

一天傍晚，福建晋江某酒店，一位当地制鞋业的刘老板来到总台，问住在917房的胡先生是否已经退房离店？总台查询了有关资料后答道："还没有退房，离原定离店时间还有一天。"刘老板一脸困惑地说:"这个房间是我为他订到明天的,怎么这两天打他电话能通却不接,也不见他本人。如果回去的话也该给我打个招呼呀!"刘老板急切地问道:"能不能打开他的房间看看行李是不是还在?"由于平时刘老板经常带外地客人来住店,都很熟了,总台主管自然同意了刘老板的要求,于是通知客房领班协助开门。

当刘老板来到楼层时,客房领班已在917房门口,她告诉刘老板说:"这个房间这两天都亮着'请勿打扰'的灯。昨天下午我们就敲过门,客人没应答。之后我们也就不敢再打扰了。刚才已试过用IC卡开门,但进不去,因为客人将门的插销插上了,说明人还在里面。"刘老板用自己的手机拨通胡先生的手机,可以听到房内手机铃响,说明胡先生确实在房内。但任凭刘老板怎么呼唤胡先生的名字,房内就是没有应答声。刘老板顿时紧张起来:"会不会出什么事啦?"胡先生是他从武汉请来的一位客商。此人年约50岁,身材较胖,说话常带着喘气声。刘老板猜想,胡先生会不会是高血压患者呢?会不会出现了脑出血或心肌梗死呢?刘老板真不敢再往下想。

酒店工作人员破门而入后发现客人衣着齐整地蜷缩在卫生间,已停止了呼吸。后经法医鉴定,证实了刘老板的猜测是正确的,胡先生因心梗而亡,死亡时间就在入住酒店的当天晚上。

按理说,客人因自己身体原因而突然死于酒店,酒店并无责任。但死者家属并不这么认为,他们提出:酒店每天都应当整理房间,也就是说在胡先生死去的第二天就能被发现,但为什么到了第三天下午还是在当地朋友寻找之下才被发现呢?显然,酒店疏于管理。

酒店也感觉到对死者滞后的发现确实是工作疏忽所致。于是,一方面向死者家属表示了道歉,另一方面也表示了同情和理解。不但免费接待了死者的几位家属,还主动送上数万元钱作为慰问金。最后死者家属被酒店的安排所感动,很快就完成了善后事宜并离店,酒店终于恢复了平静。

(资料来源:陈文生《滞后的发现》,中国旅游报,2007-09-12。)

点评:

酒店对胡先生突发性死亡虽然没有直接的责任,但也存在工作上疏忽的过错。疏忽的地方在于胡先生死去的第二天下午,一位服务员曾敲门三次无人应答,却再也没有按该继续的程序去做。比如开门检查,若发现门打不开,再通过电话联络,若无人接听,即可判断房内出事,从而能够早一天处理这一事件。如果当时这位服务员按上面程序去做了,就不至于给死者家属留下话柄,也不至于因此陷入被动局面而付出不菲的代价。

本案例再一次告诉我们:酒店服务若不按程序办事,或执行程序不严谨、不完整,不仅影响服务质量,还将产生严重的声誉损失和经济损失!

这一案例还暴露了该酒店在管理方面的一个漏洞:服务员在"房间整理报告表"上没有注明917房未整理;领班检查时对917房未整理也没有过问(领班职责是要全面检查做房情况的,包括检查某房间为何没有整理)。如果管理到位的话,有可能弥补服务上的过失,也有可能改变本案例中滞后发现的情况。

第九章
客房服务与经营管理的发展趋势

客房床上摆放这样的装饰品会成为一种客房服务的发展趋势吗?

随着社会的发展和科学技术的进步,21世纪酒店客房部服务和管理模式将发生一些重大的变化,及时准确地预测和把握这些变化趋势,对于指导并做好酒店客房部的经营管理工作具有重要意义。

学习目标

把握客房服务与管理的发展趋势。
了解酒店客房绿色经营管理的趋势和内容。

关键词

客房管理 room management　发展趋势 development trend
绿色经营 green operation

经理的困惑

手机移动端的使用对酒店客房管理会产生哪些影响？

移动互联网的发展对酒店业产生了越来越大的影响,我们酒店是即将开业的高星级酒店,是否有必要采用手机移动端进行管理？手机移动端的使用对酒店客房管理会产生哪些影响？目前酒店行业有哪些好的手机移动端管理系统？

酒店经理人的答复
▼

手机移动端的使用对酒店客房管理会产生哪些影响？

第一节　客房服务的发展趋势

一、客房服务将走亲情化道路

近年来,越来越多的酒店开始走亲情化道路,并且已经取得巨大成功,成为中国本土酒店区别于外资酒店及国际酒店集团管理的酒店的一大特色(见图9-1)。

二、客房服务将更加突出个性化

客人的需求是千差万别的,既有共性的部分又有个性化的部分,因此要使服务质量上一个台阶,不仅要为客人提供标准化服务,满足客人的共性需求,还必须为客人提供个性化服务(personalized service 或 individualized service),满足客人的个性化需求。如果说服务的标准化、规范化是保障酒店服务质量的基础,那么个性化服务就是服务质量的灵魂,是服务质量的最高境界(见图9-2)。

图 9-1　亲情化服务将成为未来酒店客房服务的发展趋势

图 9-2　广州碧水湾温泉度假村客房开机画面:对 VIP 客人的个性化欢迎方式
(员工创新性的将度假村董事长的头像与VIP 客人的头像放在一起并作诗一首)

三、"管家服务"将成为酒店服务新潮流

"管家服务"是个性化服务的极致,是未来酒店服务的发展趋势。不管是从东京到纽约,还是从北京到上海,采用"管家服务"的顶级酒店都呈现上升趋势,酒店培训机构也正在为酒店培训出越来越多的优秀管家,管家服务的内容也更加全面,包括商务型专职管家服务、生活型专职管家服务等。

四、客房服务智能化

进入21世纪,高科技在酒店客房服务与管理中得到广泛的应用。客人所需要的服务只要在遥控器上按键选择即可（如点播电影、查询留言、查看账单等），更可坐在屏幕前与异地商家进行可视的面对面会议或洽谈，从而真正使客人"运筹帷幄之中，决胜千里之外"。客房内拥有的可视电话、电动按摩椅，使客人真正体会到方便和舒适。客房内的设施设备由电脑控制，出现智能型客房：客人在客房内可以随心所欲地变换四季景色，也可以将窗户按照自己的意愿通过遥控器转变为美丽的沙滩或绿色的草原等；客房"叫醒钟"将由"叫醒光"代替；床可以由客人自行控制弹性和硬度；客人睡觉前可通过语音控制关闭客房灯……

洲际推人机智能对话，睡觉前有专"人"为你关灯

"小度小度，我要睡觉了！"在北京三里屯通盈中心洲际酒店的行政套房，客人对名为"小度"的智能带屏音箱发出这一指令后，客房的智能控制系统会为客人拉上窗帘和关闭所有的灯并打开夜灯。"小度小度，关闭卫生间的灯，帮我把空调调到26℃。"客人的这一指令小度也能在瞬间完成。

据了解，洲际酒店集团携旗下豪华酒店品牌洲际酒店及度假村与百度共同打造的新一代智慧酒店解决方案已正式落地。与传统客房相比，新推出的AI智慧客房全面打通了语音客房设备控制，通过"小度"（见图9-3）的人机交互对话，客人可以实现酒店服务查询、提出客房服务需求、要求切换工作或休闲娱乐场景等。而在客人退房

图9-3 "小度"智能带屏音箱

后，智能带屏音响会自动清除客人的使用记录，保护客人的隐私。

五、客房为客人提供数量足够多且方便使用的电源插座

酒店客房要为客人提供数量足够多，且安装位置方便、合理的电源插座，以满足住店客人手机、相机等越来越多的设备的充电需要（见图9-4）。为了满足客人躺在床上玩手机、发微信的需要，床头一定要有不间断电源插座，以便客人给手机充电。

六、客房越来越追求舒适感

由于人们越来越追求舒适感，很多酒店开始在床上做文章，先是将毛毯改为棉被，床也随之变得越来越宽，床垫变得越来越厚、越来越软，床上枕头的数量也变得越来越多，一些豪华酒店一张床上甚至放了8只枕头（见图9-5）。床的厚度和软度、床上摆放的枕头数量似乎已经成为当今豪华酒店和豪华客房的标志。

其实，床并非越软越好，这种床可能对欧美客人比较适用，但很多国内客人并不喜欢，他们更习惯于睡硬一点的床，有的甚至要求酒店更换硬板床。至于枕头，客人晚上

图 9-4　酒店客房要为客人提供数量足够多且安装位置方便、合理的电源插座

图 9-5　有 8 只枕头的某豪华酒店的床

睡觉不需要 8 只枕头,这不仅给服务员增加了很多工作量(意味着劳动成本以及酒店经营成本的增加),也给客人带来了麻烦——他们在睡觉之前必须先把多余的枕头拿走,而且不知道往哪里放。

虽然酒店追求舒适感无可厚非,但具体做法要适可而止,那些华而不实的一时"时尚",最终会被市场和消费者所淘汰,就像当年所有星级酒店要求用毛毯铺床被当今的棉被铺床所取代一样。

第二节　客房经营管理的发展趋势

未来,酒店客房的经营管理和服务将发生如下变化。

一、客房运营管理数字化

客房空调将由总台控制。当客人办好入住手续后,总台可通过电子遥控开启客房内的空调,以方便客人入住,为客人带来舒适的入住体验。

酒店客房将采用智能门锁。就门锁系统而言,将发生很多革命性的变化,"会说话的门锁"、视网膜门锁、指纹门锁、密码门锁等很多新概念门锁将相继使用。

如何判断客人是否在客房,以便在不打扰客人的情况下,提供客房清扫服务,一直是困扰很多酒店的难题。未来,越来越多的酒店将在客房内安装电子识别器,并在服务台安装电子显示屏,这样,当客人外出时,信息可及时传达至服务台电子显示屏上,从而大大方便服务员的整理打扫,同时也避免了打扰客人休息的情况。客房服务员不用去推测客人是否出门,现在打扫是否合适,也不用因进入时间不当而受到客人抱怨,让客人在不知不觉中体会到酒店无微不至的服务。除自动显示客人进出客房外,酒店还可运用这套系统通过与住宿单的对比,避免排房错误的情况发生。

客房内将安装扩音设备,将客人自带的手机等电子设备通过蓝牙与房内音响系统相连,为客人提供个性化的音响娱乐体验服务。

二、移动互联网：客房数字化管理的发展

移动互联网和智能手机的出现使客房数字化管理进入一个崭新的阶段，其关键点在于"移动"。在计算机时代，计算机需要有线网络来连接，所以计算机只能摆放在相对固定的地点，譬如在办公室。所有的数据输入只能在固定地点进行，各种工作场景的数据都需人工收集再输入计算机，收集工作场景信息的复杂程度及成本支出都非常高。

移动互联网及智能手机的出现，使得绝大部分操作在任何工作场景都可以进行。大约在2010年，一些技术公司开始研发基于智能手机的酒店管理应用软件，使酒店数字化进入了一个新的阶段。

移动互联网使客人和员工都成为信息的提供者和使用者。酒店管理信息化、数据化的范围拓展到酒店管理的各个方面，智能手机代替以往的表单，取代了固定电话和对讲机的功能，绝大部分的服务行为、管理行为都可以通过智能手机实现。根据一定的逻辑关系，应用系统将各种输入的信息、数据转化为有价值的数字，并生成各种表格，给管理与服务带来了极大的便利。

基于互联网技术有了许多突破，包括语句分析与搜索引擎技术，通过关键字句的逻辑关系，许多关键词可以转化为服务行动或管理行动，AI技术的出现更可以使口头指令转换成服务行动或管理行动。

三、客房管理过程中将更加注重客人的人身安全和健康问题

在21世纪，消费者将更加注重自身的安全与健康，因此，客房服务和管理过程中将充分考虑客人的这一需求，采取各种有效的措施和手段，防止恐怖活动、各类犯罪分子，以及各种传染病等对客人的袭击，确保客人在酒店住宿期间的安全与健康。

为了确保楼层的安全，防止闲杂人员进入客房楼层，越来越多的酒店采用电脑控制的客房电梯自动识别系统，只有持房卡的客人才能开启通往住客楼层的电梯。

四、客房的装修和布置将更加突出特色，注重文化品位

酒店的竞争将从低层次的价格竞争逐渐转向高层次的文化和品牌竞争。有文化品位、有鲜明的个性和特色的酒店将受到顾客的青睐，因此，酒店客房在装修、布置和服务方面，将注重文化和艺术品位，追求个性和特色（见图9-6）。与此相适应，客房的结构、家具的设计和摆设、色彩和灯光的运用等将突破传统、更为大胆，那种千篇一律的、毫无个性和特色的酒店客房将被市场所抛弃。

五、酒店单人房的比例将大幅增加

未来，从事商务旅游活动的旅游者人数将空前增加，商务旅游在旅游业中所占的比重将大幅提高。而商务旅游者的基本需求特点之一，就是喜欢住单人房。一方面，这是为了不受他人干扰，保护个人隐私和追求安全感；另一方面，公务性质的商务旅游也决定了他们与观光旅游者相比，不太在乎客房的价格。在这种背景下，客人对单人房的需求将大幅增加，因此，除会议型酒店和以接待旅游团队为主的观光型酒店外，其他酒店

图 9-6 酒店客房设计与装修将更加注重文化和艺术品位

(尤其是以接待商务客人为主的商务型酒店)在建设和改造中,应大量增加单人房的数量和比例。

六、"绿色客房"将大受欢迎

可持续发展是未来人类所追求的自然、社会、经济、文化等的发展模式和发展目标,进入 21 世纪,符合可持续发展思想的"绿色酒店""绿色客房"将受到酒店经营者及顾客的普遍推崇和欢迎(见图 9-7)。

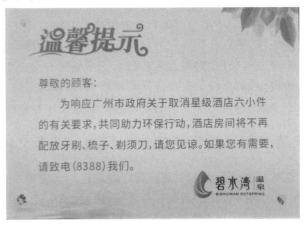

图 9-7 环保卡

七、客房市场将进一步走向细分化

客人对酒店服务的要求将越来越高,这将迫使酒店市场细分化,最大限度地满足不同类型客人的不同需求。传统的一家酒店以一种模式接待所有客人的时代将一去不复返,酒店市场将被分割为商务型酒店、旅游观光型酒店、度假型酒店、青年旅馆、经济型酒店、豪华酒店、精品酒店、特色酒店等多种类型。不仅如此,同一家酒店和客房还会被划分为商务楼层、行政楼层、女性楼层,以及儿童客房、长者客房等。不但客房的硬件会发生变化,而且服务的内容和方式也会发生重大变化。

八、酒店客房将成为在线电商平台的线下体验场

近年来,随着消费升级,酒店的体验功能和外延平台不断扩大,而这一优势被在线电商平台看上,甚至将其视为新零售的重要线下场景。阿里巴巴旗下的飞猪早在几年前就开始在酒店玩起了"黑科技",携程则直接创立了自己的酒店品牌。另一电商巨头京东也开始发力,携手1000个全球知名实物品牌及1000家酒店,打造近2万间零售体验场客房,为广大消费者提供新鲜、有趣的住宿体验。

早在2017年,京东就提出"无界零售"理念,其核心是"场景无限、货物无边、人企无间",以互联网和大数据为载体,优化供应链,打破线下和线上的隔阂,满足产品个性化、场景多元化、价值参与化的商业趋势。零售的本质是人、货、场,而酒店是天然的体验场景。京东从品质、新奇及兴趣这三方面实施场景拓展战略,打造年轻人专属的全新消费场景。

传统酒店的客房、公共区域基本都是标配,一些酒店为了增加住客的体验,开始利用空间来打造互动场景,利用客房的软装打造特色客房。京东将把高品质产品引入酒店客房,使酒店从标准住宿向品质体验场转型,在提升住客体验的同时,提高酒店客房出租率及平均房价,赋能酒店提升溢价能力。据了解,京东与君澜酒店开展品质体验方面的合作,为客人提供印有"京造"标签的"非标配"物品,包括电动牙刷、乳胶床垫、LED化妆镜等35个居家生活品类。数据显示,"京造"房带动整个酒店的平均房价上涨10%左右。"京造"房的出租率可以达到80%,远高于其他房型,好评率及复购率也较为领先。在酒店入住客户中,进行体验并在客房中扫码购买物品的用户约占26%。

本章小结

- 客房服务将走亲情化和智能化相结合的道路。
- 客房服务将更加突出个性化。
- 客房经营管理的发展趋势:运营管理数字化,客房装修和布置将更加突出特色,注重文化品位,等等。
- 酒店将实施绿色管理,与可持续发展和节约型社会相适应的"绿色客房"将大受欢迎。

课堂讨论

参考本章"案例聚焦",请问要求客房服务员携带"移动猫眼"上班合适吗?

复习思考题

1. 谈一谈客房服务的发展趋势。
2. 简述酒店客房经营管理的发展趋势。

携带"移动猫眼"上班的客房服务员

上海的童先生最大的爱好就是周末出游。2015年8月的一天,他来到杭州临安,住在中都青山湖畔大酒店。

中午11点半,童先生收拾好东西就去一楼大堂退房,临结账时,他突然想起手串可能遗落在了房间。于是童先生赶紧回去,推开房间门,他看到了客房服务员弯身在盥洗台摆弄一个东西。

服务员当时背对着他,童先生很好奇,靠近去看:是个小型摄像头。童先生开始以为这东西就在房间里面的,当时很生气,后来服务员说是她自己随身带来的,这个摄像头是用来拍摄客房服务员的清洁过程,包括怎么给马桶消毒、怎么替换浴巾、怎么更换垃圾桶,也包括怎么清洁房间地面、怎么更换床单枕套,反正服务员的工作过程、所到之处都会被一一记录下来。

证实摄像头的出处和作用后,童先生便没有再追问,也为酒店能为了保证服务质量,想出了这么一个管理手段而倍感欣慰。

案例点评:

这个摄像设备叫"移动猫眼",使用移动猫眼初衷是好的,目的是让酒店的卫生清洁工作全程纳入可监控范围,避免"浴巾擦完马桶擦水杯"等问题发生。

"移动猫眼"的工作程序:①服务员随身携带"移动猫眼"进入房间,每一个"移动猫眼"对应一个服务员;②在打扫卫生时将猫眼摆放在对应位置;③记录打扫情况;④通过网络将视频信息即时传输给客房部经理;⑤经理根据需要进行查看,或将剪辑后的视频在大堂滚动播放。记录中的视频,可以通过无线网络时时传输到云端,一旦在视频中发现了不规范操作,客房部经理就可以通过编号,找到相应服务员,提醒并督促改正。很多客人看到这类视频后,对酒店的清洁过程更加放心了。

然而,如果"移动猫眼"使用不当,可能会涉嫌侵犯客人隐私。正如一些客人所言:"我住过的房间,总有很多有关我的个人隐私,酒店拍下这些好吗?他们可以这样想拍就拍吗?你开了房间,你睡过了,你走了,然后你用过的物品,还有你睡过的床都被拍了,并且不是偷偷摸摸的,而是光明正大的,甚至不会放过一丝细节。被拍了还不算,你睡过的这个房间、这段视频还可能在酒店的显示屏上滚动播放。对于这样的结果,你是不是有点紧张?这样的话,住客就没有什么隐私可言了。"

为了保护客人的隐私,酒店方可要求服务员不得在客人临时要求打扫房间时拍摄,而只有在客人退房后,服务员才能携带猫眼拍摄清洁全过程,而且明令各种视频片段严禁外泄。针对一些特殊物品,比如遗弃的私人物品等,酒店方面不能进行刻意录制,否则存在侵犯个人隐私嫌疑。

另外,酒店客房部对调看视频的权限,也要做相应的规定。视频调看的权限应仅限于酒店管理或政府职能部门。视频留存期间,必须进行信息限制,除非有法律、刑侦的需要,其他情况下都不能回放、外泄视频片段。任何一个片段外泄都是违法行为,酒店需要承担法律责任。

本案例对管理者的启迪：

（1）新时代酒店管理者应考虑采用新技术、新设备，加强对客房卫生工作的管理，确保客人住得放心、住得舒适。

（2）告诫员工在拍摄前应先处理敏感信息再开始拍摄。案例中的酒店，必须杜绝在酒店大堂播放视频的行为，否则一定会给自己的酒店带来侵权的风险。

（3）要加强"移动猫眼"视频的管理工作，切忌丢失、泄漏。

 补充与提高

扫描二维码，观看未来酒店的数字化客房的视频。

视频

未来酒店的数字化客房

附录 A
酒店各部门、各岗位名称汉英对照

总经理	general manager
副总经理	deputy general manager
驻店经理	resident manager
行政助理	executive assistant
总经理秘书	executive secretary
经理办公室	executive office
机要秘书	confidential secretary
文员	clerk
人力资源部	human resources department
人事部	personnel department
培训部	training department
督导部	quality inspection department
财务部	finance and accounting department
成本部	cost-control department
采购部	purchasing department
市场营销部	sales & marketing department
销售部	sales department
公关部	public relation department
预订部	reservation department
客房部	rooms department
前厅部	front office department
管家部	housekeeping department
餐饮部	food & beverage department
康乐部	recreation and entertainment department
工程部	engineering department
保安部	security department

附录 A 酒店各部门、各岗位名称汉英对照

| 行政部 | administration department |
| 商场部 | shopping arcade |

人力资源开发总监	director of human resources
人事部经理	personnel manager
培训部经理	training manager
督导部经理	quality inspector
人事主任	personnel officer
培训主任	training officer

财务总监	financial controller
财务部经理	chief accountant
成本部经理	cost controller
采购部经理	purchasing manager
采购部主管	purchasing officer
总出纳	chief cashier

市场营销总监	director of sales and marketing
销售部经理	director of sales
宴会销售经理	banquet sales manager
销售经理	sales manager
宴会销售主任	banquet sales officer
销售主任	sales officer
客务总监	rooms division director
前厅部经理	front office manager
前厅部副经理	assistant front office manager
大堂副理	assistant manager
礼宾主管	chief concierge
客务主任	guest relation officer
接待主管	chief receptionist
接待员	receptionist
车队主管	chief driver
出租车订车员	taxi service clerk

行政管家	executive housekeeper
行政副管家	assistant executive housekeeper
接单员	order taker
客房高级主管	housekeeping senior supervisor
楼层主管	floor supervisor

楼层领班	floor captain
客房服务员	room attendant
洗衣房经理	laundry manager
餐饮总监	food & beverage director
餐饮部经理	food & beverage manager
西餐厅经理	Western restaurant manager
中餐厅经理	Chinese restaurant manager
咖啡厅经理	coffee shop manager
餐饮部秘书	food & beverage secretary
领班	captain
迎宾员	hostess
服务员	waiter/waitress
传菜员	bus boy/bus girl
行政总厨	executive chef
中餐厨师长	head chef(Chinese kitchen)
西餐厨师长	head chef(Western kitchen)
西饼主管	chief baker
工程总监	chief engineer
工程部经理	engineering manager
值班工程师	duty engineer
保安部经理	security manager
保安部副经理	assistant security manager
保安部主任	security officer
保安员	security guard
商场部经理	shop manager
商场营业员	shop assistant

附录 B
客房部常用术语

A

adjoining room	相邻房
adapter	适配器
air conditioner	空调
all-purpose cleaner	多功能清洁剂
arrival time	抵达时间
ash tray	烟灰缸
attendant	客房服务员
average room rate	平均房价

B

baby-sitting service	托婴服务
basin	洗脸盆
bath mat	浴室地垫
bath robe	浴袍
bath room	浴室
bath tub	浴缸
bed board	床头板
bedside lamp	床头灯
bed-side table	床头柜
bed pad	床垫
bedspread	床罩
bedstead	床架
bell boy	行李员
black tea	红茶
blanket	毛毯
booking	预订
brochure	小册子
bulb	灯泡

| business center | 商务中心 |

C

cancellation	取消预订
captain	领班
carpet	地毯
cashier	收银员
check-in	入住登记
check-out	结账离店
chemical fabrics	化纤服装
cleaning bucket	清洁桶
cloak room	衣帽间
clothes hangers	衣架
comb	梳子
commercial rate	商务房价
complain	投诉
confirmed reservation	确认类预订
connecting room	连通房
cotton cloth	棉布服装
coupon	票证

D

domestic direct dial(DDD)	国内直拨电话
deluxe suite	豪华套房
departure time	离店时间
desk lamp	台灯
dining room	餐厅
do not disturb(DND)	请勿打扰
door bell	门铃
door lock	门锁
double room	双人房
double-double room	两张双人床的房间
double locked(DL)	双锁房
dry cleaning	干洗

E

eiderdown	鸭绒被
electric shaver	电动剃须刀
executive floor	行政楼层

F

fadeless	不褪色的
foreign independent tourist(FIT)	散客
front office	前厅部
front desk	前台
full house	房间客满

G

group	团队
guaranteed reservation	保证类预订
guest history record	客史档案

H

hair dryer	吹风机
handkerchief	手绢
house credit limit	赊账限额
house use	酒店内部用房

I

international direct dial(IDD)	国际直拨电话
iron	熨斗
ironing board	熨衣板

J

jasmine tea	茉莉花茶
job description	工作说明书

L

lamp shade	灯罩
late check-out	逾时离店
laundry bag	洗衣袋
laundry list	洗衣单
laundry service	洗衣服务
lobby	大堂
long staying guest(LSG)	常住客
lounge	休息室

M

maid's cart	客房清扫工作车

make up room(MUR)	请速打扫房
mattress	床垫
message	留言
mop	拖把

N

night audit	夜审
night table	床头柜
no show	没有预先取消又无预期抵店的订房

O

occupied	住客房
out of order(OOO)	待维修房
over-booked	超额预订

P

package	包价服务
pick up service	接车服务
pillow case	枕套
plug	插头
presidential suite	总统间
pressing	熨衣

Q

quilt	被子

R

rack rate	客房牌价
razor	剃刀
registration	住店登记
rollaway bed	折叠床
room attendant	客房服务员
room change	换房
room forecast	住房预测
rooming list	团体分房名单
room number sign	门牌
room power socket card	取电卡
room status	房间状态
rotary floor scrubber	洗地机

rubber gloves	防护手套

S

safty chain	安全链
service directory	服务指南
sewing kit	针线包
sheet	床单
sheer curtain	纱窗帘
shirt	衬衫
shoe polishing	擦鞋服务
shoe shine paper	擦鞋纸
shower curtain	淋浴帘
shower head	淋浴喷头
shrinkable	缩水的
silk fabrics	丝绸面料
single room	单人间
skipper	逃账者
skirts	裙子
sleep out	外宿客人
slippers	拖鞋
socket	插座
socks	袜子
soiled linen	脏布草
sprinkler	花洒
spy-hole	门镜
stain	污渍
stationery folder	文具夹
suit	西服
supervisor	主管
sweater	毛衣
switch	开关

T

tap	水龙头
tariff	价目表
tea table	茶几
tie	领带
towel rail	毛巾架
transformer	变压器

triple room	三人房
twin room	双张单人床的双人房

U

underpants	内裤
unshrinkable	不缩水的

V

vacant dirty	未清扫的空房
vacuums	吸尘器
very important person(VIP)	贵宾

W

wake-up call	叫醒电话
wall lamp	壁灯
water heater	热水器
wet vacuums	吸水机
woolen fabrics	羊毛织物

参考文献

[1] 刘伟.酒店管理案例分析[M].重庆:重庆大学出版社,2020.
[2] 刘伟.酒店客户管理[M].重庆:重庆大学出版社,2020.
[3] 刘伟.酒店客房管理[M].重庆:重庆大学出版社,2018.
[4] 刘伟.酒店前厅管理[M].重庆:重庆大学出版社,2018.
[5] 刘伟.酒店管理概论[M].北京:高等教育出版社,2021.
[6] 刘伟.前厅与客房管理[M].4版.北京:高等教育出版社,2018.
[7] 刘伟.旅游概论[M].4版.北京:高等教育出版社,2019.
[8] 刘伟.前厅管理[M].3版.北京:高等教育出版社,2019.
[9] 刘伟.客房管理[M].3版.北京:高等教育出版社,2019.
[10] 刘伟.旅游学概论[M].广州:广东旅游出版社,2021.
[11] 杨结.酒店实训之客房服务[M].北京:旅游教育出版社,2021.
[12] 汝勇健.客房服务与管理实务[M].3版.南京:东南大学出版社,2017.
[13] 李雯.酒店客房部精细化管理与标准化服务[M].北京:人民邮电出版社,2016.
[14] 徐松华,鲁婉婷,康芬.现代饭店房务部运行与管理[M].北京:中国旅游出版社,2016.
[15] 朱小彤,吴婧姝,贺丹.客房服务与管理[M].2版.北京:旅游教育出版社,2013.
[16] 苗淑萍,齐琳,徐溢艳.客房服务与管理[M].北京:清华大学出版社,2015.
[17] Bardi A J. Hotel Front Office Management[M]. 3rd ed. New York:John Wiley & Sons Inc,2003.
[18] Barrows C W,Powers T,Reynolds D,et al. Introduction to Management in the Hospitality Industry[M]. New York:John Wiley & Sons Inc,2012.
[19] Kasavana M L,Brooks R M. Managing Front Office Operations[M]. 7th ed. Washington:Educational Institute of the American Hotel & Lodging Association,2005.

教学支持说明

为了改善教学效果,提高教材的使用效率,满足高校授课教师的教学需求,本套教材备有与纸质教材配套的教学课件和拓展资源。

为保证本教学课件及相关教学资料仅为教材使用者所得,我们将向使用本套教材的高校授课教师赠送教学课件或者相关教学资料,烦请授课教师通过加入酒店专家俱乐部 QQ 群或微信公众号等方式与我们联系,获取"电子资源申请表"文档并认真准确填写后发给我们,我们的联系方式如下:

酒店专家俱乐部 QQ 群号:710568959

酒店专家俱乐部 QQ 群二维码:

群名称:酒店专家俱乐部
群　号:710568959

微信公众号二维码:

华中出版柚书 Trip book